Martin Luther · Tischreden

Martin Luther
Tischreden

Ausgewählt und bearbeitet
von Jürgen Henkys

Mit Zeichnungen von
Henry Büttner

VERLAG WERNER DAUSIEN · HANAU

Die Vignette auf der Titelseite und auf Seite 206 nimmt das Motiv der Tischrede Nr. 318 auf.

Ursprünglich lateinische Texte und Textteile der Tischredenüberlieferung sind in dieser Ausgabe durch Kursivdruck gekennzeichnet.

MARTIN LUTHER, TISCHREDEN

Gestaltung: Hans-Joachim Walch
Printed in the G.D.R.
VERLAG WERNER DAUSIEN · HANAU
ISBN 3-7684-4339-6

Ein Mitschreiber

1.

Einmal hatte ich folgendes in mein Heft eingetragen: »Luther zu Philippus: Du bist ein Rhetor, wenn du schreibst, nicht wenn du sprichst.«

Mich beeindruckte nämlich die glänzende Art, mit der Philippus redete und auch zuhörte, als er Luther bewegen wollte, nicht noch einmal auf die Schrift zu antworten, die durch den Pfarrer von Cölln herausgebracht worden war, den Luther Meuchler von Trasen *nennt.*

Aber was ich da geschrieben hatte, gefiel Philippus nicht. Nachdem er mich deshalb immer wieder um das Heft gebeten hatte, in das ich einzuschreiben pflegte, was ich hörte, gab ich es ihm schließlich. Er las ein wenig darin und schrieb seinerseits dies Distichon ein:

Nicht ist's nütze, daß Du alles hier einträgst, Cordatus.
Einiges bliebe gewiß besser durch Schweigen bedeckt.

Ich selbst meinte freilich auch immer, sooft ich bei der Tafel stand oder als Gast zu Tisch saß und alles mitschrieb, was ich hörte, es sei dies ein gewagtes Unterfangen. Aber die Überlegung, wie nützlich es sei, überwand die Scheu. Auch hat der Doktor nie mit irgendeinem Wort zu erkennen gegeben, daß dieses mein Tun ihm mißfalle. Ja, ich habe anderen den Weg frei gemacht, daß sie es ebenfalls wagten, vor allem Magister Veit Dietrich und Johannes Schlaginhaufen, deren Brocken ich einst mit den meinen zu vereinigen hoffe. Die ganze Schar der Gläubigen wird mir dafür dankbar sein.

Ich habe dies darum hier einfügen wollen, weil ich durch den Vers des Philippus doch recht verunsichert wurde. Zur Zeit aber folgt niemand unserem Beispiel. Wer dies künftig abschreiben sollte, gegen meinen Willen, der tue es wie ich mit einfältigem und reinem Sinn. Und mit mir lobe er die Worte Luthers mehr als die Orakel des Apoll – und zwar, das möchte ich ausdrücklich sagen, nicht nur die ernsten und theologischen Aussprüche, sondern wahrhaftig auch diejenigen, die scheinbar nur kurzweilig und ohne Gewicht sind. 2068

I. Lebensweg und Selbstbild

2

Mein Vater, in seinen jungen Jahren ist er ein armer Häur gewesen. Die Mutter hat all ihr Holz auf den Rücken eingetragen. Also haben sie uns erzogen. 2888 a

3

Er hatte arme Eltern. Der Vater war Sohn eines Bauern in Möhra, einem Dorf nicht weit von Eisenach. Von dort zog er mit seiner Frau und einem Sohn nach Mansfeld und wurde ein Berghauer. *Dann kam Luther zur Welt. Der ging in Eisenach zur Schule und bettelte von Tür zu Tür um Brot. Darauf kam er zu Heinrich Schalbe, einem Eisenacher Bürger, und führte dessen Sohn zur Schule. Später ist er nach Erfurt gekommen und gegen den Willen des Vaters Mönch geworden.* 5362

4

Stehlen ist kein Kunst, sondern vorschlagen (sein und gaukeln). *Versteht sich, daß das nur Fingerfertigkeit ist:* Vorschwind, daß dich niemand find! *Solche Leute sind neulich* die Zigeuner gewesen.

Dann sprach er über Kinder. Diebereien dürfe man ihnen nicht erlauben. Und doch, wenns ja Kirschn, Äpfel wären, *müsse man Milde walten lassen. Solche Kinderstreiche dürfen nicht so streng geahndet werden.* Wenn man aber Geld, Röck, Kasten will angreifen, da ist Zeit strafen. *Meine Eltern haben mich äußerst streng gehalten, so daß ich ganz verschüchtert war.* Mein Mutter stäupet mich um einer eingen Nuß willen *bis aufs Blut. Und so haben letztlich sie selbst mich durch ihre strenge Zucht zum Kloster getrieben,* wiewohl sie es herzlich gut gemeinet haben, *aber ich bin nur mutlos geworden. Sie konnten zwischen den verschiedenen Kindergemütern und Strafen nicht unterscheiden, wie diese nämlich auf jene abzustimmen seien.* Man muß also strafen, daß der Apfel bei der Ruten sei. 3566 A

5
Es ist zu schwer, daß ein Mensch soll glauben, daß ihm Gott gnädig sei. *Das Menschenherz* kann es nit fassen. Wie geschah mir? Ich erschrak einmal für dem Sakrament, das Doktor Staupitz zu Isleben in der Prozession trug *beim Fest des Leibes Christi.* Da ging ich auch mit und hätt ein Priesterkleid an, beichtets darnach Doktor Staupitz, *und der sagte mir: Euer Gedanke* ist nit Christus! *Durch dies Wort hat er mich sehr getröstet. So sind wir. Christus bietet sich selbst uns an mit der Vergebung der Sünden, und wir fliehen vor seinem Angesicht. So wie es mir, als ich noch ein Junge war, in meiner Heimat passierte, da wir (vor den Häusern) sangen, um Würste einzusammeln. Dort ruft ein Mann aus Spaß:* Was macht ihr, ihr Buben? Daß euch dies und das ankumme! *Und zugleich läuft er mit zwei Würsten auf uns zu. Da mache ich mich mit meinem Freund aus dem Staube und laufe davon vor einem, der sein Geschenk bringt. Geradeso geht es uns mit Gott. Er hat uns Christus gegeben mit allen seinen Gaben, und dennoch fliehen wir vor ihm und glauben, daß er unser Richter sei.* 137

6
Als junger Mann habe ich zu Erfurt in der Universitätsbibliothek eine Bibel gesehen und einen Abschnitt aus den Samuelbüchern gelesen. Aber die Glocke rief mich zur Vorlesung. Ich war sehr darauf erpicht, das ganze Buch zu lesen. Aber damals gab es keine Gelegenheit mehr. Doch als ich ins Kloster eintrat und alles hinter mir ließ, an mir selbst verzweifelt, habe ich aufs neue eine Bibel verlangt. Die Brüder gaben mir eine, und ich las sie sorgfältig durch und prägte sie dem Gedächtnis ein, auch wenn sie nicht genau war. Aber als ich das Mönchsgelübde ablegte, nahmen sie sie mir wieder

fort und gaben mir sophistische Bücher. Doch sooft ich Zeit hatte, zog ich mich in die Bibliothek zurück und nahm Zuflucht bei der Bibel. Und im Kloster habe ich gelegentlich darüber disputiert. 5346

7

Den 16. Juli (1539), am Alexius-Tag, sagte er: Heute ist die jährige Zeit, do ich in das Kloster zu Erfurt gezogen. *Und er fing an, die Geschichte zu erzählen, wie er das Gelübde getan habe. Knapp 14 Tage vor dem Alexius-Tag sei er nämlich unterwegs gewesen und in der Nähe von Stotternheim, nicht weit von Erfurt, durch einen Blitzschlag so erschreckt worden, daß er voller Entsetzen gerufen habe:* Hilf du, Sankt Anna, ich will ein Mönch werden!

Aber Gott verstand damals mein Gelübde nach Art des Hebräischen: Anna, das meint: unter der Voraussetzung der Gnade, nicht: im Sinne des Gesetzes. Später reute mich das Gelübde, und viele rieten mir ab. Aber ich bestand darauf, und am Tage vor Alexius lud ich meine besten Freunde zum Abschiedsmahl ein, damit sie mich am nächsten Tage ins Kloster führten. Als sie aber nicht darauf eingehen wollten, sagte ich: Heute sehet ihr mich und nimmermehr! *Da gaben sie mir unter Tränen das Geleit.*

Und mein Vater war über das Gelübde sehr erzürnt, aber ich blieb bei meinem Vorsatz. Niemals habe ich daran gedacht, das Kloster wieder zu verlassen. Ich war der Welt reine abgestorben, bis daß es Gott Zeit deuchte und mich Junker Tetzel trieb *und mich Doktor Staupitz auf den Weg gegen den Papst brachte.* 4707

8

Ein alter Mann zu Erfurt hat zu mir gesagt, weil ich noch ein Student war: Es muß ein Änderung werden, und die ist groß; es kann also nit bestehen. Ich mein, es sei geschehen! 1368

9

Martin Luther ist Mönch geworden gegen den heftigen Widerwillen seines Vaters. Als er bei Gelegenheit seiner ersten Messe den Vater fragte, warum er an seinem Mönchsstand solchen Anstoß genommen habe, hielt der ihm bei Tisch vor: Wißt Ihr nicht, daß geschrieben steht: Ehre Vater und Mutter? Da er aber zu seiner Entschuldigung vorbrachte, er sei durch das Gewitter so erschreckt worden, daß er sich einfach

gezwungen gefühlt habe, Mönch zu werden, antwortete der Vater: Schauet nur zu, daß es nit ein Gespenst gewesen sei!
623

10

Die Primiz pflegte sehr viel abzuwerfen. Es war das recht Geldnetz mit Opfern und Geschenk. Do legte man dem Bräutigam *die Stundengebete* mit Fackeln zu. Do mußt der jung Herr mit der Mutter, so die lebt, den ersten Tanz haben, *unter reichlichen Tränen der Zuschauer,* wie Christus mit seiner Mutter tanzte. *Da ich zu Erfurt meine erste Messe las, wäre ich fast gestorben. Denn es war überhaupt kein Glaube da, sondern ich war nur auf die Würdigkeit meiner Person bedacht: daß ich ja kein Sünder wäre, daß ich ja nichts vergäße!* 4174

11

Ich bin zu Rom gewesen nicht lange, hab doselbst viel Messen gehalten und auch viel sehen halten, daß mich grauet, wenn ich dran gedenke. Do hörte ich unter andern groben Grumpen über den Tisch die Kartusanen lachen und rühmen, wie etliche Messe hielten und über den Brot und Wein sprechen: *Brot bist du, und Brot wirst du bleiben,* und also aufgehoben. Nu, ich was ein junger und recht frommer Munch, dem solche Worte wehe taten. Was sollte ich doch gedenken? Was konnde mir anders einfallen denn solche Gedanken: Redet man hie zu Rom frei öffentlich über Tisch also? Wie, wenn sie allzumal, Bapst, Kardinäl, mit den Kartusanen also Messe halten, wie fein wäre ich betrogen, der ich von ihnen so viel Messe gehört hatte! Und zwar ekelt' mich sehr daneben, daß sie so fein rips raps kunnten Meß halten, als trieben sie ein Gaukelspiel. Denn ehe ich zum Evangelium kam, hatte mein Nebenpfaffe eine Messe ausgerichtet und schrie zu mir: *Passa, passa,* immer weg, komm davon! 3428

12

Ich wollt nicht groß Geld nehmen, daß ich zu Roma nicht gewesen wär. *Ich würde es nicht glauben, hätte ich es nicht selbst gesehen. Denn so groß und schamlos sind dort Gottlosigkeit und Bosheit,* daß alldo weder Gott noch Menschen, weder Sünde noch Schande geachtet wird. *Das bezeugen alle Frommen, die dort gewesen sind, und alle Gottlosen, die aus Italien noch schlechter zurückgekommen sind (als sie es vorher waren).*

Der Hauptzweck meiner Romreise war, daß ich wollde eine ganze Beichte (der Sünden) von Jugend auf geschehen tuen und fromm werden, *obwohl ich eine solche Beichte zu Erfurt schon zweimal getan hatte. (Aber) da bin ich nach Rom zu völlig ungelehrten Leuten gekommen.* Ach, lieber Herrgott, was sollen die Kardinäl wissen, *die mit soviel Geschäften und Regierungsangelegenheiten zugedeckt sind?* Es hat (ja schon) mit uns Mühe genug, *die wir doch täglich studieren und stündlich auf die Probe gestellt werden.* 3582 A

13

Aber laßt uns auf den Christum trauen. Gott wolle mich diese Stunde oder morgen hinwegnehmen, so will ich das (als Vermächtnis) hinter mir lassen, *daß ich Christus als Herrn anerkennen will. Und das tue ich nicht nur aufgrund der Schrift, sondern auch aufgrund von Erfahrung. Denn* der Name Christus hat mir oft geholfen, *wo niemand helfen konnte. So habe ich für mich Sache und Wort, Erfahrung und Schrift, und beide Gaben,* sehr groß, *hat mir Gott gegeben. Aber* es ist mir auch sauer geworden *durch die Anfechtungen.* Das ist mir sehr gut gewesen.

Vor Staupitz habe ich auch oft gebeichtet, nicht Frauensachen, sondern die rechten Knoten. *Da sagte er:* Ich verstehe es nit. Das hieß denn recht getröstet! Kam ich darnach zu eim andern, so ging es mir auch so. *In summa,* es wollt kein Beichtvater drum wissen. Da gedacht ich: Die *Anfechtung* hat niemand denn du! Da ward ich als eine tote Leich.

Zuletzt hebt Staupitz zu mir über Tisch an, *als ich so traurig war* und erschlagen: *Warum seid Ihr so traurig? Ich antwortete:* Ach, wo soll ich hin? *Da sagte er:* Ach, Ihr wisset nicht, wie es Euch so not ist; sonst würde nichts Guts aus Euch. *Das hat er selbst nicht verstanden. Er dachte nämlich, daß ich gelehrt sei, und wenn ich nicht Anfechtung erlitte, könnte es geschehen, daß ich stolz würde. Ich aber nahm es auf wie Paulus: Mir ist ein Pfahl ins Fleisch gegeben, daß ich mich nicht überhebe. Und der Herr hat zu mir gesagt: Meine Kraft ist in den Schwachen mächtig. – Ich nahm seine Worte also auf wie die Stimme des Heiligen Geistes, der mich trösten wollte.* 518

14

Als sein Blick einmal auf den Baum fiel, der im Klosterhof steht, sagte er: Unter diesem Baum trug Staupitz mir an, daß ich Doktor werden sollte. Aber ich schützte fünfzehn Gründe vor. Da sagte Staupitz: Ei, Lieber, seid nicht klüger als der ganze Konvent und die *Väter! Darauf ich: Ich weiß genau, daß ich nicht mehr lange leben werde. Warum da noch so große Kosten? Da antwortete Staupitz:* Es ist gleich recht. Unser Herr Gott hat itzt viel zu schaffen im Himmel. Wenn Ihr sterbt, so kommt Ihr in seinen Rat, denn er muß auch einige *doctores* haben! *So hat er mich scherzend widerlegt.* 5371

15

Doktorat Martin Luthers anno 12, danach anno 13 hält er Vorlesung über den Psalter, anno 15 über den Brief an die Hebräer, Römer, Galater und an Titus, dann anno 17 begann er wieder mit dem Psalter. Da ging das Spiel an, sagte er. Mußte fünf Jahr lesen, ehr ich zum Adem kam. Bin nun 21 Jahr im Bann gewest. 4323

16

Die Worte »gerecht« und »Gerechtigkeit Gottes« waren mir ein Blitz im Gewissen. Hörte ich sie, so entsetzte ich mich: Wenn Gott gerecht ist, wird er strafen! Aber durch Gottes Gnade (erging es mir so): Als ich einmal in diesem Turm, im Wärmeraum (der Mönche), über jene Worte grübelte: »Der Gerechte lebt aus Glauben« und »Gerechtigkeit Gottes«, da kam mir alsbald in den Sinn: Wenn wir leben sollen gerecht aus Glauben und wenn die Gerechtigkeit Gottes zum Heil gereichen soll allen, die glauben, dann kann sie nicht das sein, was wir uns verdienen, sondern nur Gottes Erbarmen! So wurde meine Seele aufgerichtet. Denn »Gerechtigkeit Gottes« ist das, wodurch wir gerecht gemacht und gerettet wer-

den. Und jene Worte sind mir überaus lieb geworden. Die Schrift hat mir der Heilige Geist in diesem Turn offenbaret.

3232 c

17
Ich hab mein *theologiam* nit auf einmal gelernt, sonder hab immer tiefer und tiefer grübeln müssen. Da haben mich meine *Anfechtungen* hin bracht. *Denn ohne Gebrauch und Übung kann nicht gelernt werden.* Das fehlet den Schwärmern und Rotten auch, daß sie den rechten Widersprecher nit haben, den Teufel. Der lernets einen wohl.

Gleichwohl lernt man auch andere Wissenschaften nicht ohne einübende Anwendung. Was wäre schon ein Arzt, der sich dauernd auf der Schule herumtreibt? Aber wenn er hinauskommt in die Praxis – je mehr er *mit der Natur* (zu tun bekommt und) handlet, je mehr er siehet, daß er die Kunst noch nit hat. Was soll es denn *mit der Heiligen Schrift* sein, da Gott einen andern *Widersacher* (als die Natur es ist) geben hat?

Also ist es eine große Gnade, daß einer ein Text hat, daß er kann sagen: Das ist recht, das weiß ich. Sie meinen, sie können es bald von einer Predigt. *Dem Zwingli* hat es auch daran gefehlet, daß er gedacht, er könnts schon, es wär ein schlechte Kunst. Ich weiß aber, daß ich das Vaterunser noch nit kann. *Ohne practica* kann niemand gelehrt sein.

Recht hat jener Bauer gesprochen: Der Harnisch ist gut, wer ihn weiß zu brauchen! Also ist *die Heilige Schrift* auch gewiß genug. *Aber* geb Gott, daß ich den rechten Spruch erwische! *Denn wenn der Teufel mit mir disputiert, ob Gott mir gnädig sei,* darf ich den Spruch nit führen: *Wer Gott liebt, der wird das Reich Gottes besitzen. Denn sofort hält er mir vor: Du hast Gott nicht geliebt! Dagegen komme ich auch nicht damit auf, daß ich ein eifriger Professor und Prediger bin.* Das Hufeisen ist da nit recht gehängt. *Sondern* daß Jesus Christus für mich gestorben ist *und der Artikel von der Sündenvergebung,* das tuts. 352

18
Damals hielt Tetzel in Jüterbog seine Ablaßpredigten, und die Leute liefen zu ihm, als ob sie besessen wären. Nach und nach begann ich, den Menschen abzuraten und ihnen vorzulegen, was Gnade und Vergebung der Sünden ist. Aber als Tetzel nur noch schamloser fortfuhr, da habe ich die Thesen über den Ablaß veröffentlicht. Das hat die ganze Welt in Aufregung versetzt. Damals habe ich den Papst noch als meinen Herrn anerkannt. Ich meinte, ihm einen Gefallen zu tun. Aber er hat mich mit aller Macht bekämpft.
Darum mußt ich mich wehren und hab mich traun gewehret, bis Ablaß, Klöster, Messe und Stift gefallen sind, und der Bapst soll auch bald hernach. *So also hat Gott durch schwächste Schwachheit den übermächtigen Papst angegriffen, und durch Schwachheit wird er ihn stürzen, auch wenn der Teufel brüllt und tobt.* 5346

19
In den Kampf um das Evangelium bin ich von Gott hineingeworfen worden, ohne daß ich es wußte. Wenn ich vorausgesehen hätte, was ich jetzt durch eigene Erfahrung weiß – keinesfalls hätte ich es gelitten, daß er mich ans Werk stellt. Aber Gottes Weisheit ist größer als Menschenweisheit. Der hat mich schlechts geblendet, wie man ein Pferd blendet, wenn man auf die Bahn soll reiten. *Als ich also zuerst damit anfing,* da sagt ich wahrlich unserm Herrn Gott mit großem Ernst und von ganzem Herzen in meinem Stüblin: Wollt er ja ein Spiel anfangen mit mir, daß ers allein für sich tät und behütet mich dafür, daß ich mich dreinmenget, *das ist: meine Weisheit etc.* Dies Gebet hat er gewaltig erhöret. Er gebe weiter Gnade! 1206

20
Das Evangelium kann nicht ohne Verfolgung sein. Denn der Mann, der do Christus heißt, muß Blut kosten, *wie die Schrift sagt: Du bist mir ein Blutbräutigam. Denn der Antichrist kann nicht Christi Freund sein. Das erfahren wir ja zu unserer Zeit, wie der Papst gegen das Evangelium wettert. Hätte ich ihn nicht gebissen, hätte der Papst mich gefressen.* Ich bin

des Bapsts Kaulperschk, den er nicht vorschlingen kann. Er hot einen Igel funden an mir zu kämmen. 3485

21

Die Überschrift der Vorladung, mit der mich der Kaiser nach Worms zitiert hat, hieß so: Dem Ehrsamen, unserm lieben andächtigen D. Martin Luther, Augustiner Ordens. *Mit einem solchen Titel hat Herzog Georg mich nicht geehrt. Obwohl ich doch exkommuniziert war, nennt der Kaiser mich* »ehrsam«. 2783 a

22

Das hat Luther bei Tisch erzählt: Erstlich hat mich Kaiser Karl auf den Reichstag gefordert und mich (frei) geleitet und ein Herold zugeschickt, der mich bis gen Wurms begleitet.

Wie ich nun nicht weit von Wurms bin, schickt mir Spalatinus, so mit Herzog Friedrichen dort war, (eine Botschaft) unter Augen, läßt mich warnen, ich sollte nicht hinkommen noch mich in solche Gefährlichkeit geben. Aber ich entbot ihm wieder: Wenn so viel Teufel zu Wurms wären als Ziegel uf den Dächern, dennoch wollte ich hinein. Denn ich war unerschrocken, ich fürchtete mich nicht. Gott kann einen wohl so toll machen. Ich weiß nicht, ob ich itzt so toll wäre.

Nu fuhr ich uf einem offenen Wägelein in meiner Munchskappen zu Wurms ein, da kamen alle Leut uf die Gassen und wollten den Munchen Martin Luther sehen, und fuhr also in Herzog Friedrichs Herbrig. Und war auch Herzog Friedrich bang gewesen, daß ich gen Wurms kam. Da sie solchs erfahren hatten, meine Widersacher, da hatten sie zum Teil geratschlaget, man sollte mir das Geleit nicht halten. Aber der Pfalzgraf an Rhein und Kurfürst hatte sich dawider gelegt: Man sollte mir das Geleit kurzum halten. War auch darüber mit dem Kurfürsten von Brandenburg, Markgraf Joachim dem Alten, gar uneins worden, daß sie beide zu den Messern gegriffen. Der Bischof von Mainz hatte sich etwas anders vorsehen denn daß ich gen Wurms sollte kommen, und wenn ich wäre so forchtsam gewest als er, so wäre ich nicht gekommen.

Nach wenig Tagen wurd ich ins Reichs Rat vor allen Fürsten gefordert, um sechs Schlag uf den Abend. Da redet Doktor Eck, des Bischofs von Trier Kanzler, von des Reichs wegen und saget: Martine, bekennst du, daß diese Bücher dein sind? Nun lagen alle meine Bücher uf einer Bank nacheinander. Wo sie dieselben möchten bekommen haben, wußte ich nicht. Da hätte ich bald gesagt: Ja. Aber Doktor Hieronymus Schurf schrie laut in des Reichs Rat: *Man soll die Titel der Bücher verlesen!* Und da las man die Bücher, da waren sie alle mein. Da sprach ich: Allergnädigster Kaiser und gnädigste Fürsten und Herrn, die Sache ist wichtig und groß, ich kann uf diesmal nicht antworten von den Büchern, ich bitt, man wolle mir Zeit geben, mich darauf zu bedenken. Das geschah, und also zerging der Reichsrat.
Da kamen mittlerweil viel vom Adel in mein Herbrig und sagten: Herr Doktor, wie gehts? Man sagt, man wölle Euch vorbrennen, aber das muß nicht geschehen. Sie müssen ehe alle mit vorderben! – Das wäre auch geschehen.
Wie ich nun wieder ins Reichs Rat gefordert ward, da war auf dem Saal ein groß Anzahl Volks, denn jedermann wollte mein Antwort hörn, und warn viel brennende Fackel droben, denn es war Nacht. Des Getümmels und Wesens war ich gar nicht gewöhnt. Aber wie man mich nun hieß reden, da hub ich an und sprach: Allergnädigster Kaiser, gnädigste Kurfürsten, Fürsten und Herrn, die Bücher, so man mir nächst vorgelegt, die sein mein. Und sind etlich Bücher darunder, die sind Lehrbücher, die legen die heilige Schrift aus. Die bekenne ich, daß sie mein sind, und ist nichts Böses darinnen. Die andern sind Zankbücher, da ich mich mit dem Papst und Widersachern gezankt habe. So drinnen was Böses sein würde, das kunnt ich wohl ändern. Die dritten sind Bücher, darinnen ich von der christlichen Lehr disputier, die sind nur *disputationes*. Bei den will ich bleiben, es gehe drüber, wie der liebe Gott wolle.
Dieweil ich also rede, so begehren sie von mir, ich sollte es noch einmal wiederholen lateinisch, aber ich schwitzet sehr, und war mir heiß des Getümmels halben, daß ich gar unter den Fürsten stunde. Da sagt Herr Friedrich von Thun zu mir, kunnt ichs nicht tun, so ists genug, Herr Doktor! Aber ich

wiederholet alle meine Worte lateinisch. Das gefiel Herzog Friedrichen, dem Kurfürsten, überaus wohl. Wie ich solchs ausgeredt hätt, ließ man mich gehn, und wurden mir zween zugegeben, die mich führeten und begleiteten. Da erhub sich ein Getümmel. Ob man mich gefangen führte? schrien die Edelleut. Aber ich sagte: Sie begleiten mich nur. Also kam ich wieder in mein Herbrig und nicht wiederum in des Reichs Rat. 5342 b

23

Wir wagen es nur in Christus. Er lebt, so werden wir leben, auch wenn wir sterben, und er wird für die Kinder und Frauen der Gestorbenen sorgen. Er herrscht, und wir werden herrschen.

Ich mache mir nichts daraus, daß die Papisten drohen und trotzen. Wenn wir stürzen, stürzt Christus mit, er, der Herrscher der Welt. Und sei es, daß er stürzt: Ich will lieber mit Christus stürzen als mit dem Kaiser stehen.

Wenn nicht geschieht, was wir wollen, wird doch geschehen, was noch besser ist. Denn wir warten auf das künftige Reich, wo alles, was in der Welt ist, sich als trügerisch erwiesen haben wird. 4757

24

Doktor Martin Luther war zu Erfurt in ein Kloster geritten mit einem Knechte, da er noch (auf der Wartburg) gefangen saß. Wie er nun absitzt, so sieht ihn ein Mönch, der ihn kannte, und spricht zun andern Munchen: Das ist Doktor Martinus! Wie das sein Knecht höret, spricht er flugs zu ihm: Junker, Ihr wisset, daß wir einem Edelmann zugesagt haben, wir wollen heute noch bei ihm sein. Lieber, setzt Euch wieder auf, wir haben Zeit! Und hat es ihm heimlich in ein Ohr gesagt, was der Munch geredt hat. Do setzt sich der Doktor auf und reit darvon, so führt ihn der Knecht wieder weg. Er wär sonst die Nacht im Kloster erwürget worden.

Darnach kommt er bald in den Schlehdorn zu Erfurt, do liegt ein Propst bei zur Herberg. Der hatte seine *horas* und zog die Stein am *Pater noster*. Da geht der Doktor zu ihm und spricht: Herr, hat Ihr sonst nichts zu tuen, denn daß Ihr mit den Steinen klappert? Do war der Propst schellig worden und gesagt: Ich halt, daß Ihr auch ein lutherischer Bub seid, die alle gute christliche Ordnung verachten! 5375 d

25
Über sein Mönchsleben sagte er, daß ihn Gott hätte lassen einen Mönch werden *nicht ohne guten Grund, damit er nämlich aus eigener Erfahrung gegen das Papsttum hätte schreiben können. – Obwohl ich doch eigenmächtig Mönch geworden bin,* fügte er hinzu, *gegen den Willen von Vater und Mutter, Gott und Teufel. – Denn in meinem Mönchtum habe ich dem Papst so ergeben gedient,* daß ich allen Papisten wollde Trotz bieten, *die je waren und noch sind. Ich habe das Gelübde nämlich nicht des Bauches, sondern meines Heiles wegen abgelegt und unsere Ordensvorschriften überaus streng befolgt.*

Er erzählte auch, wie sauer und schwer es ihm geworden, das Mönchskleid wieder abzulegen. Sein Vater habe ihn oft gebeten, die Kutte auszuziehen. Veranlaßt durch mein Buch über die Mönchsgelübde, schickte Kurfürst Friedrich mir ein Stück vom besten Tuch, und zwar mit der Anweisung, ich sollde mir (entweder) einen Rock oder (eine) Kappen daraus machen. *Und lächelnd soll er dazu gesagt haben:* Wie, wann er ihme eine hispaniolische Kappe ließe machen? *Doktor Hieronymus Schurf versprach mir (dagegen) Tuch zu einer neuen Kutte, denn ich hatte meine Kutte völlig abgetragen,* daß ich sie mußte lassen flicken.

Damals nahmen viele fromme Leute Anstoß daran, daß ich anders lehrte, als ich tat. Die Papisten verspotteten mich, obwohl ich ihnen doch mit den äußeren Dingen wie Kutte, Zölibat, fleischlose Kost, Fastenzeit gerade helfen wollte. Viele Papisten trugen aus: Wäre es recht, das er lehrt, so tät ers auch! *Und Jäckel, (jetzt) Prediger in Bremen, setzte mir (ausgerechnet) am Palmsonntag mit anderen Speisen auch ein Hähnchen vor und sagte: Wenn wir so lehren, warum tun wirs nicht?*

Und endlich, im Jahre 1523, habe ich dann das Mönchskleid abgelegt, zur Ehre Gottes und zur Schande des Teufels, und um der Freiheit willen haben sich viele über meinen Schritt gefreut. Denn hätte ich nicht selbst die Kappe abgelegt, Fleisch gessen, ein Weib genommen, *so hätten alle Papisten geschmäht, meine Lehre sei nicht wahr, da ich anders getan, als gelehrt hätte.*

Also konnde ich des heillosen Kleides nirgends mit Fugen

loswerden; kam mich sauer an, (aber ich entschloß mich dann doch,) *nicht weil mein Gewissen es forderte, sondern um der anderen willen, denen ich doch dienen wollte.* 4414

26
Das erste Jahr der Ehe macht einem seltsame Gedanken. *Sitzt einer am Tisch, so denkt er: Zuvor war ich allein, jetzt* selbander. *Im Bett, wenn er aufwacht,* sieht er ein Paar Zöppe neben ihm liegen, die er früher nicht sah. *So auch saß meine Käthe anfangs mit Ihrem Spinnen bei mir, wenn ich zu studieren hatte, und fing dauernd an zu fragen:* Herr Doktor, ist der Hochmeister des Markgrafen Bruder *etc.*? 3178 b

27
Ich wollt mein Kätha nit um Frankreich noch um Venedig dazu geben: zum ersten darum, daß mir sie Gott geschenkt hat und mich ihr geben hat; zum zweiten, daß ich oft erfahr, daß mehr Mängel in andern Frauen sein denn in meiner Käthen – ob sie schon auch etlich hat, so sein doch viel größer *Tugenden* dagegen; zum dritten, *weil sie hält fidem matrimonii,* das ist Treu und Ehr. *So soll umgekehrt auch die Frau über ihren Mann denken.* 49

28
Wenn ich noch eins freien müßt, wollt ich mir ein gehorsam Weib aus eim Stein hauen; sonst hab ich verzweifelt an aller Frauen Gehorsam. 2034

29
Kann mir unser Herr Gott das schenken, daß ich ihn wohl 20 Jahr gekreuzigt und gemartert hab, so kann er mir ja das auch wohl zugut halten, daß ich beiweilen ein Trunk tu, ihm zu Ehren. Gott gebe, es lege die Welt aus, wie sie wolle und ist. 139

30
Niemals geht mir Beten, Predigen, Schreiben besser vonstatten, als wenn ich zornig bin. Denn Zorn erfrischt mir mein ganz Geblüt, *schärft den Geist, vertreibt die Anfechtungen.* 2410 a

31
Ich habe drei böse Hunde: Undank, Stolz, Neid. Wen die drei Hund peißen, der ist sehr übel gebissen. 5022

32
So hat Justus Jonas es schriftlich festgehalten: Am Sonnabend nach Mariä Heimsuchung (1527), abends, von der Mitte der sechsten Stunde an, hat sich mit Doktor Martinus, unserm sehr geliebten Vater, folgendes zugetragen:
Am Morgen hatte er, wie er selbst uns bekannte, eine schwere seelische Anfechtung gehabt, war aber wieder einigermaßen zu sich gekommen. Auf Einladung einiger Edelleute, Martin von Wallenfels, Hans Löser und Erasmus Spiegel, begab er sich in Schultzes Gasthaus. Gleich nach dem Mahl kam er in meinen kleinen Garten, um die Traurigkeit und Beschwernis seines Gemüts zu vertreiben. Da saß er und plauderte mit mir zwei Stunden. Als er mein Haus verließ, lud er mich und meine Frau zum Essen ein. So gehe ich denn ins Kloster hinauf um die fünfte Stunde. Dort sagt des Doktors Frau, er ruhe etwas, um der Gesundheit willen. Sie bittet, die Verzögerung möge mir nicht lästig sein, ich solle es seiner Gesundheit zugute halten. Als ich eine Weile gewartet habe, steht der Doktor vom Bett auf, um mit uns zusammen zu essen. Er klagt über ein tiefes und beschwerliches Dröhnen im linken Ohr, wovon die Ärzte sagen, daß es einer Ohnmacht vorausgehe. Und als dann dieses Dröhnen immer heftiger wird, sagt der Doktor, er könne vor Schwäche nicht mehr sitzen. Er geht hierauf nach oben in sein Schlafgemach, um sich wieder zu Bett zu legen. Ich gehe ihm allein sogleich nach. Was seine Frau noch unten auf der Treppe der Magd aufträgt, weiß ich nicht. Aber ehe sie da sein kann, so sehr sie auch eilt, wird der Doktor auf der Schwelle des Schlafgemachs von einer Ohnmacht gepackt, er sagt plötzlich: O Herr Doktor Jona, mir wird übel! Wasser her oder was Ihr habt, oder ich vergehe! *Zufällig ist ein Krug da, den ich ergreife, und bestürzt und zitternd gieße ich ihm kaltes Wasser ins Gesicht und über den entblößten Rücken. Darüber beginnt er: O lieber Herr, wenn es dein Wille ist, wenn dies die Stunde ist, die du mir vorbestimmt hast, so geschehe dein*

Wille! Und er betet mit großer Glut des Herzens, die Augen zum Himmel erhoben, das Vaterunser und den ganzen Psalm »Ach Herr, strafe mich nicht in deinem Zorn« und »Gott, sei mir gnädig nach deiner Güte«.

Als seine Frau ihn zusammenbrechen sah, war sie zuerst selbst fast ohne Leben; dann rief sie nach den Mägden. Alsbald hieß der Doktor, ihm die Schuhe ausziehen, die ich sogleich fasse und fortwerfe. Dann ruht er rücklings auf dem Bett, klagt, daß alle Kräfte ihn verlassen, und rafft sich wieder zum Gebet zusammen: Herr, mein allmächtiger Gott, *wie gern hätte ich mein Blut vergossen für dein Wort! Du weißt es, aber vielleicht bin ich es nicht wert. Dein Wille geschehe! Wenn es so dein Wille ist, will ich sterben, auf daß nur verherrlicht werde dein Name, sei es durch mein Leben oder durch meinen Tod. Wenn es möglich wäre, so wünschte ich noch zu leben um der Frommen willen, o Herr, um deiner Auserwählten willen. Aber wenn die Stunde gekommen ist, so bist du der Herr über Leben und Tod.* Mein allerliebster Gott, du hast mich in die Sach geführt, du weißt, daß es dein Wahrheit und Wort ist. *Verherrliche nicht die Feinde, damit die Heiden nicht sprechen: Wo ist ihr Gott? Sondern verherrliche deinen heiligen Namen gegen die Feinde des Evangeliums und deines hochheiligen Wortes. Herr Jesus, du hast mir die Erkenntnis deines Namens gegeben. Du weißt, daß ich an dich als den einen und wahren Gott glaube, meinen Mittler und Heiland, weil du dein Blut für uns vergossen hast. Sei du jetzt in dieser Stunde da mit dem Heiligen Geist – und das sagte er noch einmal –. Du weißt, es sind viele, denen du gegeben hast, für das Evangelium ihr Blut zu vergießen. Ich glaubte, es werde geschehen, daß ich für deinen Namen mein Blut vergießen dürfe,* aber ich bins nicht wert. *Dein Wille geschehe! Du weißt, daß Satan mir auf mancherlei Weise nachgestellt hat, daß er mich verderbe, an Leib und Seele, durch Könige und Fürsten. Aber du hast mich bisher wunderbar erhalten. Erhalte mich noch, wenn es dein Wille ist.*

Unterdes fragte er, ob der Arzt Doktor Augustinus (Schurff) gekommen sei. Der traf wenig später ein, wandte gewärmte Kissen und andere Umschläge an und sprach ihm Mut und

Trost zu: Er solle sich nicht so betrüben. Inzwischen kam Bugenhagen dazu, der Pfarrer der Wittenberger Gemeinde, dem der Doktor früh um dieselbe Stunde gebeichtet hatte. Da begann er zu sprechen: Ich bitte Euch, betet für mich – so wie er auch gleich anfangs zu mir und den umstehenden Frauen gesagt hatte. Wir wiederum baten ihn, er selbst solle Gott bitten, daß er uns nicht des treuen Dieners seines heiligen Evangeliums beraube. Alsbald fügte er hinzu: Mein lieber Herr Pfarrer, ich hab Euch heut gebeicht, und Ihr habt mir ein Absolution gesprochen, das ist mir lieb. *Als unterdes seine Schwächeanfälle wieder zunahmen, sprach er mehrmals die wunderbaren Glaubensworte:* Mein allerliebster Gott, du bist ja ein Gott der Sünder und Elenden. Hilf mir!

Auch zu seiner Frau sprach er zwei oder dreimal: Mein allerliebste Käthe, ich bitte dich, so es Gottes Wille ist, daß du dich in Gottes Willen ergebest. Du bist mein, du wollest das ja gewiß behalden und nach Gottes Wort dich richten.

Darauf zu Bugenhagen und mir: Ich meinte, ich wollde noch *über die Taufe* geschrieben han, *aber: Dein Wille geschehe!*

Während dieser Worte hatte er sein Gebet unterbrochen und begann nun von neuem zu beten: O Herr Jesu, der du gesagt hast: Bittet, so wird euch gegeben; suchet, so werdet ihr finden; klopfet an, so wird euch aufgetan – und so fort. Sodann: O du mein allerliebster Gott und Vater, du hast viel tausend teure, edle Gaben vor viel tausend andere mir gegeben. Wäre es dein Wille, ich wollte ihr ja gern noch zu Ehren deines Namens und Nutz deines Volks brauchen. *Aber dein Wille geschehe, damit du verherrlicht werdest, sei es durch mein Leben oder durch meinen Tod.*

Darauf fuhr er fort: O, wie werden die Schwärmer ein Wesen anrichten nach meinem Tode! *Hier vergoß er unter Schluchzen reiche Tränen. Außerdem fügte er noch dies hinzu:* Mein lieber Gott und Vater, bin ich unterzeiten leichtfertig mit Worten gewest, *du weißt, daß ich es getan habe, die Traurigkeit meines Fleisches zu vertreiben, nicht mit bösem Gewissen.*

Indessen wandte er sich an uns und sprach so: Ihr möget Zeugen sein, daß ich nicht widerrufen habe, was ich über Buße und Rechtfertigung gegen den Papst geschrieben habe, son-

dern daß ich meine, es sei Gottes Evangelium und Gottes Wahrheit. Jedoch manchen scheine ich ein wenig zu bitter und scharf gewesen zu sein. Das reut mich nicht. Ich habe ja niemand Arges gunnt, das weiß Gott. *Und da abermals: Herr, wenn du mich im Bett sterben lassen willst, so geschehe dein Wille. Lieber hätte ich mein Blut vergossen. Aber freilich auch Johannes der Evangelist,* der auch ein gut stark Buch wider den Bapst geschrieben hat, *ist so gestorben nach deinem Willen.*

Unterdessen wurden gewärmte Kissen angewandt, und dabei begann er nach seinem Söhnlein zu fragen: Wo ist denn mein allerliebstes Hänschen? *Der Knabe wurde gebracht und lachte den Vater an. Da sagte er:* O du gutes, armes Kindlein! Nun, ich befehle mein allerliebste Käthe und dich meinem allerliebsten und frommen Gott. Ihr habet nix. Der Gott aber, *der da ist der Vater der Unmündigen und der Rechtsbeistand der Witwen,* wird euch wohl verwahren und ernähren. *Um dies abzuschließen, sprach er mit seiner Frau über die silbernen Becher und setzte hinzu: Du weißt, daß wir sonst nichts haben.*

So erschreckt und niedergeschlagen seine Frau auch war, stellte sie sich doch hoffnungsvoll und unterdrückte den Schmerz in ihrem Herzen und sagte: Mein liebster Herr Doktor, ist es so Gottes Will, so will ich Euch bei unserm Herr Gott lieber dann bei mir wissen. Es ist nicht allein um mich und mein Kind zu tun, sondern um viel frommer Christenleut, die Eur noch dürfen. Wollt Euch meinethalben nicht bekümmern. Ich befehl Euch seinem göttlichen Willen. Es wird Euch Gott erhalten.

Als jetzt die warmen Kissen angewandt wurden, sagte er, daß seine Kräfte zurückkehrten, und er wünschte, wenn er könnte, zu schwitzen. Wir wurden aufgefordert wegzugehen, damit er Ruhe hätte. Unser Herr Jesus Christus möge uns lange diesen Mann gesund erhalten, Amen.

Am andern Tag sagte der Doktor zu mir: Ich muß den Tag merken. Ich bin gestern zu Schule gewesen. *Er sagte ebenfalls, daß die gestrige seelische Anfechtung zweimal so schwer gewesen sei als die körperliche Erkrankung abends.* 2922 b

33

Am 28. Januar des Jahres 33, nachts um eins, wurde dem Doktor Martin Luther ein Sohn Paul geboren. Seine Paten sind gewesen der hochberühmte Herzog Johannes Ernst, Hans Löser, Doktor Jonas, Philipp Melanchthon, die Ehefrau des Kaspar Lindemann.

Als Johannes Löser erschien, empfing er ihn so: Deo gratias. Ich will Euer Gnaden wieder einen Stein in Garten werfen. *Heute ist ein neuer Papst geboren.* Ihr wollet dem armen Gesellen helfen, darzu er gehört.

Getauft wurde das Kind aber im Schloß aus einer Schüssel. Darauf hatte er seine Paten zu Gast, und ich (Anton Lauterbach) wartete bei Tisch auf. Sie haben aufs freundschaftlichste miteinander geplaudert, und Doktor Martin Luther sagte unter anderem auch dies: Ich habe meinen Sohn lassen Paulum heißen, denn der Heilige Paulus hat mir manch gut Argument und Spruch gegeben, daß ich ihm wohl noch einen also heißen wollte. *Gott wolle ihm Gnade geben.* Ich will meine Kinder, will Gott, verschicken. Welcher ein Krieger will sein, will ich Hans Löser zuschicken. Welcher studieren will, den soll Doktor Jonas und Philippus haben. *Welcher arbeiten will,* den will ich zu einem Pauren fertigen. 2946 b

34

(An Frau Anna Göritz:) Gnade und Friede in Christo. Ehrbare, tugendsame Frau, liebe Freundin. Ich bitte Euch um Gottes willen: Gott hat mir eine arme, junge Heidinne bescheret von meinem und meiner lieben Käthe Leib. Ihr wollet so wohltuen und derselben armen Heidinne zur Christenheit helfen und ihre geistliche Mutter werden, damit sie durch Euern Dienst und Hülfe auch komme aus der alten Geburt Adams zur neuen Geburt Christi durch die heilige Taufe. Das will ich wiederum, womit ich soll, um Euch vordienen. Hiemit Gott befohlen, Amen. Ich habe selbst nicht dorfen ausgehen in solche Luft. D. M. L. 3541

35

Es klagte einer, er werde Tag und Nacht durch die Skabies gequält. Darauf Doktor Martin Luther: Wenn ich doch mit

Euch tauschen könnte! Nehmet meinen Kopf, ich Eur Krätze; will zehn Gulden zugeben. *Ihr wißt ja nicht, wie beschwerlich dieser Schwindel ist, das Dröhnen und Sausen. Ich darf nicht wagen, irgendeinen Brief zu lesen ohne abzusetzen, nicht zwei, drei Zeilen im Psalter zu lesen, ein Ding lange anzuschauen, über irgend etwas scharf nachzudenken. Denn sofort kommt das Ohrensausen,* und soll oft auf die Bank dahinsinken. *Die Krätze ist nützlich, weil sie, wie lästig sie auch sei, die Reinigung des Körpers bewirkt. Und das sind gesunde Leiber, die durch Stuhlgang, Schweiß und Krätze gereinigt werden. So etwas wünschte ich mir, daß mein Kopf gesund würde.* Doch was wollte ich den guten Kopf zeihen! Er tuts nu billig. Er hats ja treulich mit mir gewagt und darf wohl sprechn, daß er sei hie gewest, und nun mit Ehrn schlafn gehn. 3006 b

36

Als lange kein Regen vom Himmel gefallen war, so daß alles auf dem Erdreich vertrocknete und verzweifelte, ging Doktor Martinus im Garten auf und ab und betete so:

Herr Gott, du hast durch den Mund Davids, deines Knechtes, gesprochen: Der Herr ist nahe allen, die ihn mit Ernst anrufen, er tut, was die Gottesfürchtigen begehren und hört ihr Schreien und hilft ihnen. Wie denn, daß du nit willt Regen geben, dieweil wir so lange schreien und bitten? Nun, gibst du keinen Regen, so wirst du etwas Besseres geben, *nämlich stilles Leben und Frieden.* Nu wohlan, wir bitten so sehr und haben oft gebeten. Tust du es nit, lieber Vater, *dann werden die Gottlosen sagen, daß Christus lüge, der doch spricht: Wahrlich, ich sage euch, wenn ihr den Vater etwas bitten werdet in meinem Namen, wird ers euch geben. So werden sie dich und deinen Sohn der Lüge zeihen.* Ich weiß, daß wir von Herzen zu dir schreien und sehnlich seufzen. *Warum erhörst du uns also nicht?*

Und in der Nacht darauf fiel ein ungemein erquickender Regen. Das ist geschehen am 9. Juni des Jahres 32. So habe ich Doktor Martinus sehr oft gesehen: daß er umherging und stehenblieb und unter sonderbaren Gesten mit sich selbst

sprach und mit zum Himmel erhobenen Händen und Augen betete. Oft hat er auch die Tischrunde verlassen und allein am Fenster gebetet, wohl eine halbe Stunde lang. 3222 b

37
Ich habe 24 Jahr allhie gepredigt, den Weg zur Kirchen also oft gegangen, daß nicht Wunder wär, daß ich nicht allein die Schuhe, sondern auch die Füße auf dem Pflaster abgewetzt hätte. Ich habe das Meine getan, fühle mich wohl. *Wenn ich allein die Briefe, die man mir geschickt hat, aufbewahrt hätte – ein großes Haus könnte ich damit füllen. Die vielen Briefe sind Zeugen meiner Arbeit. Aber nichts hat mich mehr gequält als die Sorgen, vor allem die nächtlichen.* 3472

38
Am 1. August (1537) blieb er nach dem Morgenmahl am Tisch sitzen. Er war tief in Gedanken und schrieb mit Kreide auf die Tischplatte:

Sache und Worte: Philippus
Worte ohne Sache: Erasmus
Sache ohne Worte: Luther
Weder Sache noch Worte: Karlstadt

Als er das geschrieben hatte, kam zufällig Herr Philippus mit Magister Basilius dazu. Der sagte: Was Erasmus und Karlstadt betreffe, so sei es wahr. Aber ihm selbst sei damit zuviel zugeschrieben, und Luther müsse man auch die Worte zuerkennen. 3619

39
Man sprach noch einmal über den Wunsch, Luthers Werke in Sammelbänden neu aufzulegen. Aber er widersetzte sich: Ich will nicht, daß meine Bücher verbreitet werden, schon gar nicht die früheren. Ja, ich hätte am liebsten, sie würden alle vergessen. Denn die ganze Kirche ist voll von Büchern, aber die Bibel wird verachtet. Viele Bücher Augustins sind nichts wert, fast der ganze Hieronymus taugt nichts, die Historien ausgenommen, daß man ihn auf vier Bogen bringen möcht. *Die Welt ist eitel, hat immer Lust auf Neues, verachtet From-*

mes. Der Umsatz der Buchläden steigt. Auch gibt mein Beispiel anderen den Anlaß (sich ebenfalls zu produzieren). Es will ein jeder schreiben, denn der Luther hat geschrieben. 4029

40

Es traf ein Bote aus Hall im Inntal *ein, das in den Alpen liegt, und berichtete dem Doktor Martinus, daß es in Italien zur Freude der Papisten ein weit verbreitetes Gerücht gebe: Er, Martin Luther, sei gestorben und begraben, und seine Grabtafel sei mit hebräischen, griechischen und lateinischen Buchstaben beschrieben. Aufgrund dieses Gerüchts seien viele Fromme sehr betrübt, und sie hätten ihn gebeten, jene Grabschrift abzuschreiben und mitzubringen. Er sagte:* Weil ich Eur Achtbarwürde lebendig finde, bitt ich Euch, wollt mir ein Schrift von Eurm Grab geben, damit ich die frommen Leut trösten möcht, die sich bekümmert haben.

Da lächelte Doktor Martinus und sagte: Das ist ein wunderbarliche Bitt! Der Schrift hab ich noch mein Tag keine geschrieben von meinem Begräbnus. *Und schließlich schrieb er ihm (was er erbeten hatte) mit diesen Worten:*

Ich, Doktor Martinus, bekenne mit dieser meiner Handschrift, daß ich mit dem Teufel, Bapst und allen meinen Feinden gar eines Sinns bin. Denn sie wollten gern fröhlich sein, daß ich gestorben wäre, und ich gunnte ihnen von Herzen solche Freude und wäre wohl gern gestorben, zu Schmalkalden, aber Gott hat noch nicht solche Freude wollen bestätigen. Er wirds aber tun, eher denn sie meinen, nicht zu großem Glück. Und werden einmal singen: Ach, daß nun der Luther noch am Leben wäre! Dies ist die Abschrift von meinem Grabe deutsch, greckisch, lateinisch, hebräisch. 3595

41

Er sprach über sehr reiche Bürger aus Freiberg, die (jetzt) betteln, und über ganz Arme, die reich geworden sind: Denn das ist unsers Herrgotts Waage. *Die Armen tauchen auf, die Reichen gehen unter. Und gewöhnlich hängt am Reichtum, der aus Bergwerksbesitz stammt, kein Segen, denn er kostet keine Arbeit. Der Kurfürst wollte mir* einen Zwedreistel in dem Fürstenstoll *geben, woraus ich jährlich 300 Gulden hätte, aber ich wollte nicht. Ich habe kein Zutrauen dazu. Womöglich würde der Stollen mich Bettelmann noch verschlingen.* *Ich will vom Papsttum leben,* denn wir seind des Bapsts Flöhe und Läuse. *Was (die Papisten) zusammentragen, das ernährt uns, wie die Schrift sagt. Der Geizhals sucht den Verschwender. So lebt unsre ganze Universität (von Rechtstiteln, die) aus dem Papsttum (stammen). Der Papst häuft Schätze auf und weiß nicht, für wen.* 3471

42
Er erzählte, wie väterlich Gott ihn mit den Seinen ernährt hätte. Der Doktor hat alles umsonst getan, ohne Bezahlung. Es hätten ihme die Buchdrucker jährlich 400 Gulden wollen geben, daß er ihnen seine *exemplaria* zustellet. Dennoch hätte ers nicht wollen tuen, wollde seine Gnade nicht vorkäufen. Gott hätte ihn wunderlich wider den gräulichen Wurm, den Bapst, geführet. Ob sie ihn wohl gekratzt hätten, so hätte dennoch der Bapst auch nicht ganze Haut davonbracht, er wär auch ziemlich getroffen.
Ich habe ganz genug und satt. Gott sei Lob, *der mir Frau und Kinder gegeben hat, den herrlichsten Segen, und den Kurfürsten, der mir von sich aus 200 Gulden jährlich ausgesetzt hat. Einst hatte ich beschlossen, wenn ich verheiratet sei, die Kollegs gegen Gebühren zu lesen.* Aber da mir Gott zuvorkam *durch den Kurfürsten,* so habe ich mein Leben lang kein Exemplar verkauft noch Lektion *für Geld* gehalten. Will auch den Ruhm, wills Gott, mit mir ins Grab nehmen. *Wenn ich nur Kost und Kleid habe, will ich zufrieden sein.* 4690

43
Als jemand den Doktor über eine Bibelstelle befragte, wandte die Doktorin scherzend ein: Herr Doktor, lehrt sie nicht umsonst! Sie schreiben gleich alles mit! Da erwiderte der Doktor: Ich habe 30 Jahre gratis gelehrt und gepredigt. Warum sollte ich jetzt, da ich alt und schwach bin, damit Handel anfangen? – Das sagte er 1540, um Bartholomäi. Der Doktor ist kein theologischer Schankwirt. 5187

44
Auf die Haushaltung *des Doktor Martinus* ist jährlich gangen 300 Gulden vor Fleisch, 200 Gulden vor Bier, 50 Gulden vor Brot. 5650

45
Ich will kein Kux haben! Es ist Spielgeld, und es will nicht wudeln, daselbig Geld. Dazu, wenns allein Spiel wär! *Denn beim Spiel gewinnt oder verliert man aus freien Stücken.* Aber ich laß mir sagen, *daß (im Kuxhandel) alles voller Lug und Trug ist.* Sie haben mich oft vorsucht mit Kux, ich hab aber nie dran gewöllt. 5675

46
Ach, es ist ein groß Ding, *das Wort haben* und ein Stück Brots. 5456

47
(Als ein Gast im guten Weinjahr 1540 einen Eimer Most mitbrachte:) Bei dem lieben Gott, die Welt ist böse! Sie kann nicht länger bestehn, es wär denn die Schrift falsch, doch ist sie allweg wahr blieben; ich glaub, sie werde auch itzt wahr bleiben. Ich halts darfür, unser Gott gebe uns den Sommer den *Valete*-Trunk an gutem Wein, wiewohl uns die Welt den nicht vergunnt und müssen Müschling und alten und neun Wein untereinander trinken und teuer genug. Ach, daß mich mein Gott und dich und meine Kind in eim seligen Stündlein davonnähme! Ich wollt ihm mein Haus und alle meine Bücher bescheiden, denn er wird nach unserm Tod lebendig bleiben. Auf den Sommer werden wir eine frische Pestilenz haben oder sonst ein groß Unglück. 5326

48
(Am Sterbebett der 13jährigen Tochter Magdalena)
Als seine Frau laut wehklagte, tröstete Martin Luther sie: Bedenk, wo sie hinkommt! Sie kommt ja zu Wohl. *Fleisch verfällt, Geist atmet. Die Kinder sind nicht auf Beweise aus.* Wie mans ihnen sagt, so gläuben sie. *Bei Kindern ist alles*

einfach. Sie sterben ohne Angst, Zweifel, Anfechtung des Todes, haben kaum Schmerzen – (gerade so) wie sie entschlafen. 5491

49
Die Angst vor dem Tode ist der eigentliche Tod und nichts anders. *Wer die Todesangst ganz aus seinem Herzen fortgetan hat, der hat keinen Tod, schmeckt keinen Tod.*
Da warf jemand die Frage nach den Todesschmerzen auf. Martin Luther antwortete: Do fraget mein Weib um, ob sie etwas gefühlet hat. *Sie ist wahrhaftig (so gut wie) tot gewesen. Sie sagte:* Gar nichts, Herr Doktor.
Da sprach Doktor Martin Luther: Derhalben sage ich, das Größte ist *im Tod die Todesangst. Im Brief an die Hebräer (heißt es von Christus): auf daß er für sie den Tod schmeckte. Selig sind wir, die den Tod nicht schmecken,* welcher sehr bitter ist und herbe. *Wie groß aber der Schmerz ist, den das Schmecken des Todes auslöst, läßt sich an Christus ermessen, der (im Garten Gethsemane) spricht: Meine Seele ist betrübt bis an den Tod.* Ich halt sie vor die größten Wort in der Schrift, *wiewohl es auch gewaltig und rätselhaft ist, daß er am Kreuz schreit: Mein Gott, mein Gott, warum hast du mich verlassen? Kein Engel versteht, was das sei, daß Blut aus den Poren fließt.* Das heißt *Geschmack* und *Schrecken des Todes. Das Geschöpf tröstet den Schöpfer, und die Apostel haben von dem allen keine Ahnung.* 5493

50
Als es mit der kranken Tochter schlimmer wurde, sagte er: Lieb hab ich sie sehre. Aber so es dein Wille ist, du lieber Gott, daß du sie nehmen willt, ich will sie gerne bei dir wissen. *Darauf redete er sie an:* Magdalenichen, mein Döchterlein, du bliebest gerne hie bei mir, bei deinem Vater, und du gehest auch gerne zu jenem Vater? *Die Kranke antwortete:* Ja, herzer Vater, wie Gott will. *Der Vater sagte:* Du liebes Döchterlein!
Der Geist ist stark, aber das Fleisch ist schwach. Ich habe sie jo sehr lieb. *Wenn dieses ihr Fleisch so stark ist,* was wird *der Geist* sein?

Unter anderem sagte er noch: In tausend Jahren hat Gott keinem Bischof so große Gaben gegeben wie mir – der Gaben Gottes soll man sich nämlich rühmen! Ich zürne mir selbst, daß ich nicht von Herzen froh sein und Gott danken kann, wiewohl ich unterweilen ein wenig ein Lied singe und dank Gott. *Ob wir leben oder sterben: Domini sumus, nämlich (wir sind des Herren) nach dem Genitiv des Singular, nicht (die Herren) nach dem Nominativ des Plural.* 5494

51

Als es mit seiner Tochter zu Ende ging, fiel er vor dem Bett auf die Knie, weinte bitterlich und betete, Gott wolle sie erlösen. Da hauchte sie die Seele aus, unter den Händen des

Vaters. Auch die Mutter war in der Kammer, aber, weil sie so litt, nicht unmittelbar am Bett. (Das ist geschehen) kurz nach neun, am Dienstag auf den 15. Trinitatis-Sonntag des Jahres 42. 5496

52

Als er ein paar Tage lang starke Kopfschmerzen gehabt hatte, sagte er beim Abendessen: Kätha, wenn mir morgen nicht besser wird, so will ich unsern Hans lassen von Torgau holen, denn ich gern wollt, daß er sollt bei meim Ende sein. *Da sagt sie:* Sehet, Herr, do machet Ihr Euch Gedanken! *Antwortet der Doktor:* Nein, Käthe, es ist kein *imaginatio.* Ich sterbe nicht so blötzlich. Ich will erstlich mich niederlegen und krank werden, aber ich will nicht lang liegen. Ich hab der Welt satt, so hat sie mein wider satt; des bin ich wohl zufrieden. Sie meinet, wenn sie nur mein los wäre, so wär es gut; des wird sie wohl innen werden. Es ist doch, wie ich oft gesagt: Ich bin der reife Dreck, so ist die Welt das weite Arschloch; drum sein wir wohl zu scheiden.

Ich dank dir, lieber Gott, daß du mich lässest unter deinem geringen Häuflein sein, die Verfolgung leiden um deines Worts willen; denn sie verfolgen mich je nicht um Hurerei oder Wücherei willen, das weiß ich je gewiß. 5537

53

Ich hab viel geistlicher Sünd, die ich nicht kenne. So sind mir die leiblichen auch sehr vergangen. Der Geiz ficht mich nicht an, denn ich hab Gelds genug. So ficht mich die Unkeuschheit auch nicht an, so ich doch genug des Dings hätt, damit man läßt. Aber der Zorn will nicht lassen! Do zürn ich oft um ein Dreck, das nit der Red wert ist, also hart, daß wer mir in den Weg kommt, muß sich leiden. Dem sprech ich kein gut Wort zu. Ists nicht ein schändlich Ding? Zu andern Sünden hätt ich guten Fug, Bequemlichkeit und andere, aber da soll mich ein loser Dreck bewegen! 5848

54

Ich hab noch alle Tage an mir zu treiben, daß ich könne beten, und lasse mir genügen, daß ich könne wenn ich mich lege die zehen Gebot, das Vaterunser und darnach einen Spruch oder zweene sprechen; denke denselben etwas nach und schlafe also ein. 5517 (Au)

55

Anno 45, am 10. Juni, schrieb Doktor Martinus Thesen für eine Doktordisputation und war recht erschöpft. Er ging spät zur Ruhe und sagte: Ich bin heute übel zupaß gewest, wollde gerne viel tun und nu zwei Bücher schreiben, *eins lateinisch, eins deutsch.* Ich bin schwach. *Komm, Herr, und befreie mich. Wer vom Schreiben nichts weiß, der meint, daß es keine Arbeit sei. Drei Finger schreiben, aber der ganze Körper plagt sich ab.* Es ist ein große Arbeit, lobenswert, wer sie recht brauchet. 6438

56

Die Heilige Schrift ist ein riesiger Baum. Aber da gibt es keinen Zweig, den ich nicht eigenhändig geschüttelt und ein paar Öpfel herabgeklopft. 5355

57

Daß die heilige Schrift zu verstehen ein schwer Ding sei, davon hat Doktor Martinus Luther Anno 1546, als er zu Eisleben war und nur zween Tage hernach gelebet, diese Worte latinisch auf einen Zeddel geschrieben und auf seinem Tisch liegen lassen. Welches ich, Joannes Aurifaber, abgeschrieben; und der Herr D. Justus Jonas, Superintendens zu Halle, so damals mit zu Eisleben war, hat den Zeddel bei sich behalten:

1. Die Bucolica des Vergil kann niemand verstehen, wenn er nicht fünf Jahre Hirt gewesen ist. Die Georgica des Vergil kann niemand verstehen, wenn er nicht fünf Jahre Landmann gewesen ist. 2. Den Cicero in seinen Episteln, so sage ichs im voraus, versteht niemand gänzlich, er habe sich denn zwanzig Jahre lang in einem bedeutenden Staatswesen umgetan. 3. Von der Heiligen Schrift meine niemand, eine zureichende Kostprobe genommen zu haben, er hätte denn hundert Jahre lang zusammen mit den Propheten wie Elia und Elisa, mit Johannes dem Täufer, Christus und den Aposteln die Gemeinden geleitet.

Du, tritt ja nicht zu nah der göttlichen, der Äneis.
Geh ihr nach und gebeugt verehre allein ihre Spur.

Wir sind Bettler. *Das ist wahr.*

16. Februar Anno 1546. 5468 (Au)

II. Das Wort

58
Wenn Christus ein Wort redet, so tut er ein Maul auf, das ist wohl so groß als Himmel und Erden, wenn er gleich nur von einem Kräutchen redet. Dieses sagte Doktor Martinus, da er redete vom Ehestande, welchen der Papst verboten hat, davon doch Gott saget: Wachset und mehret euch, und erfüllet die Erde.
Item er sagete auf eine andere Zeit: Wenn der Kaiser ein Wort redet, das vermag etwas. Aber wenn Christus redet, der fasset Himmel und Erden auf einen Bissen. Darum wenn er redet, so muß man des Manns Wort anders denn Menschenwort ansehen; denn er ist wahrhaftiger Gott selber. 684 (Au)

59
Als einer Neuigkeiten erzählte, schlimme Geschichten, sagte der Doktor: Das Evangelium bringt gute neue Zeitung, die sein gewiß, von Jesu Christo. Sonst weiß ich wenig guter neuer Zeitungen. 5404

60
Anno 39 den 9. April redet D. M. von der Auferstehung des Herrn Christi durchs Wort und die Predigt des Evangelii, welche nicht ohne Erdbeben geschiehet, wie auch Christus mit eim großen Erdbeben ausm Grabe herfürwischte und auferstand. Also wird auch heutzutage noch immerdar die Welt rege und erhebt sich ein Tumult, wenn allein Christi Gerechtigkeit und Heiligkeit gepredigет und bekannt wird. Aber solches Erdbeben ist den Gottesfürchtigen und rechten Christen heilsam, tröstlich und lüstig, und mehr zu wünschen und zu begehren denn Fried und Ruhe wider Gott mit bösem Gewissen. 4481 (Au)

61
Menschentrost steht in äußerlicher ansehenlicher Hülf, die man greifen, sehen und fühlen kann. Gottes Trost steht allein im Wort und der Zusage, da weder zu sehen, hören noch fühlen ist. 1893

62
Nächst der Schrift haben wir kein kräftigeres Beweismittel als das Kreuz. Denn wider den Christum und den (2.) Artikel (des Glaubens) streiten alle Königreiche, alles, was gewaltig ist, und können ihn dennoch nicht überpochen. Drum *ist die Schrift das erste Beweismittel, das Kreuz das zweite.* Es sein so viel *Königreiche* gefallen, aber der Artikel lebet noch. Da muß ich armer Munch kommen (und) eine arme Nonnen; die ergreifen ihn, die haben ihn! Darum tut es *Wort* und *Kreuz,* die machen uns gewiß. Sie wollen weder *Wort* noch *Kreuz* haben. Wir nehmen aber das *Wort* an, so folget *das Kreuz* gar balde, und ob wir des Gastes gern auch wollten los sein, so nehmen wir ihn doch an und haben Geduld.
Zu Rom ist ein Tempel, den ich gesehen habe. Er ist ohne Fenster, oben hat er ein rund Loch, ein Gewelbe, ist hoch, hat nur marmelsteinern Pfeiler, die unser zween schwerlich umgreifen können. An dem Gewelbe oben sein alle die Götter gemalt: *Jupiter, Neptun, Mars, Venus,* wie sie nun geheißen haben. *Diese Götter sind alle darin einig, daß sie den Erdkreis betören wollen.* Aber da Jesus Christus kommt, den wollen sie nicht leiden. Dennoch hat er sie aufgesteubert! Jetzt sein nun die Bäpst kommen, haben ihn wieder vortrieben. Aber wer weiß, wie lang es so bestehn wird. 5515

63
Dem Wort folgt der Geist, dem Geist Glaube, dem Glauben Frucht des Glaubens und Kreuz, dem Kreuz Gebet, dem Gebet Befreiung, der Befreiung das ewige Leben.
Umgekehrt: Wo nicht Evangelium ist, da ist auch nicht Sündenerkenntnis. Wo keine Sündenerkenntnis ist, kann auch keine Gerechtigkeit sein. Wo keine Gerechtigkeit, da kein

Leben. Wo kein Leben, da Tod. Wo Tod, da Sünde, Hölle und Teufel. 5600

64

Gregorius hat zu Recht gesagt: Die Heilige Schrift ist ein Fluß, in dem ein Elefant schwimmt und ein Lamm watet. Denn die *Klüglinge* und großen Hanse vorstehen sie nicht, aber die Geringen und Einfältigen vorstehen sie. 5468

65

Früher hat es viele Wallfahrten gegeben zu den Heiligen nach Rom, Jerusalem, Compostella, um für die Sünden genugzutun. Aber jetzt können wir die wahren Wallfahrten unternehmen, im Glauben – nämlich wenn wir die Psalmen, Propheten, Evangelien *etc.* mit Fleiße lesen. Da würden wir nicht durch der Heiligen Städte, sondern durch ihre Gedanken und Herzen spazieren, das rechte gelobte Land und Paradies des ewigen Lebens besuchen. 3588

66

Ich habe itzund in dieser meiner Krankheit den Psalter gestudieret, aber ich kann mir nicht genug vorwunderen. O, wie ist David ein Mann gewest! Wie sorget er, er sei von Gott vorworfen! O, wie ist die Bibel ein edel Buch! Es ist Sünde und Schande, daß wir das Buch nicht höher achten. Wie haben die Propheten allein den Mosen geehret! Ich halte aber, sie werden viel mehr edler Bücher darüber gemacht haben, welche alle sein ummegekummen und untergegangen. Ach, ach, wir sollten die Bibel wahrlich nicht so geringe achten! Der eine gerät *ad iura,* der ander *ad medicinam,* der dritte liest *poetas,* aber wenig wollen *ad theologiam.* 5858

67

Die Heilige Schrift will einen demütigen Leser haben; einen, der Gottes Worte mit Furcht und Zittern in Ehren hält, der immerdar spricht: Lehre mich, lehre mich, lehre mich!
Den Hochmütigen widersteht der Geist. Und wenn manche

auch eifrig studieren und Christus eine Zeitlang unverfälscht predigen – sobald sie hoffärtig werden, schließt Gott sie aus der Kirche aus. Denn jeder Hochmütige ist ein Ketzer, wo nicht de facto, so doch de iure. Es ist aber schwer für jemanden, nicht anmaßend zu sein, wenn er mit blendenden Gaben ausgezeichnet ist. 5017

68

Lieben Herrn, Trotz allen Doktorn und Heiligen, (wenn sie behaupten) daß sie ein Wort aus der heiligen Schrift ausgründen und gar erlehren! Ich laß mich daran benügen, *daß ich es (wenigstens) nicht angreife* und daß ich ein wenig weiß, was es ist. *Begründung: Wenn es Worte des Heiligen Geistes sind,* so sind sie allen Menschen zu hoch. *Und wenn die Gerechtfertigten den Heiligen Geist haben, so haben sie dennoch nur dessen Erstlingsgabe, nicht schon den Zehnten (als ihren vollen Anteil.* 1205

69

Wer nur ein Wort hat aus dem Worte Gottes und daraus nicht eine ganze Predigt machen kann, der ist es nicht wert, daß er überhaupt je predige.

Ich selbst habe mir oft vorgenommen, die zehn Gebote mit aller Sorgfalt zu meditieren. Aber wenn ich dann anfing mit jenen Worten: Ich bin der Herr, dein Gott, dann bin ich meist beim Wort »Ich« hängen geblieben, und kanns noch nicht gnug verstehen. *Wann werde ich also mit der Meditation aller zehn Gebote zu Ende kommen?* 2287

70

Es muß einer, der ein Theologus sein will, die Schrift gar inne haben, daß er auf alle *Stellen, was auch dagegen gesetzt werden kann,* seine *Lösung* hab, *nämlich die Unterscheidung von Gesetz und Evangelium. Wenn ich die vollkommen hätte,* wollt ich nimmer traurig werden. Darum wer es ergreift, hat gewonnen. *Was immer geschrieben steht, ist entweder Gesetz oder Evangelium.* Der zwei eins muß triumphiern, *das Gesetz, indem es in die Verzweiflung treibt, das Evangelium, indem es zum Heil führt.* Ich lerne alle Tag dran, und Zwingli und Herzog Georg kann es! *Das Evangelium ist Leben.* Da hat mich der Papst hingetrieben, hat mich aufgeweckt. *So sagt auch Augustinus von sich: Die Irrlehrer scheuchen uns auf, daß wir die Schrift durchforschen,* sonst dächte niemand dem Wort nach. 626

71

Das Gesetz Gottes richtet in keiner Hinsicht etwas für die Gerechtigkeit (vor Gott) aus. Recht verstanden macht es verzweifelte, falsch verstanden heuchlerische Leute. Das Evangelium, falsch verstanden, macht sichere Leute, recht verstanden aber fromme und fröhliche. Also ist das Gesetz nur wegen der Übertretung gegeben: daß den Leuten nach Christo weh werde. *Äußerlich allerdings wirkt es im gleichen Sinne wie irgendein anderes politisches Gesetz.* 1167

72

Jemand sagte: Herr Doktor, theologische Grünlinge halten jetzt Vorlesungen über die orthodoxen (Kirchenlehrer) und bringen wieder viele distinctiones in die Kirche hinein. Darauf der Doktor: Laß sie nur lesen! Sie werden wohl sehen, was sie finden, doch schadt es nicht. Aber die *Bibel* ist das rechte Buch, da stehts viel klärer, und man findt alle Tag etwas Neues drinnen. Ich hab nun 28 Jahr, seit ich Doktor gewesen bin, stetig in der *Bibel* gelesen und draus gepredigет, doch ich bin ihr noch nicht gewaltig und find noch alle Tag etwas Neues drinnen. *Begriffliche Unterscheidungen* aber muß man *in der Kirche* haben, doch mit Maßen. 5193

73

Ich kann nimmer arbeiten, auch nimmer reden. Weil ich jung war, da war ich gelehrt, und sonderlich, ehe ich in die *theologia* kam, da ging ich mit *allegoriis, tropologiis, analogiis* um und machte lauter Kunst. Wenns jetzt einer hätte, er hielts vor eitel Heiltum. Ich weiß, daß ein lauter Dreck ist, denn nun hab ichs fahren lassen, und dies ist meine letzte und beste Kunst: *die Schrift weitergeben im einfachen Wortsinn.* Denn *der buchstäbliche Sinn,* der tuts. Da ist Leben, Trost, Kraft, Lehr und Kunst innen. Das ander ist Narrenwerk, wiewohl es hoch gleißt. 5285

74
Es sagete einer über dem Tische, daß es viele dafür hielten, daß das erste Buch unter den fünf Büchern Mosi nicht wäre von Mose selber geschrieben. Darauf antwortet Doktor Martinus Luther und sprach: Was tut das dazu, wenn es gleich Moses nicht geschrieben hätte? Doch ist es Mosi Buch, denn dies Buch allein schreibet auf das Allerbeste und Eigentlichste, wie die Welt geschaffen sei. Was aber kalte und unnütze Fragen sind, die soll man fliehen und sich dafür hüten; als diese ist, so einer einmal fürbrachte: Moses schriebe, daß die Vögel lebeten im Wasser, da es doch Moses daselbst will von der Luft verstanden haben. Denselbigen wollt ich wieder fragen, ob der Bart ehe wäre gewesen denn der Mann, und sagen, der Bart sei ehe gewesen denn der Mann. Denn Gott schuf Ziegen und Böcke mit Bärten, aber am sechsten Tage hernach schuf er erst Adam. Solche Fragen soll man nur mit Lachen und Spotten verantworten. 2844 (Au)

75
Moses ist aller Henker Meister, und niemand ist über ihn noch ihm gleich mit Schrecken, Ängstigen, Tyrannisieren, Dräuen und dergleichen Strafpredigten und Donnerschlägen. Denn er greift das Gewissen mit der Schärf hart an, schreckts, marterts, stockts und plockts, und tut solchs aus Gottes Befehl als sein Statthalter. 2207 (Au)

76
Hiob hat nicht so gesprochen, wie es dort geschrieben steht, aber es sind seine Gedanken. Es redt sich nit so *in der Anfechtung. Dennoch, die Sache hat sich zugetragen, und sie ist wie der Vorwurf eines Schauspiels, den ein Schriftsteller, wie etwa Terenz, aufgegriffen und mit Personen und Gefühlen ausgestattet hat. Er wollte uns ein Beispiel der Geduld malen. Möglich,* daß es wohl Salomo selb gemacht hab, *die Sprache*

ist ähnlich. Es ist schon zur Zeit Salomos eine alte und bekannte Geschichte gewesen. Er hat sie übernommen und ein Buch daraus gemacht, so wie wenn ich jetzt die Geschichte von Joseph oder von Rebekka aufnähme. Der hebräische Dichter, wer immer es gewesen ist, hat all jene Anfechtungen gesehen und niedergeschrieben, so wie Vergil den Äneas beschreibt und führet ihn *durch alle Meere und Herbergen,* macht ihn *zum Staatsmann und Kriegsmann. Wer immer das Buch Hiob geschrieben hat, es scheint ein großer Theologe gewesen zu sein.* 475

77

Den Psalter soll man nicht aus den Händen legen und sich ohn Unterlaß drinnen spiegeln; denn wir können seine Herrlichkeit nicht so groß achten, wir lesen ihn denn mit Fleiß. 3416

78

Als ich (Veit Dietrich) von ihm etwas über die Stelle bei Jeremia wissen wollte, wo Jeremia sich verflucht und wünscht, daß er nie geboren wäre, und ich dabei äußerte, daß solche Ungeduld Sünde sei, sagte Luther:

Man muß unsern Herr Gott zu Zeiten mit solchen Worten aufwecken, er höret sonst nit. *Das ist wahrhaftig ein Gemurre bei Jeremia. So auch Christus: Wie lange soll ich euch ertragen?* Moses wirft unserm Herr Gott die Schlüssel gar vor die Füße: *Habe etwa ich all dies Volk geboren?* Es kann nit anderst sein; es verdreußt ein, wenn es einer so herzlich gut meinet und es doch nit vonstatten will gehn. Das ist denn gewißlich murmuriert. *So auch ich:* Ich laß die Gedanken auch nimmermehr fahren, daß ich wünsche und wollt, ich hätts nie angefangen, *item* ich wollt lieber tot sein denn *die Verachtung (des Wortes Gottes)* so sehen.

Die also diese Ungeduld verdammen und zur Geduld mahnen, die sind nur *theologi speculativi.* Kommt ihr auch in die Praktiken, *dann werdet ihr sehen (wie es sich wirklich verhält)! Solche Geschichten (von den biblischen Propheten und Predigern) sind sehr groß. Rein gedanklich (und abgesehen von der Erfahrung) läßt sich darüber nicht disputieren.*

Einen wahren Prediger darstellen, das ist ein groß Ding, und wenn es unser Herr Gott nit selbst treibt, so wird nichts draus. Es muß ein großer Geist sein, den Leuten an Leib und Seel dienen und dennoch *äußerste Gefahr und größte Undankbarkeit* drob leiden. *Darum sagt Jesus zu Petrus: Petrus, hast du mich lieb? Und fügt darauf hinzu: Weide meine Schafe! Wie wenn er sagte:* Willt du ein rechter *Pastor* sein, so muß es nur *die Liebe* tun, *mit der du mich liebst,* sunst ist es unmuglich. Denn wer will den Undank leiden, sein Geld, Gesundheit verstudiern und sich darnach in *höchste Gefahr* stecken? *Darum sagt er:* Es ist vonnöten, daß du mich lieb habest.

228

79

Keines Propheten Predigten sind ganz und vollkömmlich beschrieben, sondern ihre Jünger und Zuhörer haben zu Zeiten einen Spruch gefaßt, darnach aber einen, und also zusammengetragen. Also ist die Bibel erhalten worden. 475 (Au)

80

Rechtschaffene, fromme Christen sind gleichwie Jonas, der ins Meer, ja in die Hölle geworfen ward, sahe den großen Fisch das Maul aufsperren und lag in seinem finstern Bauch drei Tage ohne Verwesung. Denke einer nur, wie ihm muß zu Gemüte gewesen sein.

Diese Historia soll uns der höchsten Trost einer und ein Zeichen der Auferstehung der Toten sein. Sie ist sehr lügerlich. Ich selbst gläubts nicht, wenns nicht in der heiligen Schrift stünde. Also pfleget Gott die Seinen zu demütigen. Aber Jonas ward hernach viel ärger, wollte Gott meistern, ward zum Totschläger und Mörder, der da wollt eine so große Stadt, darinnen so viel Volks war, gar vertilgen. Das ist mir ein Heiliger! 736 (Au)

81

Im (Evangelium des) Johannes steckt eine unerhörte Glaubenszuversicht. Der redet davon, als sei es schon für der Nasen. *Ebenso Paulus, und so kommt an den Tag, daß Christus nicht vergeblich von ihm gesagt hat: Er wird mir ein auserwähltes Rüstzeug sein.* Da hat er ihn zum Doktor gemacht. Der redet auch so gewiß davon. Darum wenn man Paulum lieset, so mag man mit gutem Gewissen auf seine Wort Achtung haben. Ich hab mein Lebtag kein ernstere Schrift gelesen. 13

82
Zwei Bibelstellen, von Doktor Martin Luther ausgelegt und in ein Büchlein des Herrn Grafen von Schaumburg eingetragen. Psalm 55 (Vers 23): Wirf dein Anliegen auf den Herrn, und er wird dich versorgen. *(Dazu) ein erläuternder Satz des heiligen Petrus (1. Petr. 5,7):* Alle eure Sorg werft auf ihn und seid gewiß, daß ers ist, der für euch sorget.
Ach, wer dies Werfen wohl lernen kunnt, der würd erfahren, daß es gewiß also sei. Wer solch Werfen nicht lernt, der muß bleiben ein verworfen, zuworfen, unterworfen, ausgeworfen und abgeworfen, umgeworfen Mensch. 5249/5250

83
Jäckel wollen wir schier aus der Bibel stoßen hie zu Wittemberg. Denn er redt nichts von Christo, *nicht mit einer Silbe, außer im Vorspruch. Und offenkundig widerspricht er dem Paulus und sagt weder über das Evangelium noch über das Gesetz etwas Rechtes.* Ich halt, es sei ein Jud gewest, der hab gesehen, daß die Christen soviel über den Glauben sagen, und hab die Epistel darwider gemacht: Ei, es soll nit alls der Glaub sein, es müssen auch Werk etwas sein! Es ist der Papisten Epistel. Sie nehmen sich keiner so heftig an als der. Paulum lassen sie wohl stehen. 5974

84
Als einer kam und dem Doktor eine eigene Psalmenübersetzung zeigte, sagte er: Wenn ich gesterb, wird kein Schulmeister, kein Lehrer, kein Küster sein, der nicht wird ein eigne Bibel transferieren wollen. Unser Version wird nicht mehr gelten. Es werden alle unsere Bücher unter die Bank gestoßen werden, die Bibel, die Postille. Denn *die Welt* muß etwas Neues haben. *So der Apostel Schriften* golten nichts,

do die *Doktoren* kamen; der *Doktoren Schriften* golten nichts, als die *Scholastiker* kamen, die waren darnach selbs untereinander uneins und wollte es immer einer besser machen denn der ander. Das gefällt dem gemeinen Mann, *weil die Welt vorwitzig ist.* Darum sagt Paulus: *Sie werden sich zu den Fabeln kehren.* 5469

85
Wieviel Mühe macht es doch, das Buch Jesus Sirach zu übersetzen! Ist das geschafft, will ich die Harfen aufhängen. Ihr habts nun gar in der heiligen Schrift. Sehet nur, daß ihrs nach meinem Tod wohl gebraucht. Es hat uns Erbeit genung gestanden, wird aber von den Unsern wenig geachtet. *Die Gegner lesen mehr als die Unsern. Ich glaube, daß Herzog Georg fleißiger gelesen hat als unser Adel. Denn es heißt, er habe einmal gesagt:* Wenn doch der Munch die Bibel vollends deutschet und ging darnach hin, wo er sollt! *Dies Zeugnis habe ich von Herzog Georg und allen Papisten, die jetzt unsere Übersetzung gebrauchen.* 2790 b

86
Der Doktor über die deutsche Bibelübersetzung und ihren Vorzug: Es glaubt niemand, was Arbeit es uns gekost hat, denn die damit umgehen und hören wie Georg (Rörer). Denn die *rabbini* helfen uns gar wenig. Ich will eine neue Vorrede vor die Biblien machen und jedermann warnen vor den *rabbinis,* denn sie sind verblendt und verstockt, und wenn sie schon das Buch haben, wie Jesaja sagt, so sind sie blind drüber.

Aber diese Biblia – daß ich mich zwar nicht lob, sondern das Werk lobt sich selber – ist so gut und köstlich, daß sie besser ist als alle *versiones,* griechisch und lateinisch, und man findt mehr drinnen als in allen *commentariis.* Denn wir tun die Stöck und Plöck aus dem Weg, daß ander Leut ohne Hindernus drinnen lesen mögen. Ich hab nur Sorg, man werd nicht viel in der Biblia lesen, denn man ist ihr sehr überdrüssig, und denkt ihr niemand mehr nach. 5324

87
Doktor Luther sprach: Gleichwie Gott Alles aus Nichts machet und aus Finsternis schaffet das Licht, also machet auch sein Wort, daß im Tode nichts denn Leben sein muß. Darum wer am Wort Gottes hanget und ihm folget, der erfähret zuletzt, was David im Psalm saget: Wenn Gott spricht, so ists gemacht, und wenn ers heißet, so stehets da. Aber ehe man zu dieser Erfahrung kömmet, muß man etwas leiden. Denn Gottes Art und Natur ist, aus Nichts Alles schaffen und machen. 6515 (Au)

III. Der Glaube

Gott und Glaube · Schöpfung · Erlösung Der Katechismus

Gott und Glaube

88

Die gläubige Seele spricht zu Christus: Ich bin deine Sünde, du meine Gerechtigkeit. Darum frohlocke ich und bin ohne Sorge. Es wird ja meine Sünde deine Gerechtigkeit nicht erdrücken noch deine Gerechtigkeit mich einen Sünder sein und bleiben lassen. Gelobt sei Gott! Amen. 5598

89

Ich wollt gern mit unserm Herrn Gott rechten. *Mich dünkt, ich sei rechtschaffener als er, wenn ich nämlich meine Lauterkeit anschaue und meine Leiden.* Wenn ers bei dem Register läßt bleiben, *dann siege ich.* Ziehet er aber sein Register herfür, von seinem Leiden *und von meinen Sünden, dann habe ich verloren.* 1111

90

Unser Herr Gott und der Teufel haben zwo Kanzleien *oder (anders gesagt) eine gegensätzliche Schreibart.* Unsers Herrn Gotts Kanzlei *ängstet zuerst, danach richtet sie wieder auf und tröstet, und zwar um das Fleisch zu töten, damit der Geist lebendig gemacht werde. So erregen auch die lieben Engel zuerst Furcht, danach trösten sie die Erschreckten. Aber der Teufel verwendet zu Gottes Unwillen eine andere Schreibart. Zuerst schmeichelt er den Menschen, die in ihren Sünden leben, danach bringt er sie zur Verzweiflung. Das Fleisch heitert er auf und verdüstert den Geist. Denn während einer sündigt, ist kein Schmerz da. Aber später bleibt ein bedrücktes Gewissen zurück, das mehr und mehr verzweifelt.* 1210

91
D. Staupitz, sprach Doktor Martinus, pflegte oft zu sagen, daß das Gesetz Gottes zu uns Menschen sagt: Es ist ein großer Berg, du sollt hinüber. So sagt denn das Fleisch und die Vermessenheit: Ich will hinüber. Darauf spricht das Gewissen: Du kannst nicht. So will ichs lassen, antwortet denn *desperatio.* Also machet das Gesetz im Menschen entweder Vermessenheit oder Verzweiflung, und muß doch gelehrt und geprediget werden. Predigen wir das Gesetz, so machen wir die Leute verzagt. Lehren wirs aber nicht, so machen wir die Leute faul und rohe. 2797 c (Au)

92
Wenn Gott lachet, so macht er einen solchen Rumpel, daß fünf Königreich untergehen. *Wenn er aber zürnt, steckt er die ganze Welt in Brand, da es ja heißt: Rauch geht aus von seiner Nase.* 2663

93
Als der Doktor gefragt wurde, ob der Teufel Christus auch nach dem Fleisch kenne, sagte er: Ja, die Schrift kennt er wohl und hört, was wir singen. Aber weil sich Christus so niedrig hält, sahe er auf ihn nicht. Denn der Teufel ist übersichtig, sieht nur nach großen Leuten, da hängt er sich an. Unter sich und was niedrig ist, siehet er nicht. Aber Gott kehrts um. Der sieht nur, was niedrig ist, und das Hohe läßt er fahren. Drum wer hoch will fahren, der nehme des Teufels eben wahr! 5222

94
Ich habs oft gesagt, sprach D. Martinus, und sag es noch: Wer Gott erkennen und ohn Gefahr von Gott spekulieren will, der schau in die Krippen, heb unten an und lerne erstlich erkennen der Jungfrau Mariä Sohn, geborn zu Bethlehem, so der Mutter im Schoß lieget und säuget, oder am Kreuz hänget, darnach wird er fein lernen, wer Gott sei. Solchs wird alsdann nicht schrecklich, sondern aufs Allerlieblichste und Tröstlichste sein. Und hüte dich ja für den hohen fliegenden Gedanken, hinauf in Himmel zu klettern ohn diese Leiter, nämlich

den Herrn Christum in seiner Menschheit, wie ihn das Wort fürschreibet fein einfältig. Bei dem bleibe und laß dich die Vernunft nicht davon abführen, so ergreifest du Gott recht.

6558 (Au)

95

Die Philosophen haben Gott einst so definiert: Gott ist der Kreis, dessen Zentrum überall und dessen Peripherie nirgends ist. Damit wollten sie verdeutlichen, daß Gott alles ist und nichts. Unser Herr Gott ist allenthalben, *aber trotzdem wird er nicht (überall) begriffen.* Ich find ihn nur allein zu Jerusalem *und in dem Bild, das er selbst mir vor die Augen gestellt hat. Er ist überall – das heißt also: in der Taufe, in der Krippe, im Abendmahl etc. Aber in seiner Majestät ist er (für mich) nirgends, auch nicht in meinen Spekulationen.*

1165

96

Als Doktor Jonas sagte, der menschliche Geist könne die Glaubensartikel nicht begreifen, und es sei genug, wenn wir nur anfingen, ihnen zuzustimmen, sprach der Doktor: Ja, lieber Doktor Jona, wenn es einer kunnt so geläuben, wie es dasteht, so müßt eines Herz vor Freuden zerspringen! Das wär gewiß. Darum werden wir dahin nicht kommen, daß wirs fassen.

In Torgau kam einmal ein elendes Weiblein zu mir und sagte: Ach, lieber Herr Doktor, ich bin in den Gedanken, als sei ich vorloren und kunne nicht selig werden, denn ich kann nicht glauben! *Darauf ich:* Glaubet ihr auch, liebe Frau, daß das wahr sei, was Ihr in Eurm Glauben(sbekenntnis) betet? *Darauf sie mit gefalteten Händen:* O, das glaube ich, das ist gewißlich wahr! *Darauf ich:* Ei, liebe Frau, so gehet im Namen Gottes hin! Ihr geläubet mehr und besser als ich.

Der Teufel machet den Leuten solche Gedanken, daß er spricht: Ei, du mußt baß gelauben! Du mußt mehr gelauben! Dein Glaub ist nicht sehr stark, auch nicht genug! *Und so führt er sie in die Verzweiflung.* So sein wir auch von Natur geschickt, daß wir gern wöllen *fidem reflexam* haben. Wir wollten es gern greifen und in Busen stecken, aber das geschieht *in diesem leiblichen Leben* nicht. *Wir können es nicht begreifen, sondern müssen es ergreifen.* Wir sollen uns ans Wort halten und also hinausschlöppen lassen. 5562

97

Christus will nicht mehr, denn daß man von ihm rede. Ja, *sagst du,* tu ich (das), so schlähet man mich aufs Maul. *Antwortet Christus:* Ruf mich an, so will ich dich erhören und erretten.

Wie kunnt man ein leichtern Gottesdienst haben oder anrichten? Es ist kein leichter Dienst auf Erden denn der rechte Gottesdienst. Christus legt uns kein Holzhauen oder Steintragen auf, *sondern nur Feindschaft, verspricht aber, daß er bei uns sein wird.* Meinem Knecht sag ich kein Hilf zu, wenn er mir Holz haut. Christus aber will mir helfen in meiner Not. *In summa:* Es fehlet uns allein am Glauben, *und wieviel einer glaubt, soviel hat er.* 1816

98

Als der Doktor gefragt wurde, wie man beweisen könne, daß »andere Götter« (im 1. Gebot) soviel bedeutet wie Gottesdienst (cultus), der im Widerspruch zu Gottes Wort eingerichtet wird, antwortete er: Gott und Kultus sind aufeinander bezogen. Denn Gott ist jemandes Gott und ist immer ausgesagt mit Hinsicht auf eine Beziehung. (Die Aussage) »Gott« erfordert solche, die anrufen und verehren. Denn Gott haben heißt Gott verehren. »Kultus« wiederum erfordert immer »Gott«, sie gehören zusammen wie Frau und Mann, während Ehegemahl und Hure nicht zusammengehören. Wer immer also einen Kultus aus sich selbst heraus (und nach eigenem Ermessen) einsetzt, der ist ehebrüchig und sucht einen andern Gott als den wahren Gott, selbst wenn er sich einbildet, daß er den wahren Gott verehre – wie Jerobeam: Er richtete einen Kultus für den wahren Gott Israels auf, aber weil der Kultus falsch war, war auch Jerobeam falsch, der ihn aufgerichtet hatte. 5292

99

Keine Sünde plagt uns so sehr als *die Lust, wie Gott zu sein. Wohl ist auch die fleischliche Lust ein mächtiges Anstürmen und Rasen. Aber sie ist doch nur eine Abschattung und nichts im Vergleich zu jener geistlichen Lust und Hurerei.* 1136

100

Wenn ich in schweren Gedanken bin über Angelegenheiten des öffentlichen Lebens und des Hausstandes, so nimm ich ein *psalmum* oder ein *dictum Pauli* für mich und schlaf drob ein. *Aber Gedanken des Teufels,* die kosten mich mehr. So muß ich einen hohen starken Possen reißen, ehe ich mich herauswinde. *Bei Haus- und Familienproblemen bestehe ich leicht. Aber* wenn ich mit unserm Herrn Gott zorne und frag, ob ich oder er Unrecht tue, da gehts mir –. 19

101

Die Kinder sind mit Gott am besten dran, ihres Lebens und Glaubens halben. Wir alten Narren plagen uns selbs und haben das Herzeleid mit unserm Disputieren über dem Wort: Obs wahr sei? Wie es möglich sei? Welchs sie mit einfältigen reinem Glauben für gewiß und wahr halten und nicht dran zweifeln. Wollen wir nu selig werden, so müssen wir ihrem Exempel nach und uns allein aufs bloße Wort geben. Aber der böse, listige Geist, der Teufel, kann uns, ehe wirs gewahr werden und uns besorgen, dasselbe meisterlich entziehen, weil immerdar neue Sachen und Geschäfte fürfallen, damit wir zu tun haben. Darum ists am besten, nur bald gestorben und zugeschorren! 18 (Au)

102

Wenn ich den Teufel nicht mit ernsten Worten und mit der Schrift in die Flucht schlagen konnte, habe ich ihn oft durch Possenreißerei verjagt. Wollte er mir also mein Gewissen beschweren, habe ich gesagt: Teufel, ich hab auch in die Hosen geschissen; hast dus auch zu den andern Sünden in dein Register geschrieben? *Ebenso: Wenn der Kaufpreis des Blutes Christi für meine Sünden nicht hoch genug ist,* so bitt ich dich, lieber Teufel, du wollst Gott für mich bitten!

Der Teufel kommt nur dann zu mir, wenn mein Geist ohne

Arbeit ist. Da schleicht er ein, und ehe ich mich umsehe, jagt er mir ein Schweiß ab. Beute ich ihm den Spieß, so fleucht er. Nichtsdesteweniger aber macht er zuvor einen Blutriß *oder fügt einem ein Leibesübel zu.* 812

103

Als jemand von einer Frau erzählte, die durch die Vorstellung gequält werde, daß sie nicht glaube, fragte der Doktor: Gläubet sie auch, daß man predigt, wie Christus vor unsere Sünde genuggetan habe? *Darauf jener:* Wenn man sie fraget, so spricht sie: O ja, lieber Herr! Und bekümmert sich doch daneben so sehr, hat so große Sorg und Angst, daß sie ihr darum den Tod will tun, wenn sie ihre Kinder nicht scheuet. *Da antwortete der Doktor:* O, schadt nicht! Saget ihr nur, daß sie die Angst leide und *Geduld* trage. Sie hänge sich oder ertränke sich darüber, so kanns ihr (an der Seele doch) nicht schaden, so ist ihr eben, als wenn sie in einem Traum ging und fiel den Hals ab. Denn es ist des Teufels Ding! Der hängt und leget sich also an die Frummen. Wenn er ein frumm Herz weiß, leget er sich an ein arme Kreatur, an ein Weib oder einen kranken Menschen. Da beweist er seine Stärk an, der starke Geist! Aber es soll ihm wohl belohnet werden. Es sein nur *die Anfechtungen, die aus der Liebe und Hoffnung gegen Gott erwachsen,* wenn einer (in seiner durch Leid gequälten Vorstellung) aus Gott den Teufel macht. Aber das vorstehet niemand, kanns auch keiner denn allein *der Sohn Gottes,* der hats vorsucht, daß er Blut schwitzet. Wir hießens *Anfechtungen der Lästerung.* Und ist auch recht, daß einer unserm Herrgott nicht ins Angesicht spei. Da behüt uns Gott vor! 5587

104

Wenn ich soviel Glauben hätte, wie ich haben sollte, das würde mir genügen, und ich wollt längst den Türken erschlagen haben und die Tyrannen kurr gemacht. Ich hab mich wohl mit ihnen zerbalget. *Aber es fehlt mir der Glaube, und Gott spricht: Laß dir daran genügen, daß meine Kraft unter Schwachheit ans Ziel kommt.* 2657 b

105

Gott kunnde auf viele Weise reich werden, wenn ers tun wollte. Wenn er mich zu einem Schösser machte, wollte ich ihm Geld genug zuwegen bringen. Ich wollt nur ein Gulden des Jahrs nehmen von einem Weibe, daß sie der Flöhe frei werden, oder ein Gulden von einem Menschen, daß er schlafen dürfte. Oder wenn er Engel ausschicket, die Geld nähmen für allerlei Krankheit, was sollte er Geldes bekommen! Er tuts aber nicht, sondern gibt alles umsonst. 5422

106

Gott will nicht reich sein, kann seine Güter nicht schatzen. Er könnte es wohl besser haben, *wenn er nur wollte. Käme er etwa zu Ferdinand, zum Herzog Georg, Papst, Doktor Jonas und spräche: Du Ferdinand, Georg, Papst, Jonas, du mußt noch in dieser Stunde sterben, wenn du mir nicht hunderttausend, zehntausend, vierhundert Gulden gibst – dann würde ein jeder sagen: O gern, wenn ich nur leben bleibe! Aber nun, undankbar sind wir, sagen für seine unendlichen Wohltaten niemals Dank. Wenn Gott mit seinen Gaben mehr zurückhielte* –er machets zu gemein – *wären wir dankbarer. Wenn er einen Menschen geboren sein ließe mit nur einem Fuß und ihm den andern erst im siebenten Jahr gäbe, die eine Hand im vierzehnten, die andere im zwanzigsten: dann würden wir Gottes Wohltaten an dem erkennen, was uns noch vorenthalten ist. Aber Gott schüttet alles zugleich aus,* gibts gar auf einmal, drum acht mans nicht. *Es ist täglich und billig zu haben.*

Schon hat er uns ein ganzes Meer seines Wortes geschenkt. Alle Sprachen und Wissenschaften haben wir umsonst. Bücher kauft man zum kleinsten Preis: Das Gesamtwerk des Ovid kostet sieben Groschen, das des Vergil fünf, Terenz, Livius, Plinius, Homer im Frobenschen Druck nur die Hälfte. Wehe unserer Faulheit! Gott wird seine Barmherzigkeit wieder verschließen und nur spärlich geben. Dann werden wir aufs neue Lügen anbeten und Leute, die Gott höhnen, da wir ja jetzt sein Wort und seine Diener verachten. 2407 b

107
Als bei Tisch einmal Luthers Hündchen dasaß, von seinem Herrn einen Bissen erwartete und begehrlich darauf schaute, ohne die Augen davon zu lassen, sagte er: O, daß ich so beten könnt, wie der Hund auf das Fleisch kann sehen! Sein Gedanken stehn allein auf das Stück Fleisch, sonst denkt, wünschet, hoffet er nichts.
(Zusatz des Mitschreibers Veit Dietrich:) Sieh, es hat dem frommen Herzen (Luther) auch daran gefehlet, daß er ohn (Weglaufen der) Gedanken nit hat können beten. 274

108
(Zu Jesaja 30, 15:) *In Geduld und Hoffnung wird eure Stärke liegen.* – Willst du die großen, greulichsten und schädlichsten Feinde überwinden lernen, die sunst einen wohl verschlingen und am Leibe und Seele schaden mugen, dafür ihm einer wohl allerlei Wappen soll käufen und alles Geld darum geben, die Kunst zu lernen? Es ist ein süßes, lieblichs Kräutlein, das heißt *patientia.* Ja, wie kann ich zu solcher Ärznei kommen? *Ich antworte:* Nimm den Glauben vor dich, wie dir niemands schaden kann ohn Gottes Willen. Geschiehts aber, so geschiehts aus dem freundlichen, gnädigen Willen Gottes, also daß sich selber der Feind hundertmal größern Schaden zufügt denn dir. Daraus fleußt nu die Liebe, die spricht: So will ich ihme Gutes tun für Böses, will ihme feurige Kohlen sammeln auf den Hals. Das seind die Wappen, damit man die Feinde gewinnet, die wie die großen Berge scheinen, die nicht zu stürzen oder mit Eisen oder Stahl zu gewinnen sein. 3643

109
(Zu Matthäus 10, 32:) *Wer mich bekennt vor den Menschen, den will ich auch bekennen vor meinem himmlischen Vater. – So groß ist die Blindheit und Schwäche unsers Fleisches, daß wir irgendeinen Ungerechten mehr fürchten als Gott.* Wolltst du nicht lieber, daß sich Gott der Vater, Sohn und der Heilige Geist, alle Engel und Heiligen am jüngsten Gericht zu trotz allen Teufeln und gottlosen Menschen deiner annehmen, denn wenn sich hie ein einziger Herzog George oder elender

Rotzleffel deiner annimmt? Wiederum, verleugnest du Christum mit Worten und Werken hie für den gottlosen Geistlichen, so wird sich dein *die ganze Trinität* auch schämen, so werden sich alle Teufel dein annehmen, die werden deine Gesellen sein. 3644

110

Das ist ein sehr schwerer Anstoß in der Welt, aber auch unter den Frommen: warum den Frommen alle Dinge übel ausgehen und den Gottlosen glücklich. Ich möchte antworten, indem ich einen Wirt zum Gleichnis nehme, der seinen Gästen gütlich tut und legt sie in weiche Bette und läßt die Kinder in der Hellen hinter dem Ofen sitzen, auf der Bank schlofen. *Morgens ziehen die Gäste los,* müssen zum Haus hinaus, *aber die Kinder bleiben unter Obhut.* 3526

Schöpfung

111

Er nahm seinen kleinen Martin auf den Arm und sagte: Ach, daß Gott so feine schwarze Äugel kann in ein Stück Fleisch setzen aus einem stinkenden Sack! Es gemahnet mich eben, als nähme einer ein Plinzen, setzt fein Äugel drein. Und Nasen, Maul, Händen und Füße aus eim Stücklin Fleisch machen in Mutterleibe ist auch ein Kunst. 2578

112

Doktor Justus Jonas pries uns den herrlichen Segen Gottes, der in den Früchten steckt: Ich hab, sagt er, einen Zweig mit Kirschen über meinem Tische hangen, *damit ich daran, wenn ich ihn anschaue, den Glaubensartikel von der göttlichen Schöpfung lerne.*

Darauf Doktor Martin Luther: Warum lernet ihrs nicht täglich an euern Kindern und Leibsfrucht, die täglich für euch stehen, die gar viel mehr sein denn alle Früchte der Bäume? *Hier hättet ihr Gottes Fürsorge wahrnehmen können, der sie aus dem Nichts erschaffen hat.* Er hat ihnen in einem halben Jahre Leib und Leben und alle Glieder geben und will sie

auch ernähren. *Und doch gehen wir einfach darüber hinweg,* sollen wohl blind werden und geizig *über diesen Gaben. So wie es gewöhnlich geschieht, daß Leute, wenn sie Kinder bekommen, schlechter und gieriger werden,* heben an, frühe zu geizen, *wissen nicht, daß jedem Kind sein Glück mitgegeben wird nach dem Sprichwort:* Je mehr Kinder, je größer Glück. Lieber Herrgott, *wie groß ist doch die Unwissenheit und Bosheit in einem Menschen, der das nicht bedenken kann, sondern mit den allerbesten Gottesgaben gerade das Gegenteil anstellt.*

3613

113

Als Luther die Veilchen blühen sah, sagte er: Was gibt man unserm Herrgott um die Blümlin? Schelten, Lästern, Schänden! Und das erst Sommerblümlin ist himmelblau. Der Türk noch der Kaiser vermöchtens nicht mit aller ihrer Macht bezahlen. 2585

114

Gott kann alle Handwerk aufs Allerbeste und -fertigste. Denn mit seiner Schneiderei macht er einem Hirsch einen Rock, damit er sich bedeckt und trägt ihn in neunhundert Jahren, daß er nicht zerreißet von ihm selbs. Als ein Schuster gibt er ihm Schuhe an die Beine: die Klauen, die währen viel länger denn er selbs. Also ist er ein Koch zum Feuer, welches ist die Sonne, die alles kocht und gar macht.

Gott gibet diese Welt mit alle seinen Werken den Leuten, die er zuvor weiß, daß sie werden sündigen, böse Schälke und Buben werden, die ihn erzürnen, schänden, lästern. Was meinest du, was er für Güter wird denen geben, die durch den Glauben gerecht sind worden, und weiß, daß sie also gerecht ewiglich bleiben werden? 2223 (Au)

115

Die Geschöpfe Gottes sind unausforschlich, und dennoch sind sie für die Frommen wahrlich sacramenta Dei (nämlich Gnadenzeichen Gottes). Die Sonne geht Tag für Tag auf, der Regen bewässert das Land – sie dienen den Dankbaren und den Undankbaren, wie denn Christus das fein amplifiziert Matth. 6. *So auch alle Früchte: Sie wachsen aus einem Baum, es geht dort gleichsam Fleisch aus Holz hervor. Denn was sind Bäume anderes als Holz?* Wenn du sie seudest oder brietest, so ists doch Holz. *Und ist dennoch Fleisch, denn es entstehen daraus die lieblichsten Früchte, die das Fleisch ernähren. So habe ich in Italien ungemein fruchtbare Olivenbäume im rauhesten Fels wurzeln sehen.* Da lernet ich den Psalm verstehen: *Mit Honig aus dem Felsen hat er sie gesättigt. Geradeso segnet Gott dies Sachsenland, das doch nur (zu Sand) zerstoßener Stein ist, nach den Worten des Evangeliums: Sprich, daß diese Steine Brot werden.*

Können wir schon die der Erde zugehörigen Schöpfungswerke nicht durchschauen, wie sollen wir dann die Gestirne und die obere Welt erkennen? Wer hätte Gott bei der Schöpfung je einen solchen Rat gegeben, daß er ein so großes Licht wie die Sonne hätte mit einem so rasenden Lauf belasten sollen? Da die Sonne doch mit ihrer unaufhörlichen Bewegung in jeder Stunde viele hunderttausend Meilen zurücklegt, um das riesige Firmament zu durchmessen. Bedenkt die Größe der Erde, wie weit es schon auf der Erde von Indien bis Spanien ist. Und sie ist nur das Zentrum der Himmelskugel und des Umlaufs der Sonne, die in unsagbarer Geschwindigkeit davonstürmt und mit ihrem – doch nur uneigentlich so zu nennenden – Lauf die äußersten Kreisbahnen durchzieht; so wie wir es am Wagenrad sehen, dessen Achse sich nur langsam dreht, während es außen in raschester Bewegung ist. Wer kann die Größe der Sonne ermessen, die doch weit größer ist als die Erde? Wenn du ihr corpus früh am Morgen erblickst, so siehets (aus) wie ein Braubottich. Sie kann aber in einer Stunde nit zehen Sonnen hoch steigen, *und dennoch läuft sie in zwölf Stunden ungeheuer schnell vom Osten bis zum Westen. Und wenn im Firmament 200 Sonnen eng aneinander hingen* wie an eim Paternoster, *so reichten sie vom Aufgang bis zum Niedergang. Darum ist die Sonne unsagbar groß.*
Desgleichen, wer hätte Gott diesen Rat gegeben, Männlein und Weiblein miteinander zu verbinden? Da gibet er dem Mann ein Weib, die hat zween Zitzen auf der Brust und ein Löchlein zwischen den Beinen. *Dort ist ein einziges Tröpfchen vom männlichen Samen der Ursprung eines zu solcher Länge wachsenden menschlichen Körpers: Es entstehen daraus Fleisch, Blut, Knochen, Haut und Haare. Wie Hiob im 10. Kapitel sagt: Hast du mich nicht wie Milch gemolken und wie Käse gerinnen lassen?* Also machts Gott in all seinen Werken sehr närrisch. Wenn ich ihm hätt sollen raten, so hätte *das menschliche Geschlecht* bei dem Erdenkloß sollen bleiben, und für die Sonne ein große Lampe mitten auf die Erden gesetzt, daß es allzeit Tag wär gewesen.
Solche sichtbaren und leibhaftigen Dinge haben wir täglich vor Augen, aber wir können sie nicht verstehen und müssen sprechen: Ich glaube an Gott den Vater, den allmächtigen

Schöpfer. Dennoch wollen wir Narren Gott meistern *im Glaubensartikel von der Wiedergeburt und Erlösung und viel disputieren über Kindertaufe, über die geheimnisvollen Kräfte der Sakramente,* so wir armen Narren nit wissen, wannen der große Junker Furz im Bauch herkummt! Es heißt also: *Wenn Gott nur ein Wort spricht, dann muß die ganze Welt erzittern, glauben und gehorchen. Sollen die gottlosen Papisten sehen, wo sie bleiben, die dem Wort Gottes die eingebildete Autorität ihrer Kirche vorzuziehen wagen. Denn diese papistische Behauptung ist höchste und unerträgliche Lästerung,* damit sie Gott ins Angesicht speien. *Wahrlich, die Geduld Gottes, der das auf sich nimmt, ist groß.*
Aber es ist allzeit also ergangen. *Denn jener (falsche) Gott (in) Bethel hatte beim Volk großes Ansehen, aber der Gott, den Jeremia predigte, der galt rein gar nichts.* Also viel kostets unsern Herr Gott, *daß er seine Macht und Barmherzigkeit (wenigstens) bei einigen (in Geltung) erhält.* Er muß viel Kunige schlahen, bis sich ein wenig Leute für ihm lernen fürchten, und muß viel Hurn und Buben selig machen, ehe ihm ein wenig Sünder lernen gläuben. *Nicht ohne Grund bemühen sich darum Propheten und Apostel,* daß wir ja bei dem *mündlichen Wort* bleiben. *Denn abgesehen von diesem Wort sind wir verloren.* So wir uns nit wickeln in diesen *incarnatum et inverbatum Deum (den Gott, der Fleisch und Wort geworden ist), werden wir alsbald vom Satan verschlungen.* 3578 B

116

Daß Gott *Schöpfer* heißt, das ist ein unerforschlich Ding, und Gott schaffts doch täglich. Denn wie er Adam aus eim Erdenkloß schafft, also nimmt er noch ein wenig Samens, do kein Leben innen ist, und formiert und nähret und erhält die Frucht übernatürlich, wiewohl die *medici* ihre *rationes* haben *über die Ader, die aus der Brust in den Mutterleib führt.* Aber die *zweiten (und nachgeordneten) Ursachen verdecken die ersten.* Ich kann mich nicht gnug wundern über eim Ei. *Da ist Stoff außerhalb des Mutterleibes, es kommt eines anderen Wärme hinzu, zuweilen Wärme ganz anderer Art,* wie Hans Löser seine Hühner durch die Krähen ausbrüten ließ, da er ihr sonst nicht konnte los werden, und zuweilen bringt man die Hühnlein aus mit Wärme (der Hände) *wie die Livia bei Sueton,* und Gott formiert im Schälein ein lebendigs Hühnlein. Das sind lauter Wunderwerk! Gott ist in der Kreatur, die wirkt und schafft er. Aber wir achtens nicht und suchen dieweil *zweite* und *philosophische Ursachen.* Damit lernt man den Artikel von der Schöpfung nimmer recht.

5227

117

Philipp Melanchthon: Ein Wunder heißt, daß die gleiche Sache auf andere Weise geschieht. 1226

118

Auf ein ander Zeit redete Doktor Martinus Luther abermals davon, wie Gott so ein reicher Schöpfer wäre und die ganze Welt durch seine Allmacht und große Gewalt ernährete; aber es wäre ein schwerer Artikel, daß man gläuben sollte an Gott den Vater, allmächtigen Schöpfer Himmels und der Erden. Dennoch ist es wahr, Gott hat alles gnug für uns geschaffen. Denn alle Meere und Wasser sind unsere Trinkkeller, alle Wälder und Hölzer sind unsere Jägerei, so ist die Erde voller Goldes und Silbers, Kupfer, Eisen und andere Metall. Sie muß uns auch allerlei Getreide tragen und unser Speiskammer und Brotkasten sein. Denn es ist alles um unser, der Menschen willen geschaffen. 1154 (Au)

119

Wir sind unter dem (freien) Himmel geschaffen. Daß wir aber unter dem Tach und in Häusern wohnen, das ist der Sünde Schulde. Und ist itzt mit uns wie mit einem Kranken, um den viel Krüglein stehen und der viel Pflaster haben muß. Das ist, wir müssen Kammern, Stuben, Häuser, Essen, Trinken etc. haben. Zuvor, ehe Adam gefallen, wären wir gewesen wie junge Gesellen, die nacken und bloß her springen. Da wäre kein Zimmermann, Maurer, Haus etc. vonnöten gewesen. 1162

120

Die menschliche Natur muß weit, ja weit über *der unvernünftigen Natur* sein. Denn es ist kein Tier so stark oder wild (als) es immer will, so muß es sich doch vor dem Menschen fürchten und denken: Es heißt *»Herrschet über sie«*. Daß denn auch ein Mensch soll leben wie ein Schwein, das reimet sich je gar nicht *mit jener Regierungsnatur. Nicht durch Arbeit wird eine Sache gewonnen, sondern (wenn man mitnimmt) was liegenbleibt,* das ist ihr Tun. Es heißt aber nicht also, sondern: Tut etwas! *Sei ein Teil der Regierung im Staats- oder Hauswesen! Herrschen, herrschen!* Sei nicht ein fauler Mensch, friß nicht, was ander Leut sammlen! 5671

121

Ich halt, daß Gott gleich so viel zu schaffen und zu tun hat, daß er ein Ding wieder zunichte mache, als daß ers schaffe und mache. Das sagte Doktor Martinus, da des Mists gedacht ward, und sprach weiter: Mich wundert, daß man die Welt nicht längst hat voll geschmissen bis an den Himmel.

1259 (Au)

122

Die Gerste muß viel leiden von Leuten. Denn erstlich wirds in die Erde geworfen, daß sie verweset. Wenn sie nu gewachsen und reif worden ist, schneidt oder häuet man sie abe. Darnach drischt und quellt man sie ein, dörret und kocht Bier oder Kofent draus, das wird von Baurn gesoffen und wiedergegeben unten und oben und an die Zäune gepinkelt.

Desgleichen Märtyrer ist der Lein oder Flachs auch. Wenn er reif ist, so räuft, röstet, dörret, bläuet, brecht, hechelt, spinnet, wirket man ihn und machet Leinwand draus zu Hemden und Kitteln *etc.*, die werden zurissen. Darnach braucht mans zum Wischen, schmieret Pflaster drauf, die legt man auf die Wunden und Schwären. *Item* die Lumpen nimmt man draus, legt sie in Stämpfel auf der Papiermühl, zustößts klein. Daraus macht man Papier zu Kartenspiel, zum Schreiben, zu Drukken. Das Papier wird zurissen und zun allergeringsten Werken gebraucht.

Diese und dergleichen viel Kreaturen, davon wir viel Nutzen haben, müssen sich leiden. Also müssen alle gottselige und fromme Christen viel leiden von den Gottlosen und Bösen. Da ist David ein wunderauserwählter Mann gewest und wüst gerollt worden. Aber ein solcher Mensch ist Gott lieb.

Gersten, Wein, Korn *etc.* haben doch für dem Lein und Flachs einen Vorteil, werden zu Fleisch und Blut und ererben in den Gottesfürchtigen und Christen das Reich Gottes. Aber am jüngsten Gericht werden sie über die gottlosen Bauren, Bürger, Edelleute *etc.* schreien und sie verklagen, daß sie ihrer so schändlich mißbraucht haben. 851 (Au)

123

Ein Baum, da man Schatten von hat, soll man sich für neigen. 92

124

Doktor Martin Luther spielte mit seinem Hund und sagte: Der Hund ist das allertreuste Tier, und er würde als sehr wertvoll gelten, wenn er nicht so häufig wäre. Unser Herrgott hat die größten Gaben am gemeinsten gemacht. *Das Vortrefflichste, was allen Lebewesen gegeben ist, sind die Augen. Die kleinen Vöglein haben ganz besonders klare Augen, wie Sternlein.* Sie sehen eine Fliege einer Stuben lang. *Aber wir erkennen solche Gaben nicht, weil sie zu alltäglich sind.* Wir sind Hanswurste. *Doch im zukünftigen Leben werden wir sie sehen.* Da wollen wir denn Vöglein mit schönen hellen Augen selber machen. 2849 b

Erlösung

125

Das Licht scheint in der Finsternis nur dann, wenn es zurückgeworfen wird. Welchs man sehen kann, wenn man ein Licht hält für ein Stubtür und läßt es hineinscheinen durch das Loch, so gibt es kein Schein, bis es an die Wand fällt. *So ist der mittlere Luftbereich, wo die Teufel sind, finster. Die Sonne scheint dort nicht. Sondern auf der Erde, wo die Strah-*

len zurückgeworfen werden, dort scheint sie. Und das ist *die Fleischwerdung des Sohnes Gottes. Er ist der Lichtstrahl des Vaters. Er leuchtet nicht anderswo, außer* wenn er herunder kommt in die Welt, da er anstößt. 5968

126
Die wichtigste Lektion der Theologie heißt: Christus erkennen können. Da soll der *Lehrer* vom *Schüler* und *Schüler* vom *Lehrer* zu lernen sich nit schämen.
Christus ist freundlicher als wir. Wenn ich also zu einem Freunde gut sein kann, um wieviel mehr wird Christus fromm und gut sein! Darum sagt Petrus: Wachst in der Erkenntnis Christi, daß er nämlich der Allergerechteste und Allerbarmherzigste ist, an dem allein wir hängen. Aber vortrefflich verdüstert der Satan diese Erkenntnis in uns und bewirkt so, daß wir einem uns freundlich gesinnten Menschen mehr Vertrauen schenken als Christus. 2459 b

127
(Zum Lobgesang der Maria:) *Respexit humilitatem ancillae suae.* Wie wollt ihr das wohl deutschen? Ich weiß kein besser Deutsch, denn wenn ich sage: das elende Maidichen. Denn es ist gar ein elende Jungfrau gewest. *Der königliche Stamm* (Davids) ist gar exstirpiert gewest *von Herodes,* daß niemand mehr vorhanden ist gewest als sie beide. Da hat das gut Maidichen ein arm Zimmergesellen genummen. Drum sagt sie: Ach, ich arme Maid, wie kumm ich zu den Ehren, daß ich unsers Herrgotts Mutter soll werden? Und im Propheten, da heiß *radix Jesse* nit ein grüne Wurzel, sunder die gar verdorben und verfault ist, und da soll noch ein grüner Zweig aus wachsen. 5977

128
Zu Recht muß alle Weltweisheit der Erkenntnis Christi weichen. Denn was ist wunderbarer als sie? Unaussprechlich wunderbar ist, daß der Sohn Gottes die menschliche Natur annimmt und sich so hinabbeugt, daß er wird wie ein anderer Mensch und an Gebärden als ein Mensch erfunden.

Zu Nazareth wird er seinem Vater Joseph haben helfen Häuser bauen. *Er ist nämlich, wie das Evangelium erzählt, ein Zimmermann gewesen.* Was werden doch die von Nazareth am jüngsten Tag sagen, wenn sie werden sehen Christum sitzen in seiner Majestät und zu ihm sagen: Herr, hast du nicht helfen mein Haus bauen? Wie kommst du zu den Ehren?
Das ist nu die höchste Ehre, daß wir wissen, daß sich Christus so tief um unser Sünde willen heruntergelassen und sein Majestät uns zugut so lang verborgen. *Zuerst schreit er in der Wiege, wird mit geringer Milch genährt. Dann muß er ins Exil. Zurückgekehrt, hilft er dem Vater.* Er wird der Mutter oft Brot und Trinken geholt haben. Sie wird auch wohl zu ihm gesagt haben: Jesichen, wo bist du gewesen? Kannst du nicht daheimen bleiben? *Durch so schwache und geringe Art nicht abgestoßen werden, das ist große Weisheit.*
Obwohl Christus verachtet war, wünschen doch die Engel, ihn als Kind zu schauen, und sprechen: *Dieses Kind ist unser Gott und Herr. Er hat sich aber bis zum Kreuzestod erniedrigt um unsertwillen, die wir verlorene Menschen sind.* Das muß ein frommer gütiger Herr und Gott sein! *Wenn der Kaiser irgendeinem Bettler die Füße wüsche, lieber Gott, wie würde man eine solche Tat ausbreiten! Aber da der Sohn Gottes das tut, der doch auf der höchsten Stufe steht, wundert sich niemand darüber als die (wenigen) Frommen, die mit den Engeln ihren Heiland anbeten. Darum ist es die höchste Weisheit, Christus zu erkennen: daß er Mensch geworden ist und sich bis zum Tod am Kreuz erniedrigt hat, wie geschrieben steht: Ich halte nicht dafür, daß ich etwas wüßte als allein Christum, den Gekreuzigten.*
Man kann auch dem Teufel nicht weher tun, denn wenn man von dem Jesichen und seiner Menschwerdung redet. Darum gefällt mirs wohl, daß man laut singt in der Kirchen: *Und das Wort ward Fleisch, ebenso: Und er ist Mensch geworden. Das kann der Teufel nicht hören,* muß etlich Meil Wegs wegweichen. *Wenn wir durch diesen Artikel, daß Christus, der Sohn Gottes, Mensch geworden ist, mit so großer Freude erfüllt würden, wie er selbst (der Teufel) davor erzittert,* stünde es sehr wohl um uns. 5360

129
Singet, lieben Kinder, singet von dem neugebornen Kindlein! Denn wenn wir dem nicht singen, wem wollen wir denn singen? Es schweigt itzt *Türkenland, Judenland, Griechenland* und *der größere Teil von Deutschland.* Die wenigsten singen. Dennoch singen die lieben Engel und verwundern sich dieser Geburt, denn sie ist ihn zu tief und zu hoch. Denn sie fallen hernieder und sehen die Tiefe in der Hölle, *das heißt:* wie er *im Fleisch* ist*;* bald sehen sie herauf in den Himmel und sehen ihn in seiner Majestät und kunnen sich nicht genugsam darüber verwundern, daß die höchste Majestät so tief sich erniedriget und wiederum das Allerniedrigste das Höchste ist. 5528

130
Am Abend (des 1. Weihnachtsfeiertages 1538) war Luther sehr fröhlich. Was er sagte, sang und dachte, galt der Menschwerdung des Heilandes Christus, und er seufzte tief: Ach, wir armen Menschen! Daß wir so kalt und faul zu dieser großen Freud uns stellen, die doch uns geschehen ist; die große Wohltat, die weit, weit über alle ander Werk der Schöpfung ist, und sollens dennoch so schwächlich gläuben, so es uns von Engeln gepredigt und gesungen wird, welchs himmlische *theologi* sind und haben sich unserthalben so gefreuet! *Ihr Gesang ist bei weitem der schönste, den es gibt, und der Inbegriff der ganzen christlichen Religion. Denn »Ehre sei Gott in der Höhe« ist der höchste Gottesdienst.* Den wünschen und bringen sie uns in diesem Christo.
Denn nach Adams Fall erkennt die Welt weder Gott noch die Kreaturen. Sie lebt ganz und gar außerhalb der Verherrlichung Gottes. Oh, welch tiefe Meditation über Gott in allen Kreaturen wäre dem Menschen doch möglich gewesen, so daß er schon in den kleinsten Blütenblättchen die Macht und Weisheit Gottes wahrgenommen hätte! Denn wahrlich, wer kann das ausdenken, wie Gott das schafft aus dem dürren Erdreich, so mancherlei Blümlein, so schöne Farben, lieblichs Geruchs, die kein Maler noch Apotheker also machen könnt; dennoch kann Gott grüne, gele, rote, blau, braune Farb aus der Erden bringen. *Das alles hätten Adam und die Seinen auf*

die (Seite der) Ehre Gottes übertragen und hätten mit Danksagung alle Kreaturen in Gebrauch genommen, die wir jetzt bis zum Überdruß und ohne Erkenntnis von alledem genießen, nicht anders als wenn das Vieh die schönsten Blüten und Blumen nur mit den Klauen zertrampelt. Darum rufen die Engel hier die gefallenen Menschen in Christus wieder zu Glaube und Liebe zurück, nämlich zur Ehre (Gottes in der Höhe) und zum Frieden auf Erden. 4201

131

Er gedachte der Tischrunde Christi und der Apostel beim letzten Abendmahl, wo der Sohn Gottes mit den Seinen so vertraulich gesprochen hat wie nur irgend denkbar und ihre Schwäche gern ertragen. Es sind säuberlich Tischgespräch gewest, *da Philippus sagt: Herr, zeige uns den Vater; Thomas: Wir wissen den Weg nicht; Petrus:* Ich will mit dir gehen. Es sind eitel *Abendbrot*reden, *wo die einzelnen ausgesprochen haben, wie es ihnen ums Herz ist.* Es ist keine lieblicher Collation gewest *von Erschaffung der Welt an als diese.*

3832

132

Als er gefragt wurde, wie denn die Evangelisten das Gebet Christi hätten aufschreiben können, das er vor seinem Leiden im Garten gebetet hat, da doch nicht alle dabei waren, und jene drei, die wirklich dabei waren, eingeschlafen sind, antwortete der Doktor: Meint Ihr nicht, daß Christus es ihnen erzählt haben wird, nach der Auferstehung, als er noch 40 Tage bei ihnen gewesen ist? O, da wird er ihnen noch viel guts Dinges gesaget haben! Das Gebet ist auch gewißlich länger gewesen, denn er hat bei einer halben Stunde gebet. Do werden mancherlei *disputationes* eingefallen sein.
Darauf sagte ein anderer: Wie konnten die Apostel schlafen, da doch Sorgen schlaflos machen? Er antwortete: O, die Jünger haben nicht sonderliche *Sorgen* gehabet. Sie haben ein Mitleiden gehabet, do sie gesehen, daß er sich so gestellet hat. Aber *der Schlaf überwog.* Wie etliche bei einem Kranken wachen: *Sie haben Mitleid mit ihm,* aber sie entschlafen oft, *doch der Kranke,* der kann nicht schlafen. Drum kummt Jesus

dreimal und bitt sie, daß sie sollen wachen: Ei, schlaft doch nicht! Daß ihr doch nicht mit mir redet! – Ei, es ist ein groß Schwachheit *in Christus,* daß er soll die um Hülf anrufen, die er geschaffen hat! Keins Menschen Herze kann ergründen, was das vor ein Leiden gewesen sei, daß er blutigen Schweiß schwitzet. Das sind *unsere Sünden* gewesen, die er getragen hat. 5574

133
Verdienst ist ein Werk, sprach Doktor Martin Luther, um welchs willen Christus Belohnung gibt. Es ist aber nirgend ein solch Werk zu finden, denn Christus gibts aus Verheißung. Gleich wenn ein Fürst oder Herr zu mir spräche: Komm zu mir aufs Schloß, ich will dir hundert Gülden geben. Da tue ich ein Werk, indem ich aufs Schloß gehe; aber doch das Geschenk wird mir nicht gegeben um meines Werkes und Gehens willen, sondern darum, daß mirs der Fürst oder Herr verheißen und versprochen hat. 2409 (Au)

134
Chistus hält übel haus, dazu ganz unweislich, *weil er selbst hungert und andere reich macht.* 1211

135
Ein Christ ist passiv – vor Gott, weil er dort nur empfängt, vor den Menschen, weil er dort leidet. Gutes erhält er von Gott und Böses von den Menschen. 654

136
Der Doktor fragte seine Frau, ob sie wohl auch glaube, daß sie heilig sei. Die erwiderte verwundert: Wie kann ich heilig sein, die ich doch eine sehr große Sünderin bin? Der Doktor darauf: Da seht ihr den papistischen Greuel, wie er die Seelen vergiftet und das innerste Mark durchdrungen hat, so daß sie nichts anderes sehen können als jene Gerechtigkeit, die an der Person haftet. Dann wandte er sich an sie und sagte: Glaubst du, daß du getauft und eine Christin bist? Dann glaube, daß du auch heilig bist! Denn so groß ist die Kraft der Taufe, daß sie die Sünden verwandelt: nicht, daß sie nicht mehr da sind, sondern so, daß sie nicht mehr verdam-

men. So groß ist die Wirkung der Taufe, daß sie alle Anfechtungen fortschafft und uns beilegt, daß wir heilig sind. Daß aber viele Getaufte nicht heilig sind, liegt daran, daß sie an die Kraft der Taufe nicht glauben. Darum ist die Taufe für sie keine Taufe.
Als aber meine eigene (Anton Lauterbachs?) Frau gefragt wurde, antwortete sie so: Sie sei heilig, inwieweit sie glaube, aber eine Sünderin, inwieweit sie ein Mensch sei. Nein, keineswegs, sagte da der Doktor, ein Christ ist als ganzer heilig. Denn wenn der Teufel den Sünder wegführete, wo blieb der Christ? *Darum taugt eine solche Unterscheidung nicht. Deswegen muß man sich mit festem Glauben an die Taufe hängen, dann werden wir heilig sein. So nennt David sich selber heilig. Aber diese Heiligkeit können sie nicht begreifen, weil sie den Artikel von der Vergebung der Sünden nicht fassen können.* Damit haben sie sich vexiert und geärgert. Wie solls doch unser Herrgott mit uns machen? *Er hat das Gesetz gegeben, aber wir wollen nicht Sünder sein. Er hat die Gnade gegeben, aber wir wollen sie nicht gelten lassen.* Er pfeift und weint, dennoch hilfts nicht. Nu (aber) heißts: *Der Gerechte lebt aus Glauben. Darum sind auch wir gerecht und heilig.* 2933 b

137

Spalatinus fragt, warum und wie es zuging, daß itzt die tiefsten und größten Brunnen vorsiegen, wie der Brunn zu Bauritz bei Aldenburg. Antwortet der Herr Doktor: Wisset Ihr nicht, da Gott über die Welt die Sintflut wollt kommen lassen und sie mit der Sintflut vorderben, da stiegen die Brunne auf und wuchsen überall. Also gehts itzt auch zu, nun Gott die Welt mit Feuer will vorterben. Da nehmen alle Brunnen abe, und wird das Erdrich trucken lassen werden, wie man ein Gebund Reisig läßt dürr werden und wirfts in Ofen, so brennet es fein bald dahin. Also will Gott auch tun mit der Welt zur letzten Zeit und fähet itzt schon an. 5651

138

Da D. M. Luther gefragt ward, ob auch in jenem Leben und Himmelreich würden Hunde und ander Tiere sein, antwortet

er und sprach: Ja, freilich, denn die Erde wird nicht so leer, wüste und einödig sein, sintemal Sankt Petrus heißt den jüngsten Tag einen Tag der Restitution aller Ding, da Himmel und Erde wird verwandelt werden. Und wie sonst anderswo klärer gesagt wird: Gott wird ein neu Erdreich und neuen Himmel schaffen, wird auch neue Tölpelin und Hündlin schaffen, welcher Haut wird gülden sein und die Haare oder Loden von Edelsteinen. Da wird keiner den andern fressen, wie Kröten, Schlangen und dergleichen giftige Tier, die um der Erbsünde willen hie vergiftet und schädlich sind. Alsdenn werden sie uns nicht allein unschädlich, sondern auch lieblich, lustig und angenehm sein, daß wir werden mit ihnen spielen.
Hat unser Herr Gott dies vergängliche, zeitliche Reich, nämlich Himmel und Erden und alles, was drinnen ist, so schöne geschaffen: wieviel schöner wird er jenes unverwesliche ewige Reich machen! Wiewohl die Erbsünde verdient hat, daß schier alle Tier dem Menschen Schaden tun, als Wölfe, Bären, Schlangen, Eidechsen *etc.*, doch hat der barmherzige Gott diese Schuld und Strafe so gemildert und gelindert, daß mehr Tiere sind, die da nütze sind und dienen, denn die da Schaden tun. Denn es sind mehr Schafe und Lämmer denn Wölfe, mehr Krebse denn Skorpion, mehr Fische denn Schlangen, mehr Getreidigs und Korn denn Unkraut und Raden, mehr gute Kräuter denn Nesseln, mehr Ochsen denn Löwen, mehr Kühe denn Bären, mehr Hasen denn Füchse, mehr Hühner, Enten und Gänse denn Geier, Raben und andre schädliche Vögel. 1150 (Au)

139

Wer wohl denkt, dem ist wohl. *Das ist wie mit meiner Magdalena. Fragt man sie, ob sie auch in den Himmel kommen will, sagt sie:* Ja, denn da werd ich gnug Äppel haben, Birnen, Zucker, Zwetschgen. 2584

140

Wie ich bin meiner Mutter an Zutzen gehangen, da hab ich viel gewißt, wie ich hernach essen oder trinken oder wie ich leben werde. So vorstehen wir auch viel weniger, was jenes vor ein Leben wird werden. *Die ihr in meinem Leibe getragen, die ihr in meinem Mutterschoß gebildet werdet,* sagt Gott im Propheten. So heißts: Ihr seid noch nicht, was ihr werden sollt; ihr seid noch *in utero.* Alle die gulden Ketten, großen Künigreich und Fürstentum, die heißen unserm Herrngott als *in utero.* Ists aber nicht stolz genug von unserm Herrngott geredt, daß so viel großer Leut, *Doktor Martinus,* Jäckel *etc.* sollen noch unserm Herrngott *in seinem Mutterschoß* liegen? Wenn unser Herrgott mich und Jäckel zu Rat nähme, wir wollten ihm viel anderst raten.

Der Türk kann ihm kein ander *Leben* imaginiern denn nach dem armen, elenden Leben. Do sagt er, es werden schöne Gärten sein, da werden uns nackete Weiber zu Tisch dienen *etc. Wenn jenes Leben nicht ein wie auch immer wirkliches Vergnügen ist, dann wäre es nicht vorhanden,* so meint er. Es wäre keine Freude. So ist die Sau auch, der Epikureer: *Es gibt kein Vergnügen, außer daß es sinnlich erlebt wird. Aber nach diesem Leben vergehen die Sinne, also auch das Vergnügen.* Ja, da sollt man zu ihm sagen: Du hast viel gewißt, wie du in Mutterleib bist gelegen und hast hinten aus den Zitzen gesogen und (erst) darnach heraußen erfahrn, was du bist oder was du willst werden. Wie wolltst du denn (zuvor) davon wissen? Ich bin ihn aus der Maßen gram. Es sein zumal grobe Esel. 5672

141

Wir wissen nicht, wie unser Herrgott seinen Bau zurüstet. Wir sehen nur das Gerüste von Stangen und bastenen Strängen. *Deshalb verachten wir Gottes Willen. Aber im zukünftigen Leben werden wir Gottes Bau und Haus sehen. Voller Bewunderung werden wir uns darüber freuen, daß wir in den Anfechtungen ausgehalten haben. Denn Gott ist wunderbar, und von seinen Heiligen wird er auf wunderbare Weise erkannt, wie Paulus sagt: durch törichte Predigt, nämlich vom gekreuzigten Christus, an dem die ganze Welt Anstoß nimmt.* 3644 b

142
Als die Frau des Doktor Stephan (Wild) aus Zwickau zu ihm sagte: Ach, ich hab Eur Predigt versäumt! *hat er ihr geantwortet:* Ich gebe Euch das Vaterunser, daß Ihr um den Glauben bittet; sonst werden Euch die zehen Gebot zu hoch.
3154

143
Mein Rat ist, sprach D. Martinus, daß man nicht disputiere von heimlichen, verborgenen Dingen, sondern einfältig bleibe in Gottes Wort, fürnehmlich im Katechismo, denn im selben habt ihr einen sehr feinen, richtigen, kurzen Weg der ganzen christlichen Religion und die fürnehmesten Häuptartikel kurz verfasset. Denn die zehen Gebote hat Gott selber gegeben, Christus hat das Vaterunser gestellet und gelehret, der Heilige Geist hat die Artikel des Glaubens aufs Allerkürzeste und Richtigste gefasset und begriffen. Diese drei Stück sind also gestellt, daß sie nicht könnten feiner, tröstlicher und kürzer gestellt werden. Aber man verachts als schlecht, gering Ding, weil es die Kinderlin täglich aufsagen und erzählen müssen. 3883

144
Der Katechismus ist der Laien *biblia,* darin der ganze Inhalt christlicher Lehre, so einem jeden Christen zur Seligkeit zu wissen nötig, begriffen. Wie das Hohelied Salomos *canticum canticorum,* ein Gesang über alle Gesänge genennet wird, also sei *decalogus (die zehn Gebote) doctrina doctrinarum,* ein Lehre über alle Lehre, daraus Gottes Willen erkannt, was Gott von uns fordert und was uns mangelt.
Symbolum, das Bekenntnus unsers heiligen christlichen Glaubens, ist *historia historiarum,* ein Historien über alle Historien, die allerhöchste *historia,* darinnen uns die unermeßlichen Wunderwerk göttlicher Majestät von Anfang bis in Ewigkeit fürgetragen werden, wie wir und alle Kreaturen erschaffen, wie wir durch den Sohn Gottes vermittels seiner Menschwerdung, Leiden, Sterben und Auferstehung erlöset, wie wir auch durch den Heiligen Geist verneuret, geheiliget

und eine neue Kreatur und allesamt zu einem Volk Gottes versammlet, Vergebung der Sünden haben und ewig selig werden.
Oratio dominica, das Vaterunser, ist *oratio orationum,* ein Gebet über alle Gebet, das allerhöchste Gebet, welches der allerhöchste Meister gelehret, und darinnen alle geistliche und leibliche Not begriffen und der kräftigste Trost ist in allen Anfechtungen, Trübsal und in der letzten Stunte.
Die Sakramente sind ceremoniae ceremoniarum, die höchsten Zeremonien, welche Gott selbst gestiftet und eingesetzt und uns darinnen seiner Gnade versichert.
Derhalben sollen wir den Katechismus lieb und wert haben und der Jugend mit Fleiß einbilden; dann dorinne ist die rechte, wahre, alte, reine göttliche Lehre der heiligen christlichen Kirchen zusammengefasset, und was dem entgegen ist, für Neuerung und falsche irrselige Lehre zu halten, es hab auch so lange gewähret, wie es wolle, und dafür uns hüten sollen. 6288

145
Gott hat auch seine Richtschnur und *canones,* die heißen *zehn Gebote* und stecken in unserm Fleisch und Blut. Was du dir willt getan haben, das tue andern wieder, dann do hält Gott über: Mit dem Maß, da du mit missest, mit demselben wird dir wieder gemessen. Mit der Richtschnur und Winkelmaß hat er die ganze Welt mit gezeichnet. Welche darin bleiben, wohl denen! Denn Gott verlohnet es ihnen, und der Belohnung kann ein Türke und Heide sowohl teilhaftig werden als ein Christe. Doch mit dem ewigen Leben hat es ein andere Meinung. 1948

146
Dies sind Themen des Katechismus, wie er in Luthers Haus gelehrt worden ist.

Zehn Gebote

Wie der Glaube ist, so ist auch das Gute.
Gott bleibet nicht außen, ob er gleich verzeucht.
Verzweiflung macht Mönche und Pfaffen.

Gott sorget, wir aber sollen arbeiten.
Gott will das Herz allein haben.
Abgötterei ist Eigendünkel des Herzens.
Gott gibet durch Kreaturen.
Gottes Wort soll die uns Welt für Augen stellen.
Gottes Wort ist unser Heiligtum und macht alle Dinge heilig.
Werk des Gehorsams soll man groß achten.
Väter heißen alle, die da regieren.
Seelwärter sind aller Ehren wert.
Obrigkeit gehört nicht in das 5. Gebot.
Zorn ist jedermann verboten ohne der Obrigkeit.
Alle Ursachen des Todesschlages sind verboten.
Ehestand gehet für alle durch alle Stände.
Der Ehestand ist nötig und geboten.
Ehestand wird wider Gottes Wort verboten oder verlobt.
Ehestand (ist) ein seliger Stand und Gott wohlgefällig.
Stehlen heißt, wenn man mit Unrecht nimmt.
Untreu ist auch Dieberei.
Dieberei ist die (all)gemeinste Nahrung in der Welt.
Die großen Diebe sind ungestraft, als *der Papst mit den Seinen.*
Untreu und Geiz gedeihet nicht.
Afterreden ist in Gottes Gericht (hinein)reden.
Unwillen und Übelreden *geht nur die Obrigkeit an.*
Man soll niemand urteilen und strafen im Rücken.
Man soll alles zum Besten auslegen.
Kein gut Werk außer den zehen Geboten.
Gott fürchten und vertrauen erfüllet alle Gebot.
Das 1. Gebot treibet die andern alle.

Glaubensbekenntnis

Der Glaube lehret Gott erkennen, lehret, was wir vor einen Gott haben.
Wir müssen den Glauben üben in allerlei Fällen.
Gott gibt sich uns samt allen Kreaturen.
Den Artikel von Jesu Christo soll man immer treiben.
Der Heilige Geist bringet uns Christum heim, der muß uns ihn offenbaren.

Wo der Geist nicht prediget, da ist keine Kirche.
Des Heiligen Geistes Werk gehet immerdar.

Vaterunser

Beten heißt, Gott in Nöten anrufen, welches durch Gottes Gebot köstlich gut gemacht wird; und die Not macht Ernst und Andacht, welches ist unser Waffen wider den Teufel.
Welt, Fleisch ist wider Gottes Willen.
Der Teufel hindert das tägliche Brot und alle Gaben Gottes.
Gott sorget täglich auch vor unsern Leib.
Niemand kann in der Welt ohne Sünde leben.
Niemand kann eigene Frömmigkeit für Gott bringen.
Wir müssen auch vergeben, wie Gott uns vergibet.
Dem Nächsten vergeben macht uns sicher und gewiß, daß uns Gott vergeben hat.
Wir werden dreifach in Versuchung geführt: durch Welt, Satan und Fleisch.
Anfechtung dienet wider des Fleisches Sicherheit.
Anfechtung wird nicht durch eigene Kraft überwunden.
Der Teufel verhindert alles, was wir bitten.
Der Teufel denket uns in allerlei Not zu bringen.

Taufe

Der Glaube ist geheftet an die Taufe.
Glaube muß etwas Äußerliches vor ihm haben.
Glaube macht die Person würdig.
Taufe ist nicht unser, sondern Gottes Werk.
Ewig leben an Leib und Seele durch die Taufe.
Gott bestätiget die Kindertaufe durch sein eigen Wort.
Taufe ist recht, ob gleich jemand nicht gläubet.
Niemand soll auf seinen Glauben bauen.
Unglaube schwächt Gottes Wort nicht.
Taufe ist ein täglich Kleid der Christen.

Abendmahl

Das Sakrament ist Gottes Ordnung.
Das Wort macht ein Sakrament.
Ohne Wort ist lauter Brot und Wein.
Das Sakrament ist die Speise der Seele.

Vergebung der Sünden krieget man allein durchs Wort.
Der Glaube empfähet Vergebung der Sünden.
Die sich des Sakraments äußern, die sind nicht Christen.
Die Sakrament stehen nicht in unser Würdigkeit.

(Christliches Leben insgesamt)

Glaube und Natur sind widereinander.
Der Glaube hanget an dem Worte.
Wie man Christum hält, so hat man ihn.
Glaube ist der Christen Reichtum, Evangelium Gottes Kraft.
Gute Werk haben keinen Namen.
Christenwerk sind des Nächsten Nutz und Frommen.
Glaube und Liebe tilgen die Sünden.
Die Heilige Schrift tröstet nur. (Sie verweist uns also nicht auf unser eigenes Tun.) Aber sie verbietet nicht gute Werke.
Christus ein gemein Gut.
Christen bitten und begehren den jüngsten Tag.
Gott bestätigt sein Wort durch mancherlei Weise.
Die Kirche höret niemand denn Christum alleine.
Christus eines geringen Standes und Ansehens.
Im Trübsal soll man männlich sein.
Unser ganzes Leben soll männlich sein, Gott fürchten und vertrauen.
Der Glaube macht uns (zu) ein(em) Erbgut Christi.
Christum ins Fleisch ziehen ist sehr tröstlich.
Wir sollen suchen himmlische Ehre und nicht ansehen menschliche Verachtung.
Christus gebieret uns aus Geschenke.
Evangelium ist eitel Freude.
Gnade verdammt alle eigene Gerechtigkeit.
Seligkeit ist uns ganz ergeben und erworben.
Die Tauf gibet uns die Seligkeit ganz.
Glaube ist die Verneurung des Geistes.
Die Wiedergeburt ist des Heiligen Geistes Werk.
Die Natur kann Gottes Güter nicht begreifen.
Gute Werke sind Siegel und Probe des Glaubens; denn wie Briefe Siegel haben müssen, so der Glaube Werke.
Der Glaube siehet auf das Wort, nicht auf die Prediger.
Der Sprecher und das Wort sind zwo Personen.

Das natürliche Leben ist in gewisser Hinsicht ein Teil vom ewigen Leben.
Eigendünkel vertreibet alle Ding.
Das Evangelium ist von Gott. Es hält uns Christus vor und verlangt Glauben. Es ist ein Licht in der Welt, das die Menschen erleuchtet und zu Kindern Gottes macht.
Falsche Prediger sind ärger denn Jungfrauenschänder.
Ein Fürst im Himmel (ist so selten wie) Wildbret.
Die Person müß gut sein vor den Werken.
Wir müssen unverzagt sein, gläuben und anrufen.
Kein Stand gilt, vor Gott fromm zu machen.
In Gewissenssachen leidet der Glaube keine Menschensatzungen.
Die Heiligen haben menschlich geirrt.
Ämter soll man scheiden von der Person.
Strafe hasset man, aber die Sünde liebet man.
Die Heiligen erhält Gott auch mitten im Irrtum.
Kein großer Heilige hat ohne Irrtum gelebet.
Christliches Leben besteht in drei Stücken: in Glaube, Liebe und Kreuz.
Den Christen gebeut man nichts, sondern vermahnet sie.
Wir müssen unser Sinn und Willen brechen.
Die Liebe flucht nicht, sondern der Glaube. *Denn der Glaube macht zu Kindern Gottes, darum straft und zürnt er. Aber eben darum ist unter Christen auch jegliche Rache abgetan. Sie sollen in den Früchten des Geistes wachsen. Von diesen Früchten ist die Liebe die größte, weil sie es mit Menschen zu tun hat.*
Vergebung der Sünden ist Frucht des Sakraments.
Daß Christus unser Bruder ist, begreift die Vernunft nicht.
Christus ist mir geschenkt mit alle seinen Werken.
Christus kommt zu uns durch die Prediget, also ist er mitten unter uns.
Ohne Kreuz kommen wir nicht zur Herrlichkeit.
Das Evangelium kann nicht ohne Rumor gepredigt werden.
Der Geist läßt einen Menschen nicht sofort vollkommen sein, sondern er muß wachsen.
Am Evangelio verleuret man nichtes, darum sollen wir alles daran setzen.

Dem Evangelio gläuben löset von Sünden.
Die Werke gelten dem Nächsten, der Glaube Gott.
Die andere richten, verdammen sich selbst.
Zweifel ist Sünde und ewiger Tod.
Gut ist ein Werk, das anderen wohl tut.
Erst dann erkennen wir (Christus), wann er in eines jeglichen Herzen Lehrer ist und wann er uns das Brot vorbricht.
Das Wort Gottes zündet die Herzen an mit Glauben.
Glauben heißt auf die Barmherzigkeit gewiß trauen und bauen.
Christus fordert nicht äußerliche Frömmigkeit noch Gleisnerei, sondern des Herzen Frömmigkeit.
Aus Barmherzigkeit werden wir selig, so wir darauf vertrauen. Gott aber muß die Herzen ändern.
Das Gesetz ist nichts anders als ein Spiegel.
Ein Pfarrer ist wie ein Spittelmeister.
Christus träget uns auf seinem Rücken für dem Vater.
Die Liebe fähet nicht Undankbarkeit an. 6287

147
Herzog Friedrich hat gesagt: Was man sunst lieset von weltlicher Weisheit, das will ich noch wohl vorstehn. Aber wenn der Mann (Christus) redet, das ist zu hoch, das ergreift man und ergründts nicht so bald.
Ja freilich! Dennoch gehen wir dahin: O, ich habs vor zehn Jahren gelesen, kanns wohl! (Aber es heißt:)

Einmal gelesen, vermag das Werk immerhin zu gefallen.
Zehnmal jedoch wiederholt, schätzt man es mehr und mehr.

Das sagt man etwo von einem Poeten, vom Vergil *etc.* Und wenns einer über zehn Jahr lieset, so findet er etwas in denselben, *was erfreut.*
Aber da schreien sie all: O, kannst nichts denn *Glaube, Glaube! Gute Werke, gute Werke!* Es heißt: *Wiederhole, wiederhole! Schärfe ein, schärfe ein!* schreit Moses. Lies nur, lies nur! Du wirst wohl immer etwas finden, das du zuvor nicht gewußt hast. Aber wir tuns nicht. Ich tus selber nicht. Darum bin ich mir selbs gram, *ich hasse mich.* Aber wenn ich darüber komm und les, so finde ich Kraft, daß (es) ein Kraft

hat, daß (es) nicht ein *historia* ist! *Kommt und eßt mein Brot, so wird euch nicht hungern! Trinkt meinen Wein, so wird euch nicht dürsten! Trinkt und werdet trunken!* sagt die *Weisheit.* 5662

148
Die Heiligen verstehen Gottes Wort, können auch davon reden, aber sie lernens nicht aus. *Die Scholastiker haben das am Beispiel der Kugel verdeutlicht: Wenn sie auf dem Tisch liegt, umfaßt der Blick sie zwar als ganze, aber dennoch berührt der Tisch (der sie doch trägt) sie nur an einem einzigen Punkt.*
Ich habe studiert, und zwar mit aller Sorgfalt, und habe trotzdem kein einziges Wort aus der ganzen Schrift völlig begriffen. Daher kommt es, daß ich der Kinderlehre immer noch nicht entwachsen bin. Ja, was ich davon weiß, überdenke ich in meinem Herzen täglich neu und versuche, die zehn Gebote, das Glaubensbekenntnis zu verstehen. Und es verdrießt mich durchaus, daß ich, der große Doktor, ob ich nun will oder nicht, mit all meiner Lehre bleiben muß bei der Lehre meins Hänsichen und Magdalenichen. *Ich gehe in dieselbe Schule, in der sie aufwachsen.*
Wer von allen Menschen versteht dies Wort Gottes ganz und gar, wie es verstanden werden muß: Vater unser, der du bist im Himmel? Denn wer diese Wort im Glauben versteht (nämlich so: das ist) jener Gott, der Himmel und Erde in seinen Händen hält, der erwidert alsbald mit größter Gewißheit: Da dieser Gott mein Vater ist und ich sein Sohn bin, wer sollte mir da schaden können? Denn (nun) bin ich (selbst) ein Herr Himmels und der Erde und aller Dinge, die es darin gibt. Der Engel Gabriel ist mein Knecht, Raphael mein Fuhrmann, *und alle anderen Engel sind in allen meinen Nöten dienstbare Geister und mir von meinem Vater, der im Himmel ist, gesandt, damit ich meinen Fuß nicht an einen Stein stoße. Und indessen ich so glaube,* fähret mein guter Vater zu und läßt mich in ein Kerker werfen, *läßt mich wenig später geköpft oder im Wasser ersäuft werden, damit wir auf diese Weise erfahren, wie echt wir diese Worte oder besser dies erste Wort »Vater«*

(denn wirklich verstehen) gelernt haben. Denn der Glaube unserer Herzen zuckt zusammen, und unsere Schwachheit schiebt ihm unter: Ja, wer weiß, obs wahr ist? *Und ein Wort weiß ich, das ist das schwierigste in der ganzen Schrift, nämlich »dein« – Ich bin der Herr, »dein« Gott – im 1. Gebot.*

Während er solches aus vollem und entflammtem Herzen redete, am Tisch beim Frühmahl, fiel seine Frau ein: Was soll das, daß Ihr ohne Unterbrechung redet und nicht eßt? Und er: Ich wollt noch heut des Tages gerne, *daß die Weiber beten, bevor sie anfangen zu predigen.* Ein *Paternoster* sollt ihr zuvor sprechen! 2047

IV. Die Reformation

Der Kampf · Die Papstkirche · Andere Fronten

149
Als die Rede auf das Glück unserer Zeit kam, da in ihr ja das Evangelium unter die Leute gebracht worden ist, sagte der Doktor: Gott wollte vor dem jüngsten Tage alles auf den Platz zurückbringen, auf dem es ursprünglich war – Evangelium, Ehe, Staat. 1224

Der Kampf

150
Die Welt wütet abermals wider Christum. Wir aber wollen mit dem Mann Christo zu Scheitern gehen und mit ihm wieder aufstehn. 47

151
Unser Herr Gott ist unser Herr. *Der beruft uns,* so müssen wirs sagen. Wer sollt sonst den Haß ausstehen? *Verachtung und Undankbarkeit nehmen ja überhand. Aber mein Staupitz sagte:* Man muß den Mann ansehen, der da heiß Christus! Staupitz hat die (rechte) *Lehre* angefangen. 526

152
Als er vom jungen Markgrafen angesprochen wurde, warum er so heftig schreibe, sagte er: Unser Herr Gott muß zuvor ein gut Platzregen mit eim Donner lassen hergehn, darnach fein mählich lassen regnen, so feucht es durch. *Item* ein Weidenrütlin kann ich mit einem Messer zerschneiden. Zu einer harten Eichen muß man Barten und Keil haben, kann sie dennoch kaum spalten. 397

153
Ich sehe nicht gern, daß Krieg kommt, denn es ist der Kirchen eine große Plage, und sie kann es nicht erleiden. Sicherheit aber ist ebenso arg.
Christen überwinden, wann sie leiden, und wann sie streiten, so verlieren sie; do grauet mir für.
Man will den Bapst und Bischöfe mit Gewalt ausrotten; da wird nichts aus. Wie der Bapst den Kopf zerstößt, wenn er das Evangelium will dilgen, also werden unsere Junkern die Köpf überm Bapst auch zerstoßen. Gottes Wort muß dem Bapst abbrechen, sunst tut ihm kein Waffen etwas, dann er ist der Teufel. Vorzeiten sagt man: Wann man nach einem Geist hauet oder schlägt, so trifft man sich selber. *Ein kluger und wahrer Spruch!* Werden wir das Schwert über dem Bapst zücken, so werden wir uns selber treffen. 1941

154
Spalatin sagte zu Doktor Martin Luther: Die Evangelischen kämpfen mit den Papisten nicht glücklich. Denn wenn sie (auch) lange den Papisten große Wunden hauen uf der Kanzel – wenn sie zu ihnen kommen, so tun sie ihnen alles Guts und heilen ihnen ihre Wunden wieder zu. *Die aber tun das Gegenteil:* Wenn wir von ihnen seind, so schelten sie uns aufs Ärgste. Kommen wir aber zu ihnen, so verfolgen sie uns bis in den Tod, ersäufen, verbrennen, köpfen; und heilen nicht, sondern verterbens gar.
Antwortet Doktor Martin Luther: Unser Sieg besteht im Leiden. Denn Petrus beklaget sich auch, do er zu Mariam kam. Do sie fraget, wo ihr lieber Sohn wär, *antwortet er:* Ich weiß nicht, wo sie ihn hinführten. Ich war bei ihme im Garten und hätte Leib und Leben bei ihnen zugesatzt und schlug auch männlich in Haufen und hieb einem ein Ohr weg; er aber satzt es ihm wieder an. Do ist nicht gut kriegen, wenn er alle die heilen will, die ich verwundet. So stehe ihm ein gut Jahr bei! 3648

155
Wo die Obrigkeit unser Feind ist, weichen wir. Wir verkaufen alles, wir verlassen alles, wir fliehen aus einer Stadt in

die andere. Denn um des Evangeliums willen darf nicht dadurch, daß wir Widerstand leisten, Aufruhr entfacht werden. Sondern wir haben alles zu ertragen. 1131

156
(Erst) in diesem Predigtamt lerne ich, was Welt ist und Fleisch und satanischer Haß. Bevor das Evangelium kam, konnte man das nicht erkennen. Damals glaubten wir, es gäbe keine Sünde außer der Lust. 126

157
Die im Lehramt sind – wenn sie nicht an dem ihre Freude hätten, der sie gesandt hat, so ists Mühe gnug. Mosen mußte unser Herr Gott wohl sechsmal schier dazu bitten. Und zwar hat er mich auch so hineingeführt. Hätt ichs zuvor gewußt, er hätt Mühe gedorft, daß er mich darzu bracht hätte. Wohlan, habe ichs denn angefangen, so will ichs auch mit ihm hinausführen. Ich wollt nit die ganze Welt nehmen, daß ichs itzt sollt anfahen, um der überaus großen schweren Sorg und Angst willen. *Wiederum, wenn ich auf den sehe, der mich berufen hat,* so wollt ich auch nit wollen, daß ichs nit hätt angefangen. Will nu auch kein andern Gott haben. *Andere vor mir haben (nur) die Lebensweise im Papsttum angegriffen, wie etwa Erasmus. Aber die Mönchsgelübde und das Meßopfer* anzugreifen, die zwo Säulen, da *das Papsttum* auf stehet, hab ich mich (aus mir) selb nie versehen dürfen, *denn* es ist *soviel als Gott und die ganze Welt* angreifen. 113

158
Man muß Leben und Lehre unterscheiden. Das Leben ist böse bei uns wie bei den Papisten. Wir streiten (mit ihnen) also nicht über das Leben und verdammen sie (nicht ihrer Lebensführung wegen). Das haben Wyclif und Hus nicht gewußt. Sie haben das Leben der Papisten bekämpft. Ich schilte mich nit fromm. *Aber wo es ums Wort geht, ob sie wahr lehren, da kämpfe ich. Die Lehre angreifen, das* ist noch nie geschehen. *Das ist meine Berufung. Andere haben nur das Leben verfolgt. Aber die Lehre zum Streitpunkt machen,* das ist der Gans an Kragen griffen – *weil nämlich Herrschaft und*

Amt der Papisten böse ist. Haben wir das bewiesen, ist es danach auch leicht zu behaupten, daß auch ihr Leben böse ist. Dagegen wenn das Wort rein bleibt, sei auch am Leben manches fehlsam, so kann *das Leben* dennoch zurechtkommen. Es liegt alls *am Wort, weil der Papst das Wort aufgehoben und ein anderes Wort erfunden hat.* Damit hab ich gewonnen und hab sonst nichts gewonnen, *außer daß ich eben recht lehre. Obwohl wir nämlich auch in der alltäglichen Lebensführung besser sind, ist das doch nicht der Streitpunkt. Das andere,* das bricht dem Papst den Hals. 624

159
Daß die Augsburger Versammlung stattfand, hat Gott gewollt, um dadurch sein Evangelium auszubreiten. Denn sie haben sich auf diesen Reichstag verstiegen. *Unsere Lehre haben sie öffentlich gebilligt: Sie haben nicht gewagt, uns als Häretiker zu bezeichnen, sondern nur als Schismatiker, da wir sie Antichristen nennen und Leute, die Gott ein Greuel sind.* Den Vorteil haben wir bekommen. *Aber um die Welt kümmern wir uns nicht. Um ihretwillen haben wir das alles nicht angefangen und werden wir es auch nicht aufgeben. Sondern um Christi willen* habe ich das gewagt, denn er auch um meintwillen hat etwas gewagt am guten Freitag. 2425

160
Ein gewisser Martin aus Straßburg, genannt der Kleine, hatte Luther den Aposteln nicht nur verglichen, sondern in gewisser Hinsicht sogar vorgezogen. Von Jonas daran erinnert, gab der Doktor zur Antwort: Ach nein! *Die Apostel* seind große, teure Leut gewesen. Wenn mich Gott nur ließ sein *calfactor* sein und hinder der Tür stehen! Und das bin ich noch nicht gar. 4876

161
Ich hab Christum und den Bapst aneinander gehangen und bin also zwischen Tür und Angel kommen. Gehe ich drob zu Boden, so wirds Christus wohl hinausführen. 67

162
Das muß noch der jungen Theologen Arbeit sein, daß sie *das Leiden Christi* vergleichen *mit dem Leiden der Kirche.* Er sagt nicht vorgebens: Es ist alles vollbracht! So ist es itzund. Christi Leiden ist erfüllet *in der Kirche.* Erstlich haben sie ihm da die Kron aufgesetzt und vorspottet, da sich der Bapst hat geschrieben *König der Könige und Herr der Herrscher.* Darnach haben sie ihn gekreuzigt mit den *Gelübden* und *Gottesdiensten der Mönche. Jetzt bebt die Erde, die Sonne verfinstert sich:* Des Bapsts Regiment hat den Schein verloren, es sein ihm beide Augen aus. *Die Felsen spalten sich:* Viel harter Köpf, die nie dazu haben gewollt, die kummen zum Evangelio. Nun wirds heißen: *In deine Hände befehle ich meinen Geist.* Es reimt sich sehr fein. Denn was der Mann, *der Sohn Gottes,* redet oder tut, das ist ein groß Ding, *vor dem die Engel sich verwundern und die Hölle erzittert.*
5662

163
Wo die Lerch ist, do ist gern der Kuckuck auch, denn er meinet, er künn tausendmal besser singen denn die Lerch. Also auch setzt sich der Bapst in die Kirche, und do muß man seinen Gesang hören; domit überschreiet er die Kirchen. Gleich aber wie der *cuculus* zu etwas nütz ist, *nämlich daß er der Vorbote des Sommers ist, so ist auch der Papst dazu nütze, daß er uns den jüngsten Tag ankündigt.* 5590

164
Dies ist die Überzeugung des Papstes und aller Kardinäle, auch die des Erasmus, daß sie nämlich meinen: Die ganze Religion ist ein Märchen. Religion muß dennoch erhalten blei-

ben, damit auch das Reich und die Alleinherrschaft des Papstes bestehen bleiben können, die ohne die in der Religion begründete Ehrfurcht zusammenbrechen müßten. Auch könnte das Volk sonst nicht bei seiner Pflicht und Schuldigkeit erhalten werden. Dazu brauchen und halten sie die *religionem.* 37

165
O wenn doch jeder, der im Predigtdienst steht, in Rom gewesen wäre und gesehen hätte des Bapsts Jahrmarkt! 3369

166
Der Bischof von Salzburg sagte einmal zu Philippus: Lieber Philippe, wir wissen wohl, daß euer Lehr recht ist. Wisset ihr aber dargegen auch das wiederum: Es hat (noch) nie könnt jemand den Pfaffen etwas abgewinnen. Ihr werdt der Erst auch nit sein. 5680

167
Bapst, Bischofen sein froh, daß sie der Munch los werden, denn sie sein drinnen gewesen wie die Läus und Flöh im Pelz. 1542

168
Als Graf Ernst von Mansfeld *zum erstenmal den Gesang* »Ein feste Burg« *hörte, sagte er:* Die Burg will ich helfen zerschießen, oder ich will nicht leben! *Und nach drei Tagen ist er gestorben.* 2566 a

169
Die Mansfelder schickten Luther einen aus dem Bergwerk gebrochenen Stein, der ein Bild des Papstes zeigte, wie andere (Steine manchmal) mit Fischabbildungen versehen sind. Luther legte die Sache so aus: Es bedeute, daß der Papst offenbart werden (und ans Licht kommen) müsse. – Und die Mansfelder haben im zusammenhängenden Gestein auch die lebensgetreue (Abbildung einer) Kröte gefunden. 4961

170
Elisabeth, Doktor Crucigers Frau, fragte, was ein frommer Christenmensch tun solle, wenn er in einer Papistenkirche wäre und sähe, daß die Messe gefeiert oder das Sakrament des Leibes und Blutes (Jesu zur Verehrung durch das Volk) vom Priester emporgehoben werde. Martin Luther antwortete: Liebe Els, nimm nur den Pfaffen nicht vom Altar, lösch auch die Kerzen nicht aus! *Wenn ich selbst anwesend wäre in ihrer Kirche bei der Elevation des Sakraments, würde ich gerade so wie die andern die Hände erheben, ich würde anbeten, um dem Sakrament Ehre zu erweisen. Denn das wahre Sakrament ist insofern da, als da ist, was daran wesentlich ist. Und in Sonderheit* die hohe Meß *bei den Papisten* ist recht. *Denn der Priester konsekriert (indem er die Einsetzungsworte Christi spricht), und außerdem gibt es dort die (glaubende) Zustimmung der anwesenden Gemeinde. Anders steht es mit der Privatmesse, die überhaupt nichts gilt: Man weiß gar nicht, ob der Priester die Konsekration vollzieht, und es gibt dort auch keinen Gemeindekonsensus und kein öffentliches Bekenntnis der Gemeinde.*
Der Syrer Naeman ging mit Erlaubnis Elisas zusammen mit seinem König in einen Tempel und nahm am götzendienerischen Kultus teil. Und Sankt Sebastian wollte seinen Glauben nur bekennen, wenn er darum gefragt würde. Darum kannst du sehr wohl anwesend sein bei ihren heiligen Handlungen, wenn du im Herzen nur nicht ihrer Gottlosigkeit zustimmst.
803

Andere Fronten

171
Wittenberg gibt immer noch ziemliche Schwärmer. O, es heißt: *Sie sind von uns ausgegangen, aber sie waren nicht von uns.* Von Aposteln mußtens kommen. Wo kummt der Teufel her? Von Engeln. Wo kummen die Huren her? Von Jungfrauen. Wo die Buben? Von frommen Leuten. Bös Ding, das muß vom guten herkommen. Wo kam Kain her? Von Adam und Eva. 5667

172
Ich bins wohl zufrieden: Wer mich täuscht, der täusch mich! Es ist dies Spiel in einem Namen angefangen, der heißet Jesus Christus. Ich wags nun dran, frag nicht, wo Strumpf oder Schwanz bleibe. – *Das sagte er im Blick auf die schwärmerischen Sakramentierer.* 1409

173
Doktor Luther sagete Anno 1543 über Tische: Die Sakramentierer haben uns wohl zerplagt mit der *Liebe* in ihren Büchern und Schriften, und gesprochen: Ihr von Wittenberg habt keine *Liebe.* Wenn man sie denn fraget: Was ist *charitas?* da sagen sie, es heißet, *daß wir übereinkommen in der Lehre und mit diesem Religionsgezänk Schluß machen.* Da muß man ihnen antworten und sagen: Ja, hörest du, es sind zwo Tafeln in den zehen Geboten, *die erste und die zweite.* Nu gehört *charitas in die zweite Tafel,* da gehet sie über alle (andern) Werk dahin. Aber *in der ersten Tafel* heißts: *Fürchte Gott, höre sein Wort.* Da fragen sie nichts nach. Nu spricht Christus: *Wer Vater und Mutter mehr liebet denn mich, der ist mein nicht wert.* Du sollt *Liebe zu den Eltern, zu den Kindern, den Ehegatten und den Nachbarn* haben. In der andern Tafel heißt es: *Liebe, liebe, sei Vater, Mutter und dem Nächsten treu.* Aber in der ersten heißts: *Wenn einer Vater und Mutter mehr liebt als mich* –. Wo das *MICH kömmet, da* höret *charitas* auf, und da will ich gern heißen *halsstarrig, hochmütig, dickköpfig* und *lieblos* und wie sie uns sonst heißen wollen, alleine daß ich ihrer falschen Lehre nicht teilhaftig sei. Denn da behüte mich mein lieber Gott für. 5601 (Au)

174
Der ganze Orden der Papisten hängt daran, daß man handelt; der Wiedertäufer, daß man leidet; der (wahren) Christen aber weder am einen noch am andern, sondern allein daran, daß man immer neu glaubt. 72

175
So mich einer in meinem Haus übereilt, bin ich auch als ein Wirt (der Meinen) schuldig, mich zu wehren, viel mehr uf

dem Wege. *Ich bin oft von unserm Herzog gerufen worden,* do ich wohl uf der Straß zu greifen wäre gewest. *Wenn ich von einem Räuber überfallen worden wäre, hätte ich ihm Widerstand geleistet, im Auftrag des Fürsten, dessen Diener ich bin.* Denn er greift mich nit *wegen des Evangeliums und als einen Prediger,* als ein Glied Christi, sondern als des Fürsten Glied. Do soll ich dem Fürsten sein Land helfen rein halten. Kann ich ihn erwürgen, so soll ich das Messer uf ihn legen und (trotzdem) frei das Sakrament entpfahen. Soll ich doch in Nöten einen guten Gesellen retten, viel mehr eim Fürsten sein Land. *Wenn ich aber wegen des Wortes Gottes* und als ein Prediger *überfallen werde, dann muß ich es erleiden. Da wird Gott richten, ich überlasse es ihm.* Ein Prediger soll sich nit wehren. Drum nehme ich kein Messer mit uf die Kanzel, sondern allein uf den Weg.
Die Wiedertäufer aber verbreiten nur Nebel und sind die ärgsten Betrüger. Sie rühmen sich zwar der höchsten Leidensbereitschaft und weigern sich, Waffen zu tragen. Aber dennoch saufen sie fortwährend Blut, indem sie schreien, die gottlosen Fürsten müßten verjagt werden.
Und der Doktor las aus einem Brief des Abtes von Fulda vor, wie diese Wiedertäufer, eingeschlossen in einem Hause, sich mit allen möglichen Waffen verteidigt hätten. Hätten mit Brot und Käs zuletzt herausgeworfen. *Und wunderliches Zeug las er über ihren Geist. Im Gefängnis habe ein jeder, von seinem Geist getrieben, geschrien und geheult wie ein Wolf, so daß die Kerkerräume vom Getöse widerhallten. Sie glaubten, so müßten sie befreit werden. Aber sie schrien gar nicht aus eigenem Antrieb, sondern jeder fortgerissen von seinem Geist.* Es sind nit Menschen, sondern lewendig Teufel.

2666 b

176

Es läßt sich einer oft um einer Metzen willen erstechen. *Darum darf man sich über die Wiedertäufer (und ihre Todesbereitschaft) nicht wundern. Unser höchster Glaubensartikel ist Christus. Zwingli hat nicht daran festgehalten, und weder Bucer noch Oekolampad halten daran fest.* 110

177
Die Wiedertäufer nur geköpft! Denn sie sind aufrührisch und lassen nicht ab von ihrem Irrtum. 874

178
Einst waren drei Rabbiner zu Luther gekommen, um sich mit ihm zu besprechen: Samaria, Schlom und Leo. Was Maria betrifft, sagte der Doktor, so nennt der Prophet sie doch »almah« (nämlich Jungfrau). Darauf einer der Juden: Dieses Wort bedeutet nicht immer Jungfrau, weshalb es unsere Rabbiner euch ja auch so lehren. Aber der Doktor entgegnete: Wer disputieren will, soll sich an die Wörter halten, nicht an Kommentare der Menschen. So erwies der Doktor die Göttlichkeit Christi aufgrund einer Stelle bei Jeremia. Der nennt ihn »der Herr, der unsere Gerechtigkeit ist«. Aber die Juden brachten wieder die Meinung ihrer Rabbiner vor. Schließlich sagte Samaria: Wir freuen uns, daß ihr Christen unsere Sprache lernt und unsere Bücher lest, das Buch Genesis und die übrigen. So ist Hoffnung, daß ihr alle noch Juden werdet. Darauf Luther: Damit ist es nichts! Wir hoffen, daß ihr Christen werdet!
Und er wandte sich an uns (als er das erzählt hatte) und sagte: Ich glaube, daß noch viele Juden bekehrt werden können. Christus vermag viel!
Als die Rabbiner aufbrachen, gab der Doktor ihnen einen Empfehlungsbrief, daß sie unbehelligt reisen könnten. Weil er aber hineingeschrieben hatte »um des Namens Jesu Christi willen«, sagten sie zu Aurogallus: Der Brief ist zwar gut, aber dieser Name ist für uns anstößig. Und sie wollten lieber Passiergeld zahlen, als den Brief vorzeigen.
Früher einmal hatten Regensburger Juden Luther seinen deutschen Psalm »Aus tiefer Not« übersandt, geschrieben in hebräischen Buchstaben. So sehr hatte Luther ihnen gefallen.
5026

179
Ich will wider die Juden noch einmal schreiben, denn ich höre, es nehmen sich unserer Herren ein Teil um sie an. Ich will ihn' den Rat geben, daß sie sie sollen vorjagen und zum

Land austreiben. Was haben sie vor ein Ursach, daß sie die liebe Jungfrau Mariam so lästern und schänden? Wenn ich Herr wär, ich wollte sie beim Hals nehmen, oder müßten mir Ursach sagen. Es sein arme Leut. Ich weiß kein größer Argument wider sie, denn daß man sie frage, warum sie so lange sein im Elend.
Darauf sagte einer: In Frankfurt gibt es noch viele, und sein eim Rat nicht schädlich *etc.* Luther: Die von Frankfurt nehmen Geld von ihnen, aber wie wohl sie tun daran, da sehen sie zu! Die Juden schänden ihr eigen Fleisch und Blut, wenn sie Christum schänden. Sein uns gram, *die wir an den glauben, der aus ihrem eigenen Blut geboren ist.* 5462

180
Als man einmal von den Juden sprach, sagte er: Die Juden haben ihr Zauberei gleich sowohl als andere Zäuberer. *Sie denken:* Gerät es uns, so stehts wohl mit uns; *wenn nicht,* so ist es um ein Christen getan! Denn sie achten eines Christen wie eines Hundes. Aber Herzog Albrecht tät recht. Da ihm ein Jud einen Knopf gab mit seltsamen *Zeichen,* der sollt dienen vor kalt Eisen, sagt er: Das will ich an dir, Jud, erstlich probiern! Führet den Juden für das Tor und hänget ihm den Knopf an Hals, zog das Schwert raus und stach ihn durchaus. Also, *sagte er,* wär mirs auch gangen, so ich dir trauet hätt!
Wie es also unmuglich ist, daß die Elster ihr Hüpfen läßt, die Schlang ihr Stechen *etc.,* als wenig lassen die Juden ihr *Lauern, Christen den Tod zu bringen.* Dennoch sitzen sie bei uns in großen Ehren. Wenn ich wär anstatt der Herren zu Frankfurt, wollt ich alle Juden zusammenfordern und sie fragen, warum sie Christum ein Hurnkind heißen, sein Mutter ein Hure. Kunnten sie das probiern, so wollte ich ihn tausend Gulden schenken. Könnden sie aber nicht, wollte ich ihnen die Zung zum Nacken herausreißen. *In summa:* Man soll die Juden nicht bei uns leiden. Man soll weder essen noch trinken mit ihnen.
Darauf warf jemand ein: Herr Doktor, es steht aber doch geschrieben, daß die Juden sich noch vor dem jüngsten Tage bekehren sollen. Da antwortete er: Wo steht das geschrie-

ben? Ich weiß keinen gewissen Spruch. *Aus Römer 9 (bis 11)* brengen sie ein Spruch herfür, aber daraus kunnen sies nicht beweisen.

Die Doktorin: Es steht geschrieben, daß ein Hirte sein wird und eine Herde. Der Doktor: Ja, liebe Käth, es ist geschehen, da die Heiden zum Evangelio kamen.

Bei der gleichen Gelegenheit sprach jemand davon, daß man viele Juden tot- oder wundgeschlagen habe. Der Doktor: Man solls aber nicht tun, *besonders darum nicht,* weil sie Geleit haben. Es ist ein hart Volk um die Juden, und das wußte der Prophet Jesaja wohl: Du hast eiserne Adern, ein eiserne Stirn. *So nämlich:* Sie (be)stehn schlecht(erdings) auf dem Argument, davon kann man sie nicht reißen: Abraham, Isaak, Jakob, das Geblüt, der Adel. Aber was fraget Gott auf Erden nach dem Adel oder Geblüt? Das ist wohl wahr, ein Unterschied muß sein der Person, und Mann muß nicht Weib sein, ein Weib nicht Mann. Aber darauf zu pochen kann er nicht leiden. Und ist kein Wunder, daß sie so halsstarrig sein, denn sie ziehen ihr Kinder von Jugend auf dazu. Denn alsobald ein Kind lernt reden, so stehn sie da und sagen: Sohn, Sohn, das ist *ein verfluchtes Volk,* (die Christen)! Was man den Kindern in der Jugend so fürbildt, das vorgessen sie nicht leichtlich. So ist der Teufel auch. Der hat große Klauen, und wer ihm dreingerät, den hält er fest, wie man im Bapsttum genugsam erfahren. Darum sollen wir immer beten und Gott fürchten. 5567

181
Juden sind die allerelendesten Leute auf Erden, werden schier an allen Enden vertrieben und werden doch nicht frömmer, bleiben für und für, wie sie sind. An wenig Orten und Städten leidet man sie, sie müssen ineinanderstecken. Ich wollt ihr fünfzig in diese Stube nehmen, daß sie sich drinnen behülfen. Zu Frankfurt am Main sind ihr sehr viel, haben eine Gassen inne, da stecken alle Häuser voll. Müssen gelbe Ringlin an Mänteln und Kleidern vorne tragen, dabei man sie kennet. Haben weder Häuser noch Äcker, die ihr eigen sind, allein bewegliche oder fahrende Güter. Keiner darf auf Häuser oder Äcker leihen, allein auf Fahrnis. 6196 (Au)

182
Als jemand berichtete, daß auch die jungen Grafen von Mansfeld die Juden begünstigten, selbst nachdem die beiden Schriften des Doktors gegen die Juden erschienen seien, und daß die Söhne eines Eislebener Juden den Eislebener Prediger, Magister Simon Wolfram, als er an ihrem Hause vorüberging, einen »Goj« geschimpft hätten, sagte der Doktor: Wenn ich an der Stelle von Coelius und Magister Simon wäre, würde ich alsbald fortgehen und einem solchen Herrn nicht länger dienen.
Darauf der erste: Herr Doktor, die Juden können sich bei den Adligen und Oberen ausgezeichnet durch ihre Heilkunst einschmeicheln, und als Ärzte haben sie eine glücklichere Hand als die unseren. Er antwortete: Der Teufel kann viel tun!
Ein anderer, der viel über das Lästern der Juden zu sagen wußte, fragte, ob es einem Privatmann erlaubt sei, einem lästernden Juden ins Gesicht zu schlagen. Selbstverständlich! antwortete er, ich wollt einem ein Maulschell geben! *Wenn ich könnte, würde ich ihn niederwerfen und – in meinem Zorn – mit dem Schwert durchbohren! Denn es ist ja nach menschlichem und göttlichem Recht erlaubt, einen Räuber niederzumachen. Um wieviel mehr einen Lästerer!*
Da sagte der andere: Herr Doktor, das ficht viele an, ja die Juden selbst sind in dieser Sache mächtig stolz, daß die Christen noch größere Wucherer sind als die Juden. Er ant-

wortete: Das stimmt, denn Leipzig hat größere Wücherer als die Juden sein. Aber *hier ist doch eine Unterscheidung nötig,* die wollen sie nicht wissen, *nämlich* daß sie sagen, sie tun recht daran, *ja, sie lehren die Ihren den Wucher.* Das tun wir nicht, ja, wir predigen dawider und seind dem Wucher feind von Herzen. Das tun sie nicht. 5576

183
Die armen, blinden, verstockten Jüden rühmen die Gerechtigkeit des Gesetzes, welchs sie doch nicht halten können, ja, sie lästern Gott mit solchem Eifer überm Gesetz, welches sie außer dem gelobten Land nicht halten sollen. *Summa,* dies Argument können die Jüden nicht solvieren, müssens wohl ungebissen lassen, denn es schlägt sie zu Boden wie der Donner, nämlich: Sie sollen Ursach anzeigen, warum sie nu über fünfzehenhundert Jahr verlassen sein, ein Volk ohn Regiment, ohn Gesetz, ohn Propheten, ohn Tempel. Da können sie kein ander Ursach anzeigen denn ihre Sünde.

4401 (Au)

184
Man brachte ihm das große Buch des Franzosen Guillaume Postel über die Eintracht auf dem ganzen Erdkreis. Darin hat sich der Verfasser bemüht, die Artikel des Glaubens aus Vernunft und Natur als wahr zu erweisen, um so Türken und Juden und überhaupt alle Menschen, gleich welcher Religion sie angehören, zu einem Glauben zusammenzubringen. Martin Luther antwortete: Es ist zu viel auf einen Bissen gefaßt! *Andere, vor unseren Zeiten, haben auch theologische Bücher geschrieben und damit versucht, den christlichen Glauben mit natürlichen Vernunftgründen zu beweisen. Aber diesem Franzosen geht es nach dem Sprichwort: Den Galliern fehlts an Hirn.* Es werden noch Schwärmer kommen, *die sich bemühen werden, jeden beliebigen Götzendienst als bloße Verbrämung des Glaubens erscheinen zu lassen.*

6070

V. Die beiden Regimente

185
Die Welt mit Fürsten und Adel meint, daß sie regiere. Aber sie regiert nicht. Die Doktoren der Theologie meinen nicht, daß sie regieren. Aber sie regieren! Ein einziges Gewissen aufrichten ist mehr, als hundert Königreiche haben. 1922

186
Christus hat kein Geld noch Beutel, auch kein irdisch Reich, denn dieselbigen allzumal hat er Königen und Fürsten gegeben. Aber eins hat er ihm fürbehalten, das keines Menschen noch Engels Werk und Tun ist, nämlich daß er ein Siegsmann ist über Sünde, Tod, Teufel und Hölle, und kann auch mitten im Tode retten und erhalten, die an ihn durch sein Wort gläuben. 6605 (Au)

187
Unser Herr Gott hat ihm und seiner Kirchn das beste Regiment fürbehalten. *Es schreitet nicht unter dem Zwang eines Gesetzes voran, sondern in Freiheit und Freiwilligkeit. Denn Christus sagt: Ich taufe dich, unterweise dich, absolviere dich, predige dir, tröste dich. Glaubst du, so hast du diesen Schatz. Glaubst du nicht,* so ist der Schad dein, mir geht nichts dran ab.
Aber staatliche Herrschaft geht mit Zwang vor: Tu dies, laß das! Wirst du mir nicht folgen, *sagt die Obrigkeit,* so geschieht mir Schaden, so straf ich dich. *Wenn du mir aber folgst,* so ists mein Frommen.
So sucht staatliche Herrschaft ihren Vorteil im Bunde mit einem wirklich harten Zwang. Aber die Herrschaft Christi legt uns unsern Nutzen vor mit freundlicher Heimstellung zu uns selber. Das geht auch *in den Auserwählten* fein fort. *Aber Politiker – je strenger sie mit den Gesetzen sind und*

sagen: So und also solls und muß geschehen, *um so weniger geht es voran.* 3388 b

188
Die Oberkeit sollte das Evangelium billig in allen Ehren halten und auf den Händen tragen und hoch halten. Denn es hat sie also gefördert und erhalten und der Oberkeit Stand und Amt geadelt, daß sie nu wissen, was ihr Beruf sei, und daß sie die Werk ihres Amts mit gutem Gewissen tun mögen. Vorzeiten im Papsttum waren Fürsten und Herrn und alle Richter sehr furchtsam, übers Blut zu richten und Räuber, Mörder, Diebe und alle Übeltäter zu strafen. Denn sie wußten nicht zu unterscheiden eine Privat- und einzelne Person, die nicht im Amt ist, von der, so im Amt ist und Befehl hat zu strafen. Sie fürchteten sich für dem Urteiln und übers Blut zu sprechen. Der Henker mußte allzeit büßen und es dem Verdammten und Verurteilten zum Tode vorhin abbitten, was er an ihm tun würde, gleich als täten sie Unrecht und Sünde daran, wenn sie die gottlosen und bösen Buben straften, da es doch ihr eigen Amt ist, das ihnen Gott befohlen hat. Denn Sankt Paulus zun Römern am 13. Kapitel spricht: Die Obrigkeit trägt das Schwert nicht umsonst, sie ist Gottes Dienerin, zur Strafe die Böses tun und zum Schutz der Frommen. Gott tut es selber, wenn die Obrigkeit straft. Gleich als wenn ich meinen Sohn dem Präzeptor befehle, daß er ihn mit Lahr und Zucht auferziehe: da er ihn nu mit der Rute stäupt, daran tut er mir Liebe und zu Gefallen, als hätte ichs selbs getan. Wenn aber ein ander meinen Sohn wollte schlagen außer und ohne meinen Befehl, das würde ich nicht leiden. Also befiehlt auch Gott der Obrigkeit, daß sie das Böse strafen soll.
Herzog Friederich, der löbliche Kurfürst zu Sachsen, war sehr furchtsam und blöde, die Übeltäter zu strafen, sonderlich die armen Diebe. Ja, sprach er, es ist leicht, einem das Leben nehmen, aber man kann es nicht wiedergeben! Und Herzog Johanns, Kurfürst zu Sachsen, pflegte allwegen zu sagen: Ei, er wird noch fromm werden! Und mit solchem Weichsein und durch die Finger Sehen ward das Land voller Buben. Also waren sie von Mönchen überredet, daß sie sollten gnädig,

gütig und friedsam sein. Aber Oberkeit, Fürsten und Herrn sollen nicht gelinde sein.
Denn siehe Gott an, der doch der Allergütigste und Barmherzigste ist, welch ein ernst und streng Gesetz und Recht hat er gegeben und im Mose gesaget, Exodus 21: Wer seinem Vater oder seiner Mutter flucht, der soll getötet werden – auch aufm Altar. Flugs Kopf ab, Kopf weg, auf daß das Land nicht voll Gottlosen werde. Und sagt der Text: Du sollt dich ihrer nicht erbarmen, also wirst du gerecht sein.
Ja, Juristen töten mit Lehren, Lesen und mit Urteilsprechen. Der Henker müßte sonst wohl zufrieden sein und würde keinen nicht richten, wenn sie ihn nicht zuvor verdammt und verurteilt hätten durch ihre Rechtsprüche. Doktor Hieronymus Schurf, der fürnehmesten und besten Juristen einer, und dazu ein Christ, ist noch so weit nicht kommen, daß er einen Übeltäter mit gutem Gewissen könnte zum Tode verdammen und übers Blut Urteil sprechen. 2910 (Au)

189
Prediger sind die größten Totschläger, sagt D. M. Luther, denn sie vermahnen die Oberkeit ihres Amts, daß sie böse Buben strafen sollen. Ich, M. Luther, hab im Aufruhr alle Bauern erschlagen, denn ich hab sie heißen totschlagen. All ihr Blut ist auf meinem Hals. Aber ich weise es auf unsern Herrn Gott, der hat mir das zu reden befohlen. Der Teufel und die gottlosen Leute töten sonst auch, aber dieselbigen habens nicht Recht. Darum soll man unterscheiden die *privatas* und *publicas personas,* auf daß wir sehen, daß die Oberkeit von Rechts und Amts wegen böse Buben verdammen und strafen möge. Und christliche Regenten wissens auch. Aber andere mißbrauchen ihres Amts wider das Evangelium. Das wird ihnen nicht zu Schmer gedeihen. 2911 (Au)

190
Das Gesetz sagt: Jeder ist Amtsperson oder Privatperson. Zur privaten spricht es: Du sollst nicht töten! Zu der mit öffentlichem Amt: Töte! Das Evangelium aber sagt, daß du Gott dann wohlgefällig sein wirst, wenn du glaubst. Es macht zwischen den Personen keinen Unterschied. 643

191
Itzund ist mein höchste *Qual* die *politia.* Denn der Teufel kann mir nichts abgewinnen *in meinem eigenen Tun* und will mir nun die *politiam* auf mein Hals laden und mein Gewissen damit perturbiern. Rat ich (der Obrigkeit), so folgt man mir nicht und sprechen, ich woll regiern. Rat ich nicht, so muß ich ein böses Gewissen davon haben. Weiß schier nicht, wo aus damit! 1715

192
Den Bauern bin ich gram. Denn sie sitzen am höchsten Ort des Segens und haben zur Sünde kaum oder gar nicht Gelegenheit. Aber die Obrigkeit liebe ich, auch wenn sie sündigt, denn sie sündigt notwendigerweise. Je höher das Amt ist, in dem jemand steht, um so mehr und schwerer sündigt er. Privatleute bekümmern sich um Privatangelegenheiten, so wie der Arzt sich um einen jeweiligen Patienten kümmert. Aber die Obrigkeit muß sich um das Gemeinwesen kümmern. Darum hat sie es dauernd mit sehr weittragenden Entscheidungen zu tun. Die Juristen sagen, definieren sei gefährlich. Gerade das aber ist die eigentliche Aufgabe der Theologen. Denn sie müssen im strengsten Sinne Gewisses lehren. Was sollte denn wohl ein zweifelndes Gewissen, das Trost begehrt, tun, wenn du ihm mit Meinungen kommst und nicht mit verläßlicher Lehre? Insofern steckt eine theologische Obrigkeit in der schwierigsten Entscheidung. 50

193
Herrscher und Obrigkeiten sündigen in ihren politischen Funktionen notwendigerweise. Ganz besonders haben gerade sie die Vergebung der Sünden nötig, weil sie ihren öffentlichen Obliegenheiten nicht völlig genügen können. Der Grund dieses Übels aber ist die Privatperson, (die sie auch sind und) die eine Sünderin ist. Gleich als wann einer ein schartig Beil hat, so verterbet er alles mit, was er häuet. *So muß, wenn unsere Privatperson korrupt und eine Sünderin ist, auch die öffentliche Person sündigen, sei sie nun in den Dienst am Wort oder in den Staatsdienst gelangt.* Die Kunst aber kann unser Herr Gott, daß er Buben mit Buben strafen kann.
2961 b

194
Eine Regierung, die nach weltlichem Recht verfaßt ist, besteht (dennoch) nicht aufgrund geschriebenen Gesetzes, sondern aufgrund göttlicher Autorität. Denn die größten Vergehen bleiben ja ungestraft. So auch in der Theologie: Nur die kleinsten Sünden erfahren Zurechtweisung. Zwingli und Ökolampad, die doch große Sünder sind, die kommen davon, bei denen nützt nichts. Unser Herr Gott zeigt mir darin an, *was er (selber tun) will. Alles im Leben ist Abschattung des Zukünftigen. Die Gesetze strafen die Fürsten nicht, weil sie es nicht können, und das darum nicht,* daß es unser Herr Gott (zu seiner Zeit selber) tue. Hie können die Juristen nur Mükken fangen. Die großen Hummeln reißen hindurch. *Folglich bestehen Reiche nicht aufgrund von Gesetzen und Büchern.*

2

195
Doktor Luther sagte einmal, daß Joab, König Davids Feldhäuptmann, müßte ein freier Kriegsmann gewesen sein, denn er habs frei auf die Faust gesetzt. Und da er nur sechshundert Mann bei ihm hat, dennoch trifft er mit dem ganzen Volk Israel und schlägt sie. Denn er hat gedacht: Ich hab gute alte Kriegsleute bei mir, die zuvor oft bei dem Ernst gewesen sind, jenes aber ist ein groß Volk, allenthalben zusammengelesen Hudelmannsgesindel, und zeucht ohn alle Ordnung daher. Drüm greift er sie an und treibet sie in die Flucht, und es gerät ihme. Aber ich halt, David wird sich nicht gerne haben wider den Sohn Absalom aufbringen lassen, daß er wider ihn hat einen Krieg geführet. Aber seine Häuptleute haben ihn darzu beredet und ihn in Harnisch gebracht. Drüm befiehlt er auch den Häuptleuten, daß sie des Knaben Absaloms schonen sollten. Aber Joabs Rat ist der beste, nämlich mit den bösen Buben nur hinunter; denn sie werden nicht frömmer, sondern sie richten immerdar ein Unglück über das ander an.

Man hat einmal einen jungen Knaben von 18 Jahren um des Diebstahls willen gefänglich eingezogen. Nun hätte ihn der Richter und die Schöpfen um seiner Jugend willen gern vom Galgen erlöset und ihn losgegeben. Da hat er gesaget: Nur

immer mit mir hinweg! Denn ich bin drein kommen. Laßt ihr mich los, so heb ich doch das Stehlen wiederüm an, wo ichs gelassen hab.
Drüm wer den Tod verdienet hat, mit dem fahre man nur immer hinweg! Und erzählet Doktor Luther das alte Sprichwort: Ein Dieb ist nirgends besser denn am Galgen, ein Mönch im Kloster und ein Fisch im Wasser. Und saget Doktor Luther, er hätte etliche erbeten vom Galgen, daß man ihnen das Leben geschenkt hatte, aber nach wenig Tagen hätten sie doch wieder gestohlen und wären alsbald drauf gehenkt worden. Drüm ist Joabs Rat viel besser gewesen denn des Königes David. 5219 (Au)

196
Am 3. August (1538) sprach er über Roheit und Leichtsinn der Henker: An Menschenblut gewöhnt, werden (sie) leichtfertig Buben, *die kaum noch einen Unterschied machen zwischen dem Blut eines Menschen und eines Tieres. Darum liest man in der Heiligen Schrift,* daß die nähesten Räte hohen Standes solchs Werk haben tun müssen. *So war es auch bei den Römern, wo die Schuldigen mit dem Beil hingerichtet wurden.* Haben wohl gesehen, daß ein groß Ding sei, einem Menschen das Leben nehmen. 3936

197
Unsers Herr Gott Reich ist ein gut Reich, dennoch hält man es für kein Reich, und ist das allerverächtigste. – *Der Herr Doktor erzählte eine Geschichte,* wie ein Unschuldiger vor einen Schuldigen in der Bauern Aufruhr zu Würzburg war geköppt worden, (darum) daß er ihm das Fähnlin gehalten, daß (d)er wollte seines Bierweges gehen. 5405

198
Daß einer gesagt hat: Wer Gott und dem Kaiser dienet, der hats nicht gut – das ist aus der Hölle, *das ist* dem Teufel aus dem Arsloch gefarzet, *weil es ja gegen die erste und die zweite Tafel der Gebote geredet ist und gegen den Spruch Christi: Gebt dem Kaiser, was des Kaisers ist, und Gott, was Gottes ist.* 1134

VI. Kirche und Gemeinde

Gottesdienst Predigt Gebet · Seelsorge Beichte Kirchenzucht · Lehrer Pfarrer Bischöfe

199
Doktor Hieronymus Schurff und die Weltweisen ärgert die arme, elende Gestalt der Kirche, die vielen Ärgernissen, Gebrechlichkeiten und Sekten unterworfen ist, damit sie geplagt wird. Denn sie lassen ihnen träumen und meinen, die Kirche sei gar rein, heilig, ohn allen Tadel, Gottes Taube. Welches wohl wahr ist für Gott, da hat die Kirche ein solch Ansehen, aber für der Welt ist sie gleich ihrem Bräutigam und Herrn Christo, Jesaja 53: zerhackt, zerkratzt, verspeiet, verlacht, gekreuziget. 3709 (Au)

Gottesdienst, Predigt, Gebet

200
Ein paar ungarische Studenten baten, in unserer Wittenberger Gemeinde das Abendmahl unter beiderlei Gestalt empfangen zu dürfen, wünschten sich aber, weil sie ja kein Deutsch verstünden, eine eigene und besondere Abendmahlsfeier in lateinischer Sprache. Das hat Luther ihnen verweigert: Sie kennten ja die Einsetzung Christi, also sollten sie in der üblichen Gemeindeordnung bleiben. 3947

201
Als seine Frau sagte: Ei, Herr, es war so voll in der Kirchen, daß es stank, *antwortete Luther:* Es ist auch mancher guter Haufen Dreck drinnen gewesen, wiewohl verborgen, und ist das Beste daran, daß sie ihn wieder ausgetragen haben. 2563 b

202
Dann war die Rede von großen Kirchen, *daß sie für die Predigt nicht taugen. Köln habe eine so große Kirche,* da vier

Riegen Pfeiler stünden, auf jeder Riege zwanzig Pfeiler. Es seind ungewöhnliche Bäu *und für Predigten, die doch verstanden werden sollen, ganz ungeeignet.* Feine mäßige Kirchen mit niedrigen Gewölben sind die besten *für Prediger und Hörer. Denn der Zweck solcher Kirchen ist nicht das Geschrei und Gebrüll der Chorsänger, sondern Gottes Wort und seine Verkündigung.* Sankt Peters Münster zu Rom, *die Kirchen zu Köln und Ulm sind viel zu groß und unzweckmäßig.* 3781

203

Am Pfingsttag (1532), nach der letzten Predigt, sagte er zum Pfarrer von Zwickau: Es könnt einer doch nicht kindischer und einfältiger reden denn Christus, und macht doch alle *doctores* damit zuschanden. Es ist nicht *im erhabenen* noch *im niederen, sondern in überhaupt keinem Genus* (der Rhetorik geredet). 1539

204

Predigen ist jetzt viel leichter als während des Papsttums. Denn es gibt Anlaß und Stoff genug, daß man entweder über die Kirche oder über politische Angelegenheiten oder über das Hauswesen zu reden hat. Und so muß denn gesprochen werden von der Gerechtigkeit aus Glauben, von (dem Verhältnis zwischen weltlicher) Gerechtigkeit und Nachsicht, von Liebe und Geduld. 1158

205

Der Doktor: Osiander ist ein gelehrter Mann, der sollt sich über die Bibel setzen und *glossam ordinariam* machen. *Darauf jemand:* Herr Doktor, Osiander kann nicht niedrig Ding lehren. *Der Doktor: Das ist wahr. Ich wundere mich, daß sie sich nicht herunterlassen können, so daß die Hörer es fassen.* Es gehen da Mägde und Knechte in die Kirchen, den muß man predigen, die bedürfen unser Predigt. Wenn ich allein *Doctori Hieronymo* (Schurff) oder *Philippo* sollt predigen, so wollt ich mein Leben lang kein Predig tun. Sie vorstehen es selbst wohl. Aber um die arme Jugend und unvorständige Mann ist es zu tun. Da muß man sich herunterlassen. Also

tut der liebe Herr Christus; der geht nicht anders doher als hätte er mein Martinichen, Paulchen und Magdalenichen für sich. Wenn er aber kommt zun Pharisäern, so gibt er ihnen eine Schnauze. Den kleinen Kindergen soll man predigen, denen ist das *ministerium* zugut eingesetzt. 5465

206

Doktor Martinus fragte Schlaginhaufen, was Doktor Jonas denn gepredigt habe. Der antwortete kurz, indem er nur den Hauptpunkt wiedergab. Darauf Luther: Es ist gut gewest, *soviel ich aus Euren Worten entnehme.* Dann so einer nur ein Wort Gottes hat und kann nicht ein Predig daraus machen, der soll nimmermehr predigen wollen. 3464 f

207

Als Käthe sagte, sie habe Polner, seinen Famulus, in der Predigt besser verstehen können als den Doktor Pomeranus, weil der allzu weit von seinem Thema abzukommen pflege, antwortete der Doktor: Polner predigt, wie ihr Weiber pfleget zu reden; denn was ihn einfällt, das sagen sie auch. Doktor Jonas pfleget zu sagen: Man soll die Kriegsknecht nicht alle ansprechen, die einem begegnen! Und ist wahr, Doktor Pommer nimmt bisweilen etlich mit, so ihm begegnen. Aber das ist ein närrischer Mensch, der do meinet, er will alles sagen, was ihm einfällt. Einer seh zu, daß er bei *dem Thema* bleibe und vorrichte das, was er vor ihm hat, daß man dasselbige wohl vorsteh. Und gemahnet mich derselbigen Prediger, die alles wöllen sagen, was ihn einfällt, gleich wie der Mägde, die zu Markt sollen gehn: Wann ihn ein ander Magd begegnet, so halten sie ein Ständerling; begegnet ihn die ander, halten sie mit der auch ein Sprach, also mit der dritten und vierten, und kommen so langsam zu Markt. So tun die Prediger auch, *die zu weit vom Thema abkommen;* meinen, sie wollens alles gern uf einmal sagen, aber es tuts nit.

5489

208

Kürze und Deutlichkeit kann ich nit also zusammenbringen wie *Philippus und Amsdorf.* Ich fleiße mich in meinen Predigten, daß ich einen Spruch für mich nehme, und dabei bleib ich, daß ich den wohl anzeige, daß sie kunnen sagen: Das ist die Predigt gewesen. *Das will sagen: Ich bleibe immer nur bei dem Grundgedanken.* Christus mit seinen Predigten ist flugs mit Parabeln hereingefallen von Schafen, Hirten, Wölfen, Weinbergen, Feigenbäumen, Samen, Acker, Pflug. Das haben die armen Leut können vernehmen. 3173 b

209

Ich habe mich ofte selbst angespeiet, wenn ich vom Predigtstuhl kommen bin: Pfue dich an, wie hast du gepredigt? Du hasts wahrlich wohl ausgerichtet, *keinerlei Konzept beachtet!* Und eben dieselbige Predigt haben die Leute ufs höchste gelobet, daß ich in langer Zeit nicht so eine schöne Predigt getan hätte. Wenn ich hinunter vom Predigtstuhl gestiegen bin, so habe ich mich besonnen und befunden, daß ich nichts oder gar wenig davon geprediget habe, das ich bei mir konzipiert hatte; daß ichs gewißlich darfür halte: Es sei ein ander Ding predigen, denn wirs achten. Denn unser Herre Gott einem ofte (etwas anderes) eingibt. Es predigt einer viel anders, wann er hinaufkommt, denn wie ers hat wollen tun oder bei sich bedacht. Es ist gut, daß einer nur predige, *wie es dem Glauben gemäß ist.*

Alle Prediger sollen sich an eine einfache Predigtweise gewöhnen und sollen bei sich beschließen, daß sie predigen jungen, unvorständigen Leuten, Pauern, die ebenso wenig vorstehen als die Jungen under 12, 13, 14, 20 Jahren, daß dieselbige vorstehen oder etwas daraus fassen mugen und ihr Leben bessern. Das ist auch der größeste Haufe. Mir und Philippo darf keiner predigen, wiewohl wir auch etwas lernen könnten. Man muß nicht predigen, tapfer herfahren mit großen Worten, prächtig und kunstreich, daß man sehe, wie gelehrt man sei, und seine Ehre suchen. *Dafür ist dort nicht der richtige Platz.* Man soll sich alldohin akkommodieren *zu den Hörern,* und das fehlet gemeiniglich allen Predigern, daß sie predigen, daß das gemeine Volk gar wenig daraus lerne. Wie Bucer und Zwingel täten zu Marburg in großer Pracht daher und alles aufs Kunstreichste, daß sie Lob davon hätten, *gleich als ob sie sich sagten:* Siehe, Doktor Martinus und Philippus sehen, wie ich so ein gelehrter Geselle bin. Einfäldig zu predigen ist eine große Kunst. Christus tuts selber. Er redet allein vom Ackerwerk, vom Senfkorn, und brauchet eitel grobe, päurische *Gleichnisse.*
Wann einer zum erstenmal auf den Predigtstuhl kommt, es gläubet niemand, wie einem so bange dabei wird! Er siehet so viel Köpfe unter sich! Wann ich auf den Predigtstuhl steige, so sehe ich keinen Menschen an, sondern meine, es seind eitel Klötzer, die do für mir stehen, und rede meines Gottes Wort dahin. – *Das sagte er, um einem ängstlichen Anfänger im Predigtdienst Mut zu machen.* 4719

210

Konrad Cordatus zu Doktor Martin Luther: Ehrwürdigster Herr und Vater, lehret mich eine kurze Weise zu predigen. *Luther antwortete kurzweg:* Erstlich müsset Ihr lernen aufsteigen zur Kanzel; zum andern, daß Ihr auch wisset, eine zeitlang darauf zu verharren; zum dritten, lernet auch wieder heruntersteigen. *Dem fügte er kein weiteres Wort hinzu,* daß auch Cordatus schier erzürnet. Doch zum letzten gedacht er, er würde es wahrlich getroffen haben. *Und wer diese Ordnung einhält, wird ein guter Prediger sein:* Erstlich, daß er lerne hinaufsteigen, *heißt: daß er eine rechte und göttliche*

Berufung habe. Zum andern, daß er lerne, ein zeitlang darauf zu bleiben, *heißt: daß er eine reine und unverfälschte Lehre habe.* Zum dritten, und lerne auch wieder herabsteigen *heißt: daß er nicht über eine Stunde hinaus predige,* das auch am Pomerano übel gefällt. 5171 b

211

Ein guter Prediger muß 1. geschickt sein zur Lehre, 2. soll ein fein Kopf haben, 3. wohl beredt sein, 4. soll ein Stimme haben, 5. *gutes Gedächtnis,* 6. soll wissen aufzuhören, 7. soll seins Dings fleißig sein, 8. soll Leib und Leben dran setzen, 9. soll sich von jedermann lassen täuschen, *letztens, (alles) geduldig ertragen.*

Nichts wird bei Predigern leichter und rascher bemerkt als ihre Fehler. Wenn ein Prediger auch hundert Vorzüge hätte, durch einen Fehler verfinstert er sie alle – so schlecht ist jetzt die Welt. Doktor Jonas hat alle Tugenden eines guten Predigers, allein daß er sich so oft ruspert kann man dem guten Mann nicht zugut halten. 2580

212

Anno 1545, am 7. Juni, dem ersten Sonntag nach Trinitatis, war Doktor Martinus zornig und schalt die Leute, die während der Psalmen und Lieder nur herumbrummten. Denn fromme Leute kommen in der Kirche nicht zusammen, um zu blöken und zu brummen, sondern um zu beten und Dank zu sagen. Wollden sie ja brummen und murren, so sollten sie unter die Küh und Schweine gehen, die würden ihn wohl antworten, und die Kirche ungehindert lassen.

Am nächsten Sonntagmorgen ließen es einige dennoch nicht bleiben, weshalb Doktor Martin Luther alsbald aus der Kirche ging. Das war für Doktor Pomeranus Anlaß, jene Leute (einzeln?) schwer zu verwarnen: Du hast mir unsern Vater *Doktor Martinus* aus der Kirchen gejagt, du wirst mich auch verjagen, daß ich dir nicht predigen werde. 6406

213

Das Gebet hat bisher *die Kirche* erhalten, drum muß es noch gebetet sein. Drum sagt Christus: Bittet, suchet, klopfet an!

Erstlich sollen wir bitten. Wenn wir nun anfahen zu bitten, so vorkreucht er sich irgends hin und will nicht hören, will sich nicht lassen finden. So muß man ihn denn suchen, das ist: mit Beten anhalten. Wenn man ihn denn sucht, so vorschleußt er sich in ein Kämmerlein. Will man zu ihm 'nein, so muß man denn kloppen. Wenn man dann einmal oder zwei geklopft hat, so vorhöret er. Letztlich, wenn man des Kloppens will zu viel machen, so tut er auf und spricht: Was willt du denn? Herr, ich will das oder jenes haben. So spricht er: So hab dirs doch! Also muß man ihn aufwecken. Ich halt, daß allhie noch viel frommer Leut sein, die sehr fleißig beten, wiewohl es auch viel böser Buben allhie hat. Drum will der Spruch »Bittet *etc.*« nichts anders denn: Bittet, rufet, schreiet, suchet, klopfet, poltert! Und das muß man für und für treiben ohn Aufhören. 5392

214

Das Vaterunser bindet die Leute zusammen und ineinander, *daß einer für den andern und mit dem andern betet. Und darum wird es stark und mächtig, daß es alles Übel und auch den Tod selbst vertreibt.* 700

Seelsorge, Beichte, Kirchenzucht

215

Anno 38, den 6. November, kamen Briefe von Freiberg, wie Magister Hausmann wäre gen Freiberg berufen zum Pfarrherrn und Superattendenten; weil er aber ein alter und abgearbeiteter Mann gewesen, hätte ihn der Schlag in der ersten Predigt gerührt, davon er auch alsbald wäre tot blieben. Wir aber (Käthe, Melanchthon, Jonas und Lauterbach) verhieltens Doktor Martinus und sagten erstlich, er wäre krank, dann, er läge darnieder, schließlich, er wäre fein sanft in Christo entschlafen.

Da fing er an und weinete sehr und sprach: Also nimmt Gott die Frommen weg, wird darnach die Spreu verbrennen; wie die Schrift sagt: Der Gerechte wird weggerafft, aber niemand betrachtets. Es sind sehr fährliche Zeiten. Gott wird seine

Scheune und Tenne fegen und reine machen. Ich bitte Gott, daß er mein Weib und Kinder nach meinem Tode nicht lange lasse leben. Es werden sehr fährliche und greuliche Zeiten folgen. Ich hätte mich solcher Bosheit zur Welt nicht versehen. Gott helfe uns, daß wir bei seinem Wort bleiben und uns bessern! Das ist mir wahrlich gar ein lieber Freund gewesen!

Also saß er den ganzen Tag, weinet und trauert sehr, war bei D. Jona, M. Philippo, M. Joachim Camerario und Kaspar von Köckeritz, unter welchen er saß ganz traurig und weinende. 4084 (Au)

216

Anno 1539, den 15. Juli, starb die ehrliche, tugendsame Matron, Doktor Bleikard Sindringers Hausfrau, welche frühe um fünf von ihrem Herrn ausm Bette schwanger, frisch und gesund aufstunde, und um sieben darnach war sie tot, nachdem sie eine junge Tochter bracht hatte. Da tröstet D. M. Luther ihren Herrn. Darnach, da er heim kame, sprach er: Es muß die größte Traurigkeit und Herzleid sein, wenn zwei fromme Eheleute, die sich wohl miteinander begangen, lieb und wert gehalten haben, leiblich voneinander sich scheiden müssen. Unser Herr Gott ist der größte Ehebrecher, derselbige füget zusammen und scheidet auch wieder voneinander. Heute morgen hat sie bei ihrem Manne geschlafen, heint schläfet sie bei unserm Herrn Gott. Wie schlüpferig und unbeständig ist doch unser Leben! Ach, es muß wehe tun, wenn Eheleute, die sich liebhaben, also geschieden werden!

4709 (Au)

217

In der Anfechtung richtet schon ein kleines Wort die Seele wieder auf. Einst, als ich meinem Beichtvater immer wieder törichte Sünden vorlegte, sagte er zu mir: Du bist ein Narr! Nicht Gott machts dir heiß, sondern du ihm! Nicht Gott zürnt mit dir, sondern du mit Gott! Das war ein wunderbares Wort, zumal er so sprach, noch bevor das Licht des Evangeliums da war.

So hat mich an diesem Tisch – ihr wart damals in Jena –

auch Pomeranus einmal getröstet, als ich niedergeschlagen war. (Er sagte:) Keine Frage, Gott denkt jetzt so: Was soll ich mit diesem Menschen nur noch weiter machen? Ich habe ihm so viele herrliche Gaben gegeben, und gerade er verzweifelt an meiner Gnade? Das war mir ein großer Trost, und als ob es die Stimme eines Engels wäre, blieb sie mir im Herzen hängen. Dabei glaube ich, er selber wußte gar nicht, was er da gesagt und daß er es so gut getroffen hatte.

Menschen, die durch den Geist der Schwermut gequält werden, müssen sich vor allem hüten, allein zu sein. Denn Gott hat *die Gemeinschaft der Kirche* geschaffen *und Bruderschaft* geboten, *wie die Schrift sagt: Weh dem, der allein ist! Wenn er fällt, so ist kein anderer da, der ihm aufhelfe. – Auch mißfällt Gott die Traurigkeit des Herzens, die wir angesichts seiner selbst empfinden. Die Traurigkeit angesichts der Welt dagegen erlaubt er. Aber er will nicht,* daß ich gegen ihm betrübt soll sein, *wie er spricht: Ich will nicht den Tod des Sünders, ebenso: Freut euch in dem Herrn! Er will keinen Diener,* der sich nit Guts zu ihm versehe. *Das weiß ich zwar, aber* ich werde wohl zehenmal einen Tag anders gesinnet. *Und dennoch widerstehe ich dem Satan.* Jag ihn auch oft mit eim Furz hinweg. 122

218

Danach sprach er über die Wirkkraft des Wortes Gottes und über die Freude der Gemeinde, in der die Brüder sich durch Gottes Wort wechselseitig trösten und aufrichten. Groß ist der Nutzen der Schlüssel und der persönlichen Lossprechung. Das Gewissen kann dadurch gestillt werden. Deshalb will ich die Privatbeichte nicht verwerfen. Denn ich selbst bin damals, unter dem Papst, ein tief niedergeschlagener Mönch gewesen und immer in größter Bedrängnis. Da habe ich endlich von einem Bruder Trost empfangen, nur durch ein einziges Wort: Er selbst hat Hoffnung geboten! Unser Heil ist der Glaube an Gott! Warum wollten denn wir Gott nit trauen, der uns heißet und befiehlt zu hoffen? – *Und durch dies Wort hat er mich wieder lebendig gemacht.* 4362

219
Ich war sehr fromm *im Mönchtum und war dennoch so niedergeschlagen, weil ich dachte, Gott sei mir nicht gnädig.* Da hielt ich Meß und betet und hab kein Weib *im Orden,* so zu reden, weder gesehen noch gehöret. *Jetzt habe ich andere Anfechtungen. Oft hält Satan mir vor:* Wohl hast so viel Leut verführet! *Folglich, wer Obrigkeit ist oder ein Doktor, der* muß gewiß sein: *Gott gebietet es!* Sonst ist einer dahin. Das hat *Ökolampadium* getöt. Also sollt einer fröhlich sein, *wenn er einen Bruder hätte, der sagte: Bruder, das tu! – so daß es sich um eine Berufung höherer Art handelt, sei es nun die göttliche, die Berufung des Glaubens, oder die mitmenschliche, die Berufung der Liebe. Niemand glaubt, was für eine große und nötige Sache die Berufung ist,* daß man einem sagt: *Das tu!* Wenn einer geschickt ist zum Amt und wartet darauf, *daß er berufen wird, dann tut er recht, und Paulus sagt: Er begehrt ein köstliches Werk.* 518

220
Einer fragte D. M. L. und sprach: Wenn ein Pfarrherr und Beichtvater ein Weib absolvierte, das ihr Kind hätte erwürget, und solches würde darnach durch ander Leut offenbaret und rüchtbar, ob auch der Pfarrherr, so er darum gefragt würde, beim Richter Zeugnis müßte geben? Da antwortet er: Mitnichten nicht! Denn man muß Kirchen- und weltlich Regiment unterscheiden, sintemal sie mir nichts gebeicht hat, sondern dem Herrn Christo; und weil es Christus heimlich hält, soll ichs auch heimlich halten und stracks sagen: Ich hab nichts gehört! Hat Christus was gehört, so sage ers! Ich wollt aber die Weile heimlich zu ihr sagen: Du Hure, tue es nicht mehr!
Wenn sie aber sagte, sie wäre von uns absolviert, und wollte sich damit also schützen und erretten, weil sie Christus hätte losgelassen, darum könnte der weltliche Richter über sie nicht mehr richten und urteiln, und ich würde darinne zitieret, gefordert und gefragt, so wollt ichs abermal verneinen. Denn ich bin nicht der Mann, der da soll fürm Gericht in Welthändeln reden, sondern nur allein, was die Gewissen belanget, die soll ich schrecken mit Gottes Zorn wider die

Sünde durchs Gesetz. Aber die ihre Sünde erkennen und bekennen, soll ich wiederum trösten und aufrichten durch die Predigt des Evangelii.
Darum soll ich sagen: Ist sie absolviert, da weiß ich, D. Martinus, nichts um, sondern Christus weiß es, mit welchem sie geredet hat. Denn ich höre nicht Beichte, absolviere auch nicht, sondern Christus. Sie sollen uns nicht an ihre Gerichtsstühle und Hadermärkte ziehen. Darum haben wir bisher über dem Kirchenrecht und Gerechtigkeit gehalten und noch immerdar, und wollen dem weltlichen Gerichte nichts mehr lassen gut sein in Sachen, so die Lehre und Gewissen belangen, noch ihnen darinne etwas einräumen, auch im Allergeringsten nicht. Sie warten ihres Befehls, da haben sie gnug mit zu tun, und lassen uns unser Amt führen, wie Christus befohlen hat, des und keins andern. 5178 (Au)

221

Ich bin nicht der Meinung, daß ich die für ganz und gar verdammenswert halten sollte, die sich selbst umbringen. Der Grund ist der: Sie tun es nit gern, *sondern sie werden durch die Macht des Teufels überwältigt,* wie einer in eim Wald von einem *Räuber* ermordet würd.
Allerdings darf man das nicht öffentlich lehren, damit dem Satan nicht Gelegenheit gegeben wird, ein großes Schlachten anzurichten. Und ich billige, daß man die *weltlichen Bräuche* so steif hält, daß man sie durch die Schwell zeucht *etc. Sie sind ihrer selbst nicht mächtig und handeln nicht in eigener Verantwortlichkeit, sondern* unser Herr Gott richtet sie dahin, wie er einen durch einen *Räuber* hinwegrichtet. *Die Obrigkeit* soll gleichwohl streng damit sein, *wenn auch die Seele nicht einfach verdammt ist.* Dergleichen Exempel geschehen, daß uns unser Herrgott damit weisen will, daß der Teufel ein Herr sei, ebenso daß man fleißig soll beten. *Wenn solche Exempel nicht geschähen, würden wir Gott nicht fürchten; also* muß er uns so lernen. 222

222

Eine schriftliche Ermahnung Doktor Martin Luthers an (den Landvogt) Johannes Metzsch:

Weil er mit seinem Hochmut Gott, die Diener des Wortes, die Universität und den Rat der Stadt verachtet und vieles gegen sie unternommen hatte, auch schon mehrfach von Martin Luther brüderlich zurechtgewiesen worden war, schickte der am 15. November 1538 aufs neue zwei Pfarrdiakone zu ihm, mit diesem Zettel, eigenhändig wie folgt geschrieben:
Dem Landvogt zu sagen erstlich, daß *des Diakonus* Magister Fröschel *Absolution,* am letzten Sonntag gegeben, soll nichtes sein, weil er sich nicht recht erkennet hat. Zum andern, daß er das Sakrament empfangen hat in seinen Sünden, ungebüßet, das soll er tragen, nicht ich! – *Das sind harte Worte!* Er erschrak auch. – Zum dritten, wo er will ein Christ sein, daß er sich zuvor versöhne mit uns Prädikanten, Pfarrherrn, Universität und Stadt – *weil er diese alle mit seiner Tyrannei beleidigt habe* – wie Christus spricht: Wann du deine Gaben zum Altar opferst, Matthäus 5. Aber wo er das nicht tun will demütiglich, so bin ichs zufrieden an des Pfarrers statt, daß er anderswo selig werde, dann ich will seine Bosheit nicht tragen noch um seiner Sünden willen verdammt sein. *Dies sei die zweite Ermahnung nach Matthäus 18 (V. 15ff.): Wenn dein Bruder gesündigt hat (etc.).*
Darauf entschuldigte er sich und antwortete, er sei unschuldig und hege keinerlei Haß gegen irgendwen. Aber Doktor Martin Luther hatte ihm früher auch (schon) verboten, zum Abendmahl zu kommen und Taufpate zu sein.
In der gleichen Woche strafte Martin Luther einen gewissen Heinrich Rieder, der vom Adel und ein berüchtigter Wucherer war, ins Angesicht hinein und verbot seinem Pfarrer, ihn zum Sakrament zuzulassen, weil er auf hundert jährlich dreißig Gulden Zinsen nähme. Denn so groß ist die Gottlosigkeit der Adligen, daß sie sich ohne Gewissen in ihrer Bosheit zu rühmen wagen: Einer habe in einem Jahre dreiundvierzig Kinder gezimmert. *Ein anderer sagte:* Sollt er nicht vierzig Gülden jährlich von hundert billig nehmen! Warum wären ihme die Augen nütz, wann er nicht damit sehen sollte? 4073 b

223

Der Doktor sagte: Öffentliche Wucherer soll man in Bann tun, wie ich dem Edelmann getan habe, das ist, man soll ihm nicht das Sakrament geben. *Darauf fragte jemand: Was aber, wenn er Buße tut? Er antwortete:* Das hat sein Maß. Er muß aber ein Zachäus werden, was er zuviel geraubt hat wiedergeben, denen ers abgeschunden hat, oder er büßet nicht recht. *Nach weltlichem Recht* kann ers auch nicht mit gutem Gewissen behalten, geschweig *nach göttlichem Recht.* Und wer mit ihm ißt und trinkt, der macht sich teilhaftig seiner Sünden. Drum sollt Ihr, Herr Mickel, mit ihm nimmer essen.

5216

224
Doktor Martin Luther trat ans Krankenbett der sehr ehrwürdigen Matrone (Magdalena von Bora), die schwer danieder lag, und tröstete sie so: Muhme Lene, kennet Ihr auch mich und vernehmt mich? *Als sie ihn erkannte, sagte er:* Euer Glaube stehet nur auf den lieben Herrn Christum. *Danach: Er ist die Auferstehung und das Leben.* Euch wird nichts schaden. Sollet nicht sterben, sondern wie in einer Wiegen entschlafen, und wenn die Morgenröte aufgehen wird, sollet Ihr wieder aufstehen und ewig leben. *Sie antwortete:* O ja. *Darauf er: Habt Ihr keinerlei Anfechtung? Nein? Es tut dir ums Herz herum weh? Der Herr wird dich bald erlösen von allem Übel. Du wirst nicht sterben! Und zu uns gewandt, sagte er: Wohl ihr! Denn das ist kein Tod, sondern ein Schlaf. Und er trat für sich allein ans Fenster, betete und verließ sie mittags um zwölf. Abends um sieben schlief sie ein.*

6445

225
D. M. L. redte vom Tode D. Sebalds und seiner Hausfrauen, die er visitieret, besucht und angegriffen und betastet hätte in ihrer Krankheit, und sagte: Sie wären beide mehr für Kümmernis denn an der Pestilenz gestorben. Und da er ihre Kinder zu sich in sein Haus nahm, gaben ihm etliche einen Stich, als versuchte er Gott. Ei, sprach er, ich hatte feine Meister, die mich lehreten, was da heiße Gott versuchen!

4479 (Au)

226
Am 6. Dezember (1538) wurde Luther, da in zwei Häusern die Pest ausgebrochen war, von den Pfarrdiakonen gefragt, was sie tun sollten: Ob eine neue Dienstregelung zu treffen sei? Denn sie wollten nicht, daß Herr Peter Heß sich in der Öffentlichkeit bewege, um seiner Krankenbesuche willen. Luther antwortete: Ach, wollt Gott, daß das all mein Sorg wär! So hätt es mit mir keine Not. Man soll Herrn Peter nichtes verbieten nachmals; denn wir werden, so es vonnöten ist, alle gehen und Gott lassen walten, *weil ja Gott die Diener seines Wortes für gewöhnlich bewahrt,* wenn man nicht in die Herbergen und Betten nachläuft. Mit Beichthören hats kein Not, *denn wir bringen ja das Wort des Lebens.*
Und er war erstaunt über die Angst der Leute in dieser Zeit des Evangeliums, da sie sich doch einst, im Papsttum, nicht so gefürchtet hätten. Und das ist der Grund: Im Papsttum verließen wir uns auf die Verdienste der Mönche und anderer Menschen, jetzund muß ein jeder auf sich selbst trauen und fahren. 4179

Lehrer, Pfarrer, Bischöfe

227
Ich halt, daß ein frommer Schulmeister werde am jüngsten Tag über alle Bäpst gehn. 5591

228
Als jemand die Rede auf Misenius brachte, sagte der Doktor: Die Schulmeister gehörn nicht auf schlechte Pfarrn; müssen *Superintendenten* sein und andere regiern, weil sie in Schulen sein des Regiments gewöhnet. Denn Schulmeister haben *in der Kirche* das Beste getan, und wenn ich wünschen kunnte, wollt ich nicht des Tales und Annabergs, auch nichts des Türken Geld wünschen, sondern daß da uns sukzedierten, die da *die Gemeinden* und *Schulen* lehreten. *Einige stehen (schon) in Blüte.* Gott erhalt sie und gebe ihrer mir viel. 5238

229

Man sprach wiederum über Andreas Misenius. Der Doktor sagte: Wir müssen itzund viel Füllstein und Eckstein haben. Er muß ein Eckstein geben. Denn Schulmeister haben in der Schul des Redens gewöhnt und sind etwas kühner und lernen auch an ihren Schulsprüchen, wie man der heiligen Schrift Sprüch fein handeln und auslegen soll. Ich wollte, daß keiner zu keim Prediger erwählt würde, er hätt denn zuvor Schul gehalten. Itzt wollen die jungen Gesellen alle von Stund an Prediger werden und fliehen die Schularbeit, aber wenn einer hat Schul gehalten, ungefährlich ein zehn Jahr, so mag er mit gutem Gewissen darvon lassen; denn die Arbeit ist groß, und man hält sie ein wenig gering.

Es ist aber so viel in einer Stadt an eim Schulmeister gelegen als am Pfarrer. Bürgermeister und Fürsten und Adel können wir entraten. Schulen kann man nicht entraten, denn sie müssen doch die Welt regieren. Man sieht, daß heut kein Potentat ist, er muß sich von eim Juristen oder Theologo regiern lassen. Sie können selbst nichts und schämen sich zu lernen, drum muß solchs aus der Schul herfließen. Und wenn ich kein Prediger wär, so weiß ich kein Stand auf Erden, den ich lieber haben wollte. Man muß aber nicht sehen, wie es die Welt hält und verlohnet, sondern wie es Gott achtet und an jenem Tag rühmen wird. 5252

230

Musik habe ich immer geliebt. Wer die Musik hochhält, ist von guter Art. Man muß die Musik *auf jeden Fall* in der Schulen behalten. Ein Schulmeister muß singen können, sonst sehe ich ihn nicht an. *Und bevor ein junger Mann ins Pfarramt berufen wird, soll man ihn in der Schule auf die Probe stellen.* 6248

231

In Kürz wirds an Pfarrherrn und Predigern so sehr mangeln, daß man die itzigen aus der Erde würde herauskratzen, wenn mans haben kunnde. Denn werden die Papisten und auch unsere Baurn sehen, was sie getan haben. Der Ärzten und Juristen bleibt gnug, die Welt zu regiern. Man muß 200 Pfar-

rer haben, da man an einem Juristen gnug hat. Wenn zu Erfurt einer ist, ists gnug. *Nicht so mit den Pfarrern.* Es muß ein jeglich Dorf und Flecken einen eigen Pfarrer haben. Mein gnädiger Herr, der Kurfürst zu Sachsen, hat an 20 Juristen gnug, dagegen muß er wohl achzehenhundert Pfarrer haben. *Ein Jurist ist die Verkörperung von etwas ganz Allgemeinem, aber ein Prediger oder Pfarrer ist ein Wesen für sich.* Wir müssen noch mit der Zeit aus Juristen und *medicis* Pfarrer machen, das werdet ihr sehen. 843

232
Eh das Euangelion kam, stunden alle Beutel und Kasten auf, da war Korn genung, ja auch Geld genung. Nun ist alles geschlossen. Darum wenn das Euangelion kommt, so höret alle

Barmherzigkeit auf. Aber was wird einmal Christus sagen am jüngsten Gericht? Ihr Bauern, habt ihr auch einen Pfarrherrn in euerm Dorf gehabt? *Dann werden sie antworten:* O ja, lieber Herr, sollten wir nit? *Darauf Christus:* Wie habt ihr ihn gehalden? Do wirds sich denn finden, wie sie den Christum getränkt, gespeiset, gekleidt und beherbergt haben.

5531

233

Die Undankbarkeit der Welt angesichts des Evangeliums ist unaussprechlich und teuflisch. Denn die Pfarrer werden dort durch Verfolgung, hier durch Undankbarkeit bekämpft. Und wenn wir nicht einen frommen Fürsten zum Verteidiger hätten, so sollt uns unser Volk mehr plagen *als die Glaubensfeinde.* Itzunder vermöcht ich in keiner Stadt zuwegen bringen, daß ein Prediger durch ihre Hülf erhalten würd. Die ganz Stadt Wittenberg gibt ein ganz Jahr für das liebe Evangelium vier Pfennig vor ein Person. *So tun sie es überall. Die früher zahllose Mönche gefüttert haben, können jetzt nicht einen oder zwei Prediger ernähren, sondern Abgaben, die noch aus dem Papsttum stammen, kommen dafür auf. Aber daß Prediger rar sind, wird ihr Ansehen wieder herstellen.* Weil man sie itzt umsunst hat, acht man ihr nicht. Wenn sie nun auf Wägen geholt werden und Geld drum nehmen werden, so wird man sie liebhalten. Ich hätt nicht gemeint, daß der Teufel so gewaltig in der Welt wäre, *wenn ich es nicht heutzutage erfahren hätte. Darum weicht man vor der (rechten) Religion zurück, und der Aberglaube ist für das Volk besser als das Evangelium. Die Welt will durch Masken betrogen werden,* daß sie wiederum Heiligen anbeten, Lichte aufstekken, Prozession halten wollen. *Geradeso müssen sie auch Zölibatspriester haben, Ehebrecher. Denn durch unsere Ehe haben wir alles Ansehen bei ihnen eingebüßt. Wäre ich jünger, so wollte ich nicht Prediger sein.* Ich wollt eher ein Handel anfahen und andere lassen predigen. *Aber solche Undankbarkeit wird Gott mit keinem leiblichen Übel, sondern mit dem jüngsten Tag und der Hölle strafen.*

Darauf sprach er zu mir: Antoni, halt fest und laßt Euch diese Wort nicht abschrecken. *Gott selbst wird dein Lohn und Gewinn sein.* 2724 b

234

Wer da nimmt Frommen viel Präsents,
dem wird vorbrannt sein Konszienz. 5611

235

Ich: Herr Doktor, das Volk stößt sich am schlimmen Wandel der Prediger! Was weiß das Volk? sagt er, es will ein Ausrede haben. *Wir haben hier gute und ehrenwerte Männer,* was hilfts sehr? *Wenn der Pfarrer ein schlechtes Leben führt, dann klagen die Bauern. Führt er ein gutes, dann sagen sie:* Wer kann so fromm sein als unser Pfarrer? Ich muß meins Dings warten. 5014

236

Ich sehe, daß der Ehrgeiz der Prediger immer größer wird. Er wird noch die schlimmste Pest in den Gemeinden erregen. Denn sie wollen beim Predigen hoch hinaus, nur um Lob zu erjagen und den Neunmalklugen zu gefallen. Dabei verachten sie die Schlichten und Ungebildeten. In der Kirche muß ein Prediger wirklich Rücksicht nehmen auf Kinder, Knechte, Mägde ohne Bildung. Auf die soll er sich einstellen wie eine säugende Mutter: Die papelt mit dem Kind, schenket ihm aus dem Busen kein Wein noch Walmasier, sondern hat den bekenntesten Trunk in ihren Brüsten. *So sollen sie es auch halten und einfach predigen.* Wenn sie aber zu mir, Philippo, Pomerano *etc.* kommen, möchten sie sich lassen hören *an ihrem Ort, wie gelehrt sie seien.* Da sollen sie noch wohl konfundiert werden. *Aber Griechisch, Hebräisch und Latein auf die Leute ausgießen, damit die, starr vor Staunen, sie loben – das ist Hochmut und nicht am Platze. So einer war Karlstadt.* 3579

237

Er sprach viel über die Zanksucht der anmaßenden Prediger. Gott legt ihnen das Kreuz nicht unverdient auf. Denn sie wollen die Ehr haben und fressen unserm Herrngott das Fette von der Suppen und geben ihm die Brühe davon, so ihm doch die Ehr allein gebührt. Und alsdenn werden wir ihr gnug überkommen, *aber nicht in diesem Leben, sondern im zukünftigen: Erst dann wird man mit dem unverwelklichen Kranz gekrönt. Weh euch, wenn euch jedermann wohlredet!* 3672

238
Ein Pfarrherr ist ein Spittelmeister. 3382 a

239
Was einen zum Theologen macht: 1. Gnade des Heiligen Geistes, 2. Anfechtung, 3. Erfahrung, 4. Veranlassung, 5. unermüdliches (Bibel)lesen, 6. Vertrautheit mit guten Künsten. 3425

240
(Luther zu Johannes Cellarius, als der zum Prediger in Bautzen berufen war:)
Lieber Cellarius, geh im Namen des Herrn, wohin du berufen bist. Mit meinem Brief habe ich dich dem Rat der Stadt angelegentlich empfohlen. Wenn du aber so gut nicht bist, wie ich geschrieben habe, und das Ziel, das in meinen Lobsprüchen steckt, noch nicht erreicht hast – sieh zu, daß du es erreichst! Denn mit meinem Brief habe ich dich so verstrickt, daß du nun genötigt bist, den rechten Weg zu gehen. So hat es Gott auch Mose befohlen, als er zu ihm sprach: Lege dein Lob auf Josua. 2895

241
Abends (am 3. Mai 1539) aßen mit Martin Luther die aus Frankfurt zurückgekehrten Gesandten des Herzogs von Pommern. Sie bestätigten, daß Herzog Georg (von Sachsen) soeben gestorben und der Brandfunke ausgelöscht sei. Denn die Absicht aller Papisten ist tatsächlich eine Katastrophe gewesen, sagte D. M. L., so daß sie es sogar in Kauf nähmen, wenn bei der Vernichtung der Lutheraner die ganze Kirche zugrunde ginge. Aber Gott hat ihre Pläne zunichte gemacht. Ich hoffe, Halle, Zeitz, Erfurt soll (nun) zu unser Religion kommen. *Ich hoffe, die Fürsten werden darüber einig werden,* daß Sachsen, Meißen, Döringen nimmer also zerteilet sein. *Denn die Fürsten selbst werden Mühe genug haben: Sie müssen (zugleich) Bischöfe und Herzöge sein,*

seind Notbischöfe. *Ich habe unserm Kurfürsten geschrieben und ihn gebeten, er solle selbst für die Kirche sorgen,* er wär ein Notbischof. Wie er dann auch schwer trägt und wie wir ihn auch tragen müssen. 4561

242
Anno 39, den 15. Mai, am Tag der Himmelfahrt des Herrn, speiste Doktor Martin Luther mit dem Kurfürsten. Bei den dortigen Beratungen wurde erwogen, die Bischöfe in ihrer Amtsstellung zu belassen, nur daß sie dem Papst abzuschwören hätten und fromme Männer sein müßten, dem Evangelium gehorsam, wie Speratus es ist. Unter dieser Voraussetzung könnten wir ihnen das Recht und die Vollmacht zur Ordination der Pfarrer zuerkennen. Aber Philipp Melanchthon widerriet dem: Es sei gefährlich, daß sie dann auch zu examinieren hätten! Luther antwortete: Durch die Unseren (an der Universität Wittenberg) müssen sie examiniert und alsdann unter Handauflegung ordiniert werden – so wie ich selbst ja jetzt ein Bischof bin. 4595

243
D. Martinus Luther gedachte des Bischofs zu Brandenburg, mit welchem er zu Dessau zu Gevattern an einem Ostertage gestanden war, der aus eigenem Bewegnis, von ihm selber, sich zum Evangelio begeben hat und heftig geredet hatte wider das Papsttum, die Messe, den Kanon und das Opfern *ex opere operato.* Ach, Gott gebe uns solcher Bischöfe mehr, wie er uns etliche Universitäten geben hat, als Wittenberg, Leipzig, Rostock, Kopenhagen, Königsberg, Erfurt. Wir hoffen, Mainz soll auch kommen. Von Köln ist keine Hoffnung.
Darnach wünschte er Glück und Gottes Segen M. Cellario und M. Antonio Lauterbach zu ihren Bistumen und hieß sie Bischöfe. Sie wären rechte Bischöfe und hätten ein größer Regiment und Superattendenz denn Sankt Augustinus. Denn Hippon wäre nicht so groß gewesen als Dresden. Denn wenn Sankt Augustinus wäre mit andern Sachen beschweret gewesen, wie jetzt die Fastnachtsbischöfe, so hätte er nicht so große Bücher schreiben noch predigen können. 4358 (Au)

VII. Staatliche Herrschaft, hohe und niedere Stände

Im deutschen Reich · Im Kurfürstentum Sachsen
In Wittenberg

Im deutschen Reich

244

Wenn der Türk nit kommt, so werden wir nur immer ärger. Die ganz Welt ist itzt nichts denn Handlen. Fürsten, Grafen, Ritter, Edelleut, Perger sein eitl Händler. Wenn itzt einer nur 50 Gulden zuweg bringt, so legt ers in Handl. Wie kann die Welt länger stehen? 1363

245

Ah, sprach er, es ist mit dem deutschen Reich geschehen. Jetzt sind Fürsten und Herren ungelehrt, denn sie haben nicht studiert, wollens auch nicht tun, meinen, es sei ihnen eine Schande. Darum können noch wissen sie nicht zu regieren. Ihr größter Fleiß und fürnehmst Studium und Übung ist große Hengst reiten, bankettieren, spielen, jagen und die Untertanen mit unnötigen Schatzungen beschweren, schinden und schaben. Indes regieren die vom Adel, führen die Herren in die Not. 2546 b (Au)

246

Der Bauernaufruhr ist nur das Vorspiel gewesen, das ABC. *Aber der Aufruhr des Adels wird, wenn Gott dem nicht zuvorkommt, alles vernichten. Die Bischöfe und die Adligen sind Deutschlands Skorpione, Krebsgeschwüre und Eiterbeulen. Sie würden ohne weiteres der »spanischen Praxis« (des Kaisers) beifallen. Ebenso auch die Juristen: Sie schreiben und behaupten, alles sei (in der Verfügungsgewalt) des Kaisers. Wir aber bestreiten das und behaupten dagegen, daß der Kaiser ein Herr über Bürger ist, nicht über Knechte – wie ja auch die Königsherrschaft in Israel die (Selbständigkeit der) Volksstämme nicht entleerte und ihre Freiheit nicht*

aufhob. Summa, alle (von außen eingreifenden) Herrschaften sind Knechtschaft, für sich allein ist Deutschland frei. 5635 b

247

Weissagung Doktor Martin Luthers Anno 44: Zur Zeit, wenn der Bapst oder seine Befehlshaber das *euangelion* wird verfolgen, wie dann solchs nach meinem Tod nicht wird außen bleiben, wird der Kaiser nahe verwandte Fürsten zusammen hetzen, nicht der Meinung, daß er solche (die) seiner Lehre anhängig (sind) vorschonen wollte, sondern daß er beider

Teil auffresse und verderbe. Aber zu solcher Uneinigkeit wird vornehmlich der Adel helfen und nicht ruhen, bis er endlich den einen Teil vorrate, als der Meinung, daß sie Gunst bei dem Kaiser erlangen und bei ihren Gütern bleiben mögen. Aber ihr wird der Kaiser (um) nichts weniger vorschonen, sondern auch ausrotten. Und so solches alles vollbracht und auch vom Adel niemand blieben, wird eine jegliche Stadt ihren Häuptmann und ein jegliches Dorf seinen Edelmann aus dem Land treiben, und so ich alsdann leben sollt, so wollte ichs nicht wehren. 5638

248

Im Haus ist nur ein Knecht: der Herr. Fürsten sein nicht gern Fürsten, denn wenn sie gern Fürsten wären, so kämen alle schwere Händel auf sie. Darum haben sie ihre Kanzler und Juristen, die müssens tragen; denn jedermann schneidt gern die Bretter, do sie am dünnsten sein. Drum kommt unser Herrgott und wirft einen in einen Fürstenstand wie einen jungen Gesellen in den Ehestand. Der siehet auch nur das Maidlein von außen an, weiß nicht, was hernach folgen wird. So hats das Ansehen mit den Regenten auch. Es scheint, als wär es was Köstlichs. Wenn mans aber anfähet, so siehet man, was es ist. Ich regiere nicht gern. Es gibts meine Natur nicht. 5538

249

Fürsten beten nicht, wenn sie etwas wollen anfahen, *sondern sagen:* Drei mal drei ist neune, das feilet nicht; zwei mal sieben macht vierzehn, diese Rechnung feilet nicht, so muß es gewiß hinausgehen. So spricht unser Herr Gott: Für wen haltet ihr mich denn? Für ein Ziffer, die nichts gilt? Ich muß vergebens hier oben sitzen? Drum kehret er ihnen die Rechnung gar um und machts falsch. 847

250

Darf man einen Tyrannen töten, der willkürlich gegen Recht und Gesetz (verstößt und) lauter Böses tut? Einem Privatmann ist es nicht erlaubt, selbst wenn er es könnte! Denn das 5. Gebot verbietet es: Du sollst nicht töten. Andererseits:

Wenn ich jemanden bei meiner Frau oder Tochter ertappte, dürfte ich ihn totschlagen, wiewohl er (sonst) kein Tyrann ist. Ebenso wäre es, wenn er diesem die Frau, jenem die Tochter, einem andern Äcker und Güter, wieder einem andern Haus und Habe nähme, und die Bürger, da sie seine Gewalttätigkeit und Tyrannei nicht länger ertragen können, eine Verschwörung anzettelten – sie dürften ihn töten! Denn wenn das schon dem Privatmann erlaubt ist, der ihn (bei seiner Frau) erwischt ... etc. 1126

251
Als ich in Worms war, habe ich mir ein Gewissen daraus gemacht, ob ich den Kaiser einen allergnädigsten Herrn *nennen sollte. Die Sache ist eine Kleinigkeit. Denn wenn es sich um eine öffentliche Gepflogenheit und um einen staatlichen Titel handelt – warum sollte ich es nicht tun? Aber der Teufel hat an solchen albernen Bedenklichkeiten seine Freude.* 120

252
Die Welt verstehet nicht, was Gottes Wort heische. Dennoch wollen sie alle evangelisch sein. Nun heißt es: *Viele sind berufen, aber wenige auserwählt.*
Ich sehe nicht gern, daß unsere Fürsten solchen Lust zu den Bistumen haben, dann ich besorge, sie werden den Dod dran fressen und das Ihre verlieren. Klöster und Stifte könnten wohl reformiert und zu vielem Guten kommen, dann sie seind der Länder Schatzkammern. Wird man sie zerreißen, so wird man sich bescheißen. 1942

253
Um die christliche Kirche wird es stehen nicht anderst dann wie (um) ein Schäflein, das itzo der Wolf bei der Wolle erwischt hat und fressen will.
Unser Adel, Bürger und Bauern hören auch nicht; meinen nicht anderst (als): Wann wir das Evangelium predigen und die Munche mit ihren Werken schelten, wir predigen gute Tage und erlauben ihn zu tuen, was sie wollen. Au weh, es wird übel mit ihnen zugehen! Sie versündigen sich zu hart und hoch und hören nicht, was wir sagen.

Wann wir einen Teufel austreiben, kummen ihr sieben an die Statt. Wann wir die Munche alle vertreiben, so werden wir siebenmal ärger kriegen, dann die itzigen seind. Ich will es nicht wehren, ich will es auch nicht raten, daß man die Klöster und Klausen zerstöret, dann man macht Übel ärger. Ich gedachte aber, es sollte einem Lande zuträglicher sein, daß man das Verjagen und Zerstören nachließe und erlaubt jedermann auszuziehen und zu pleiben, wer da wollt. Ich hoffe, sie sollen sich bald selber verwüsten!
Aber die Herren und Adel suchen das Ihre, darum wirds ihnen bekummen wie dem Hunde das Gras. Jedermann will reich an den Bettelstücken der Klöster werden. Sehen sie sich aber für, daß nicht ihre (eigenen) Reichtümer zu Bettelstükken werden.

1947

254
Man sagt recht: Pfaffengut gedeihet nicht. Denn das hat man aus der Erfahrung, daß diejenigen, die do geistliche Güter haben zu sich gezogen, zuletzt gar verarmen und verderben, wie Burckhart Hunt, des Kurfürsten zu Sachsen Rat, pflegt zu sagen: Wir vom Adel haben die Klostergüter unter unser Rittergüter gezogen; nun haben die Klostergüter die Rittergüter fressen und verzehret, daß wir weder Klostergüter noch Rittergüter mehr haben.
Davon sagt Doktor Martinus eine hübsche Fabel: Wie ein Adeler seinen Jungen nichts zu geben hatte, sah er, daß man an einem Orte opferte. Da flog er hin und nahm flugs ein Braten vom Altar und brachte ihn den Jungen ins Nest, flog auch wieder hinweg und wollte mehr holen. Es war aber an dem Braten eine glühende Kohle behangen blieben, dieselbige war ins Nest gefallen und zündte das Nest an. Do aber die Jungen nicht fliegen konnten, verbrannten sie mit dem Nest.
Also gehts den auch, die sich an geistlichen Gütern vorsehen und dieselbige zu sich reißen, daß sie darvon schlemmen können, die doch zu Gottes Ehre gegeben seind. Drum verlieren sie ihre Jungen und das Nest, *das heißt* alle ihre Güter, und (haben) noch wohl darzu Schaden an Leib und Seel.

5375 u

255
Wenn ein armer Mann ein guten Acker hat, bald mißgönnens ihm die vom Adel und trachten darnach, wie sie ihn überkommen mögen. So taten auch die *Herren Ritter* des Königes Abimelech in Gerar, do sie sahen, daß Isaak hundertfältig wiederkriegte von dem Acker, den ihm der König vermietet hat, und waren bald her und korrumpierten den König, *und sie heben den Pachtvertrag auf*, sagen: Der Acker trägt viel. Er muß mein sein. Es ist ein gut Land. Wir gehören näher darzu denn er. *Warum haben wir ihm das verpachtet? Wir wollen es wieder an uns reißen!* Wir wollens lieber selbst haben! – Und gedenken, sie wollten bald reich sein.
Gleichwie jener Bauer tat, als er eine Henne hatte, die all Tag ein gülden Ei legte, gedachte er: Ei, es wird ein großer Schatz in der Hennen sein, sie wird ein gar gülden Eierstock haben! Und gedacht, er wollt auf einmal reich werden, und erwürgt die Henne und nahm den Stock aus, da fand er gar nichts.
So auch betreiben jetzt unsere Fürsten nichts anderes, als daß sie von Gott verdammt werden. So stoßen sie Isaak auch zum Lande hinaus. Sie wissen aber nicht, daß *Gottes Segen* bei ihm sei und daß sie *verdammt* seind. 5375 V

Im Kurfürstentum Sachsen

256
Herzog Friedrich sammlet ein mit Scheffeln und gab aus mit Löffeln. *Jetzt ists bei Hof das Gegenteil.* 653

257
Ich halte, daß mein gnädiger Herr Herzog Johanns, Kurfürst zu Sachsen, wäre ein Hiskia gewesen, wenn es dazu kommen wäre. Denn im Bauernaufruhr Anno 1525 fragte er mich um Rat, ob er in ihre zwölf Artikel willigen sollte, so sie ihm vor Meiningen hätten fürgeschlagen. Ich aber widerriets ganz und gar, er sollte auch nicht in einen willigen. Endlich sagte er zu mir: Gott hat mich zu einem Fürsten gemacht und mir viel Pferde gegeben. Will er mich nicht also lassen bleiben,

so will ich gerne mit acht oder vier Pferden reiten. – Das war eine christliche und gottselige Antwort und eine große Demut. 2505 b (Au)

258
Doktor Martinus sagte: Mit Herzog Friederich ist die Weisheit und mit Herzog Hansen die Frommkeit gestorben, *und da sie nun tot sind,* werden die Edelleute wohl regieren. Aber die werden dem Lande ein Schweißbad zurichten und den (jungen) Fürsten auf das Pflaster legen, daß Land und Leute an ihm zu kühlen hat. 1906 A

259
Herzog Johann Friedrich hat sich gegen mir bedingt, er wollt mich nicht in allen Supplikationen erhören. *Da habe ich ihm geantwortet:* Ich habe Hemde, Rocke und Mantel. Er wird wohl merken, welche das Hemde angehn wird oder den Rock.
2721 a

260
Ein Höfling des Kurfürsten Johann Friedrich hatte Gewissensbisse wegen falscher Rechnungsführung. Er brachte 40 Gulden zu Luther, daß der sie dem Fürsten zurückgeben sollte, aber ohne Namensnennung. Der Fürst lachte. Gern hätte er gewußt, wer diese so rechtschaffene und für einen höheren Posten geeignete Person sei. Die Gulden schenkte er Martin Luther. Die haben ihm geholfen, die *bibliam* transferieren: *Er hat das Geld an unbemittelte Helfer ausgeteilt.*
6169

261
Als Matthäus Aurogallus sagte: Jakob (Schenk) steht bei den Hofleuten in hohem Ansehen, erwiderte der Doktor: Zu Hof lobt man einen nur zwei Jahr. Eins Kläppers Maul ist auch genug zwei Jahr. 5019

262
Jemand meinte: Herr Doktor, die Bergleute geben gern ab. Aber den Fehler haben sie: Wenn es Sonntag ist, und schon am Sonnabend, da betrinken sie sich. Da antwortete der Dok-

tor: Die Bergleute tun sicher nicht recht daran. Aber wenn sie an den übrigen Tagen fleißig arbeiten, muß man ihnen etwas zugut halten. Man muß es ihnen gleichwohl nicht sagen, sie würden sonst noch wilder. *Sie haben ein sehr schweres Tagewerk, und ihre Arbeit ist sehr gefährlich – und etwas liegt es wohl auch am Landstrich.* Ich zech auch. Es soll mirs aber nicht jedermann nachtun, *weil ja nicht alle so beladen sind wie ich. Wenn die Bergleute also morgens Predigt hören und beten, dann sollte man wegen ihrer Belastungen und Gewohnheiten bei der Nachmittagspredigt ein Auge zudrücken.* 5173

263
Am 5. November (1538) hat der Landfeind Kohlhase das Dorf Marzahna, anderthalb Meilen von Wittenberg, nachts mit einer plündernden Schar verwüstet und den Geleitsmann *in einem Rauchfang aufgehängt und erstochen und den Hirten mit großer Beute aus dem Dorf weggeführt. Luther, sobald er hörte, was geschehen war, erregte sich*

sehr und verfiel auf den Verdacht, daß es müßte mit Kräutern zugehen, *(nämlich) daß die vom Adel und die sächsischen Präfekten durch die Finger sähen.* Wenn solches dem Landgrafen in Hessen widerführe, würde es ihm (Kohlhase) nicht geschenkt. Es ist ein edler Fürst, hält sein Land und Straße rein; will sein Geleit für aller Fürsten und Kaiser Geleit annehmen. *Denn das ist eigentliche Fürstenpflicht.* Weil der Kohlhase beginnt, Blut zu vergießen, soll er es nicht lange treiben. Das Blut soll ihn ersäufen. 4088

In Wittenberg

264
Am Abend (des 7. April 1539) schickte er über Doktor Cruciger eine schriftliche Beschwerde an den Rat der Stadt: Man solle veranlassen, daß die Bäcker für die armen Leute sorgten, damit sie nicht am Hunger zugrundegingen. Denn in diesen Tagen sei so großer Mangel gewesen, daß man weder Semmel noch Brot hätt mögen ums Geld bekommen. *Und so tadelte er, indirekt, auch den Schlendrian der Ratsherren.*
Noch am gleichen Abend kam einer der Bürgermeister zu ihm, Lukas Cranach, und entschuldigte sich damit, daß ihnen das Getreide in der Mark festgehalten worden sei. Doktor Martin Luther antwortete: Ach, daß unser Fürst nicht zu Lande ist! *Die Verschlagenheit derer vom Adel ist groß. Sie kaufen das Getreide von ihren Bauern auf und halten es versteckt,* hemmen also das Landkorn, machen eine mutwillige Teuerung, und do dennoch keine Gottsstraf ist! Da gehört ein Fürst zu, der mit den Junkern rede, ob sie auch Macht haben, das Landkorn dem gemeinen Markte zu hemmen. Es ist nur Menschenbosheit. Was will werden, wann Gotts Strafe kommen würde? Ach lieber Herr Gott, ist die Welt so böse, so will ich gern sterben, auch Hungers, daß ich nur wegkomme.
Danach sagte er zum Bürgermeister: Schuld hat der Landvogt, der aus unserm Sandland ein paar Schiffe voll Getreide fortgeschafft hat. Wie er einmal sagte: Würden die Bürger nicht gut Bier machen und wohlfeil geben, so wollte er die

Gersten teuer machen, ehe sie das Maul wüscheten. *Diese seine Rede hat mich sehr argwöhnisch gemacht. Gott hat uns auf diesem Sand wunderbar gesegnet, mehr als alle Äcker Thüringens. Laßt uns nur um unser tägliches Brot beten! Ich habe es beim Schösser versucht, daß er mir ein paar Scheffel für die Armen bewilligt. Denn als ich einmal während der Pestzeit den Mangel in unserer Stadt dem Kurfürsten klagte,* daß man uns nichts zuführete, hätten also dreierlei Plagen: *Pest, Hunger, Frost, und als ich sagte,* ich werde mit den Bürgern das Korn und Holz müssen (auf)teilen und zugreifen (um für Gerechtigkeit zu sorgen), *da hat der Kurfürst voller Wohlwollen geantwortet:* Ihr sollet bei mir auch zugreifen! Auf solch Wort will ichs itzunder wagen, den Armen zugute. 4472

265

Bürger und Pauer scheidet die Mauer. *Städte sind nur gegen die Räubereien des Adels (nötig).* Darum seind die vom Adel nicht gut den Städtischen. 3534 A

266

Wenn ich ein Haus bauen wollt, so wollt ichs wahrlich in diesen Säustall nicht bauen. Denn der Wall ist nichts wert, außer daß er viel Geld gesteht. Wenn der Rasen weg ist, so fleußt der Sand dohin, so laufen die Säu und Hunde herüber. *Wohl ist das Wälle-Aufwerfen (gelegentlich schon) von den Alten bevorzugt worden, aber doch nur von denen, die für Wälle auch das geeignete Erdreich hatten. Unser bester Fürst wird von seinen Edelleuten getäuscht. Er hat sich von ihnen überreden lassen, die Stadtmauer aus Steinen abzureißen und dafür eine andere hinzusetzen, die aus Sand ist.* 2466

267

Lebe ich noch ein Jahr, so muß mein armes Stüblin hinweg, daraus ich doch das Bapsttum gestürmt habe, *weswegen es eines dauernden Gedächtnisses wert wäre.* Aber die großen Häuptstück, Häuptwall, Häuptfürsten werden mirs wegfressen. *Dazu werden sie den Fürsten beschwatzen. Sie wollen uns von Herzen übel, so sehr, daß sie versucht haben, den jungen Herrn vom Studium der freien Künste abzubringen. Sie sagen:* Gnädiger Herr, was darf er großer Klugheit? Wollt Ihr einen Schreiber aus ihm ziehen? Er muß ein regierender Fürst werden! *Sie fürchten nämlich, daß er, wenn er gebildet wäre, aufgrund von Geschichtskenntnis ihre Betrügereien durchschauen könnte. Herzog Friedrich hätte sich durch solch ellenlange Reden nicht bewegen lassen.* Sie sind mit allen sieben Todsünden zwiefach besessen. *Bosheit über Bosheit haben sie in sich. Wie etwa* Ernst *von Schönburg. Er betreibt überhaupt nur Krämereien.* Ist das auch adelisch? *So üben sie sich in lauter Bosheit.* Ist das aber christlich?

2540 a

268

Betet! *Denn bei den Waffen ist weiter keine Hoffnung, nur bei Gott.* Wenn dem Türken jemand (etwas) soll tun, so werdens die armen Kindrichen tun, die beten das Vaterunser. Unser Wall und Büchsen und alle Fürsten, die werden ihn wohl ungeschoren lassen. Ich sagts auch den Baumeistern: Lieben Herrn, was bauet Ihr lang? Wenn das Vaterunser nicht ein Mauer bauet, die do heißt *»Engel umringen dich«*, so ist Euer Wall ein Dreck. *Der Wall der Engel* ist ein feine Mauer, und die soll auch der Christen sonderliche Mauer heißen, *nicht Kalk und Stein.*

Aber es hilft nicht! Die *theologi* vorstehns nicht? Wohlan, so vorstehn wir dennoch, daß der Türk und Teufel auf ihre Mauer scheißt. Und wenn ein eiserne Mauer herum wäre, so nimmt der Türk das Land ein, daß wir nichts zu fressen haben, so sterben wir denn Hungers. Denn unser Herrgott, der gehet davon, wenn man so scharrt. Wohlan, spricht er, ich wills euch allein lassen machen. Ihr wollt mich nicht haben, so richt ihrs denn nur wohl aus! Da schreien alle Propheten über. *Wenn ihr stille wäret, würdet ihr leben?* Ei nein! (sagt ihr), wir müßten statt Bauern Büchsen haben! *Wohlan, ihr werdet euch zur Flucht wenden!* – Man höret nicht. *Und das ist das Zeichen des Zorns,* daß kein Hörn nicht vorhanden.

5398

269
Der Fürst denkt: Ich will ein solchen festen Wall um die Stadt machen, so kann mir der Türk nichts abgewinnen. – Nein, lieber Gesell, noch lang nicht! Wenn die Kühe nicht zum Dorf ausgehn, *item* Schöps, Kälber *etc.*, so ists verlorn, do denkt man nach! Und meine nicht, daß es die Wälle um die Städte allein tun werden! *Der Hunger* lehret mit der Zeit, was Bauren sein. Drum muß man sich derselben auch annehmen. 5400

270
Wider die Hurn und Speckstudenten.
Es hat der Teufel durch unsers Glaubens sonderliche Feinde etliche Hurn hieher geführet, die arme Jugend zu vorderben. Dem zuwider ist noch als eines alten, treuen Predigers an euch, lieben Kinder, meine väterliche Bitt, daß ihr wollt gar gewißlich gläuben, daß der böse Geist solche Hurn hieher sendet, die da grätzig, schäbig, stinkend, garstig und französisch sein, wie sich täglich leider in der Erfahrung findet. Daß doch ein gut Gesell den andern warne! Denn ein solch französische Hur zehn, zwanzig, dreißig *etc.* frommer Leut Kinder vorgiften kann, ist derhalben zu rechnen als eine Mörderin und ärger als eine Vorgifterinne. Helfe doch in solchem giftigen Geschmeiß einer dem andern mit treuen Raten und Warnen, wie du wollest dir getan haben.
Werdet ihr aber solche väterliche Vormahnung verachten, so haben wir gottlob einen solchen löblichen Landsfürsten, der züchtig und ehrlich, aller Unzucht und Untugend feind ist, dazu eine schwere Hand hat, mit dem Schwert gewappnet, der seine Speck und Fischerei, dazu die ganze Stadt wohl wird wissen zu reinigen, zu Ehre dem Wort Gottes, das Sein Kurfürstliche Gnaden mit Ernst angenommen, bis daher mit großer Fahr und Unkost darbei blieben ist. Darum rat ich euch Speckstudenten, daß ihr euch beizeit trollet, ehe es der Landsfürst erfahre, was ihr mit den Hurn treibet. Denn Sein Kurfürstliche Gnaden habens nicht leiden wollen im Lager vor Wolfenbüttel; wieviel weniger wird ers leiden in seinem Holz, Stadt und Land. Trollt euch, das rat ich, je ehr je besser! Wer nicht ohne Hurn leben will, der mag heimziehen und

wohin er will. Hie ist ein christliche Kirche und Schule, daß man soll Gottes Wort lernen, Zucht und Tugend. Wer ein Hurntreiber will sein, der kann es wohl anderswo bekommen. Unser Herr Kurfürst hat diese Universität nicht gestift vor Hurnläger oder Hurnhäuser, da wißt euch nach zu richten! Und ich mußte törlich reden. Wenn ich ein Richter wäre, so wollt ich ein solche giftige französische Huren rädern und ädern lassen. Denn es ist nicht auszureden, was Schaden ein solch unflätige Hure tut bei dem jungen Blut, das sich an ihr so jämmerlich vorderbet, ehe es ein recht Mensch ist wurden. Die jungen Narren meinen, sie müssen nicht leiden; sobald sie eine Brunst fühlen, soll ein Hur da sein! Die alte Väter nennens *impatientiam libidinis,* heimlich Leiden. Es muß ja nicht alles so balde gebüßet sein, was einen gelüstet. Es heißt: Wehre dich, *folge nicht deinen bösen Lüsten (Sirach 18,30).* Kanns doch in ehelichem Stand nicht so gleich zugehen. *Summa,* hüte dich vor Hurn und bitt Gott, der dich geschaf-

fen hat, daß er dir ein frumm Kind zufüge; es wird doch Müh genug haben. *Ich habe gesprochen.* Wie du willt, *das Wort Gottes steht fest* (1. Korinther 10,8; 4. Mose 25, 1 ff.).

4857 n

271

Ein richtiger Preis ist, daß wir aus zwanzig Pfennigen einen ziehen, aus hundert Gulden fünf. Aber Ungerechtigkeit und Habsucht gehen weit darüber hinaus. Für einen Pfennig kassiert man jetzt zwei. Ein Pfennig muß zwei erwerben, zehn Gulden zwanzig gewinnen. *Darum segnet es Gott ihnen auch nicht – wie unsern Druckern geschieht, die alles herabmindern, um auf höchsten Gewinn zu kommen, und doch nicht reich werden.* Nehmen Makulatur für gut Papier zu den Exemplaren. 2472 b

272

Melchior Lotter hat aus seinen Druckerzeugnissen den größten Gewinn herausgeholt. Da hat ein Pfennig den andern Pfennig erworben. Es hat erstlich mächtig viel getragen den Buchdruckern, *so daß* Hans Grunenberger *aus Gewissensbedenken heraus gesagt hat:* Herr Doktor, es trägt allzu viel, ich möcht nicht solche Exemplar haben. *Er war ein frommer Mann und empfing Segen. Aber Lotter steht wegen seiner ungeheuren Gewinnspanne schon wieder im Unsegen.* 1343

273

Er machte viel Worte über die hochnäsigen und nachlässigen Handwerker, die wenig Acht und viel Lohn hätten: Ich hab Tuch genug, mag mir aber kein Hosen lassen machen. Ich hab dies Paar Hosen selber viermal geflickt; will sie noch ehe mehr flicken, ehe ich mir neu laß machen. Denn es ist kein Fleiß, nehmen viel *materia,* geben kein *forma. Darum hat man es in Italien sehr gut eingerichtet, wo die Schneider* haben eine sonderliche Zunft, die nur Hosen machen. Allhie gießen sie Hosen, Wammes, Rock alles in eine Form. 3956

274

Die Doktorin sagte von den Schlächtern: Es ist wohl, daß man euch Schinder heißt; denn ihr schindet nicht allein die Tier, sondern auch die Leute. 5413

275

Die Rede kam auf den blinden Bernhard, und jemand sagte: Es müßte seine Frau am Leben bleiben, er aber sterben. Da antwortete der Doktor: Ach, wir müssen Arme, Arme haben! Wer weiß, wes wir oft genießen? Ich hab auch viel unnütz Gesind in meinem Haus. Gott hat ander Gedanken als wir. Lazarus lag auch für des Reichen Tür. Es genoß sein vielleicht das halbe Land. Gott will Arme unter uns haben, darum sollen wir sie erhalten, und ich muß sehen, wie wir ihn ernähren. Denn er ist dennoch fromm und bet gern und fleißig und zeucht sein Kinderlein fein auf. 5186

276

Die ganze Welt lästert Gott. Nur von den wenigen, die ihm gehören, und gerade den Ärmsten, geschieht ihm Ehre. Es steht geschrieben: Die Armen und Geringen werden den Herrn anrufen. Die großen Ochsentreiber und Häuserbauer tuns nicht, *und das wäre auch gar nicht gut,* denn so kunnde kein Armer vor ihnen hinzukommen. *Und es würde auch gar nicht zur Ehre Gottes ausschlagen, sondern sie würden solch Lob und Ehre vielmehr sich selbst zuschreiben und sprechen:* Wir sinds! 1198

VIII. Ehe und Haus

Mann und Frau · Luther in seiner Familie
Vor einer Hochzeit

Mann und Frau

277

Martin Luther betrachtete das Bildnis seiner Frau und sagte: Ich will einen Mann lassen darzu malen und das gegen Mantua schicken *mit der Frage, ob sie nicht doch lieber den Ehestand wollten!*

Dann begann er, die Ehe zu preisen, die göttliche Ordnung, aus der alles hervorgeht: Ohne sie wäre die ganze Welt leer geblieben, alle Kreaturen wären sinnlos und ein Nichts gewesen, da sie ja doch nur um des Menschen willen erschaffen worden sind. Darum, wäre Eva und ihre Zitzen nicht gewesen, *hätte es in der Folge auch die anderen Ordnungen (des Menschenlebens) nicht gegeben. Deshalb hat Adam, bewegt durch den Heiligen Geist, seine Frau mit einem wunderbaren Namen benannt: »Eva«, das heißt »Mutter«. Er nennt sie nicht »Frau«, sondern »Mutter«, und fügt noch hinzu: »aller Lebendigen«. Da hast du den Schmuck der Frau: Sie ist die Quelle, aus der alle lebendigen Menschen herkommen. Die Worte sind denkbar kurz, aber doch ist es eine solche Rede, wie sie weder Demosthenes noch Cicero je zustande gebracht haben. Es ist dies eine Rede des allerberedtesten Heiligen Geistes und gleichwohl auch würdig des Stammvaters (Adam).* Der soll allhie oriern und deklamieren. Wenns der *orator* definiert und lobt, mugen wir billig zudecken alles, was gebrechlich an einem Weibe ist. *Denn Christus, der Heiland, hat sie nicht verachtet, sondern ist in ihren Schoß eingegangen. Darauf blickt auch Paulus zurück, wenn er schreibt: Das Weib wird selig* (durch Kindergebären, wenn sie bleiben im Glauben und in der Heiligung samt der Zucht).

3528

278
Doktor Martin Luther war mit dem Markgrafen Johann (von Küstrin) zu dessen Schwester gereist und hatte versucht, sie mit ihrem Mann zu versöhnen. Als er wiederkam, sagte er: Lieber Gott, was kostets Mühe und Erbeit, ehe man sie zusammenbringt, darnach viel größere Sorg, daß man sie beieinanderbehält! *Adams Fall hat unsere Natur so verdorben, daß sie völlig unbeständig ist.* Sie läuft hin und wieder wie ein Quecksilber. O wie wohl stehts, wenn sie miteinander zu Tisch und Bett gehn! Ob sie gleich zuweilen miteinander murren – *das ist nur die Zukost der Ehe.* Adam und Eva werden sich gar weidlich oft die 900 Jahre miteinander gescholten haben: Du hast den Apfel gefressen! *Und anders herum:* Warum hast du mir ihn geben? *Denn ohne Zweifel sind in so langer Lebenszeit zahllose schlimme Dinge passiert, die sie seufzend aus jenem Fall haben hervorgehen sehen.* Es wird ein wunderlich Regiment sein gewesen! *Wie ja auch die Genesis ein verwunderliches Buch voller Weisheit und Verstand ist.*
Da sagte einer: Wenns itzunder ein Weib einem Mann tät, er würd ihrs schwerlich vorgeben! *Darauf der Doktor:* Wann sie es denn tät wie eine Närrin, was sollt er dann draus machen? *Glücklich und selig also, wer in guter Ehe lebt! Aber es ist eine seltene Gabe.* 3675

279
Das ist höchste Gnade Gottes, wenn die Liebe in der Ehe immerfort blüht. Die erste Liebe ist hitzig, eine trunkene Liebe, damit wir geblendet werden und hinangehen. Wenn wir die Trunkenheit haben ausgeschlafen, *dann ist in den Frommen aufrechte eheliche Liebe,* die Gottlosen aber haben den Reuel. 3530

280
Lukas Maler, wie er sein Weib hat genommen und wie die Hochzeit war gewesen, da hat er immer wollen bei der Braut der Nächste sein. Da hat er einen guten Freund gehabet, der hat gesaget: Lieber, tu doch nicht also! Ehe ein halb Jahr

hingehet, so wirst du es so genug haben! Wirst keine Magd im Haus haben, du wirst sie lieber haben denn dein Weib! Und es gehet also. *Denn wenn etwas vorhanden ist, so ist es uns zuwider; ist es fern, so lieben wir es. Ovid sagt:*

Das Erlaubte stößt ab, viel schärfer reizt das Verbotne.

Das ist *die Schwachheit unserer Natur.* Es kommt denn der Teufel und wirft in Weg *Ekel, Argwohn, Begierden* auf beiden Seiten. Da kömmt denn das Weglaufen her. Ein Weib ist bald genummen. Aber stets liebzuhaben, das ist dann schwer, und es mag einer unserm Herrngott wohl davor danken, wer dasselbige hat.

Drum wenn einer ein Weib will nehmen, so laß ers ihm ein Ernst sein und bitt unsern Herrngott: Lieber Herrgott, ist es dein göttlicher Will, daß ich soll leben ohne Weib, so hilf du mir. Wo nicht, so bescher mir ein guts frommes Maidlein, mit dem ich mein Leben zubringe, das ich liebhabe und sie mich liebet! – Denn *copula carnalis,* die tuts nicht. Es muß das da sein, *daß Lebensart und Sinnesart zusammenstimmen.* Die *copula* tuts nicht. 5524

281

Als erzählt wurde, ein Schuster hier habe seine Frau beim Ehebruch ertappt und ihr ein Stück von der Nase abgeschnitten, fragte die Doktorin, was denn da mit dem Ehebrecher hätte geschehen sollen. Er war aber noch ein junger Gesell. *Der Doktor antwortete:* Ich hätt Sorg, ich würde ihn erstochen haben!

Als die Doktorin sagte: Wie kunnen doch die Leut so bös sein und sich mit solcher Sünde beflecken? *gab er zur Antwort:* Ja, liebe Käthe, die Leut beten nicht. *Und fügte hinzu:* Ich halt, wenn Gott geboten hätt, daß eine Frau sollte admittiern, wer da käm, und wiederum ein Mann, welche käm, *in summa,* wenn es wär umgekehrt, halt ich, daß man würde hart nach dem Ehestand geseufzet haben. Darum sollen wir beten: *Führe uns nicht in Versuchung, sondern erlöse uns von dem Übel!* Von einem jungen Gesellen nimmt michs nicht wunder, denn Kinder seind Kinder. Wenn mans ihn so nahe bringt! Doch lobe ich *Herrn Philipp Melanchthons* Bruder. *Als Philippus ihn ermahnte, er solle sich vor*

Hurerei hüten, sagte er: Ei, was sagst du, Bruder? Ich will mir ein Weib nehmen, drum sollen wohl andere Huren und Ehefrauen vor mir bleiben! – Es sollt ein junger Gesell gedenken, er wollt einmal ein Weib nehmen. Drum soll er itzt innen halten. 5381

282
Man soll (mit der Verheiratung der Verlobten) nicht lange verziehen. Ich tät recht, richtets in eim Abend alles aus. Der Teufel ist zu bös, muß Unrat stiften. Philippus ließ auch ein Jahr anstehen, da wollten ihm große Leute seine Tochter zur Huren machen. Der Mann war so betrübt, daß ich ihn mußt zwo Nächt bei mir liegen lassen. Er wollt nur verreiten, daß niemand wisse, wo er hinkommen wäre. Drum rat ich keinem, daß ers über acht Tag laß anstehen. 4886

283
Vor der Welt sind alle Werke Gottes verborgen. Wunderbar ist Gott, der seine unendlichen Güter heimlich verbirgt. Wer kann genug darüber staunen, daß Gabe und Ordnung der Ehe wirklich von Gott sind? Die ganze Nachwelt erwächst aus ihr, das gesamte Haus- und Staatswesen geht daraus hervor. Wo wären wir, so *matrimonium* nit wäre? *Aber die gottlose Welt läßt sich nicht erschüttern, weder durch die*

göttliche Einsetzung noch durch die liebliche Nachkommenschaft. Sie sieht nur die Schwächen der Ehe und nicht, daß sie ein Schatzhaus ist. Und sind doch eben durch das Loch *der Vulva* herausgekrochen *alle Könige und Fürsten. Selbst Christus war dieser Weg nicht zuwider. Sollen also die Eheverächter sehen, wo sie bleiben:* die Gartenbrüder, *die es miteinander treiben. Ebenso die Papisten, die die Ehe lästern und trotzdem huren.* Wenn sie sie doch ins Teufels Namen wollten verachten – *dann müßten sie es aber auch wirklich tun und dürften den Huren nicht so den Hof machen. Ich selbst freilich werde als ein Liebhaber der Ehe sterben.* 2406 b

284
Beischlaf ergibt sich leicht, auch ohne Ehe. Aber das schönste Ehepfand sind Kinder. Es ist die beste Wolle vom Schaf. 3456

285
Eltern nehmen die Kinder sorgfältiger in acht als die Obrigkeit ihre Untertanen. Von daher versteht man, daß Mose zu den Juden spricht: Habe etwa ich euch gezeugt? Vater und Mutter haben ein natürliches und ursprüngliches dominium, ein selbgewachsen Herrschaft, *die Obrigkeit ein erzwungenes,* ein gemacht *imperium.* Wo Vater und Mutter nicht mehr kann, das muß der Henker ausrichten und erziehen. *So sind die Oberen nur Wächter über das 4. Gebot,* wie die Katz über die Maus. *Größere Ehre und Würde kommt daher den Eltern selbst zu. Sie sind ja Quelle und Ursprung des 4. Gebots.* 1218

286
Als der Doktor gefragt wurde, ob ein Pfarrer recht tue, der Braut und Bräutigam daraufhin verhöre, ob sie sich allein aus Liebe zu Gott und zu den zukünftigen Kindern verlobt hätten, antwortete er: Narren sind sie! Wie kann man das sagen allemal? 5220

287
Ob eine Ehe möglich sei zwischen einem jungen Mann und einer alten Frau, wo keinerlei Hoffnung auf Nachkommenschaft mehr ist? Gewiß, sagte der Doktor. Doch wollt ich gern, daß man die Wort außen ließ im Trauen: *Seid fruchtbar und mehret euch!* Allein, ich mag nicht gern neue Zeremonien und Ordnung machen, denn wenn man einmal anfäht, so hats darnach kein End mehr, so kummt eine über die ander wie im Bapsttum. 5212

288
Gefragt, ob eine Frau sich der Religion wegen von ihrem Mann trennen dürfe, sagte er: Nein, denn bürgerliche Bande löst man nicht aus religiösen Gründen. 6331

289
Luther sagte in einer Predigt: Lieber Knab, schäme du dich nicht, daß du ein Maidlein begehrest, und du Maidlein ein Knaben. Laß nur zur Ehe gelangen und nicht zu der Büberei, so ists kein Schand, also wenig als Essen und Trinken ein Schand ist. Keuschheit soll ein Tugend sein, die do herfähret in Gottes Wunderwerken, als wenn ein Mensch nicht äß noch dränk. Sie ist schon durch die gesunde Natur verderbt, geschweig denn durch die sündliche Natur. Gott hat nicht viel Jungfrauen lang leben lassen, sondern mit ihnen frisch aus der Welt geeilet, als Cäcilia, Agnes, Lucia, Agatha *etc.* Er weiße wohl, wie schwer der edel Schatz lang zu behalten sei. 5831

290
Eunuchen brennen mehr als alle. Denn mit der Verschneidung vergeht nicht das Verlangen, sondern nur das Können. Ich wollt mir lieber zwei Paar ansetzen denn eins ausschneiden. – *Das sagte er, als das Gespräch auf einen Waldenser kam, der sich als junger Mann verschnitten hatte und es als alter bereute.* 2865 a

291
Weiber, sprach D. Mart. Luther, reden vom Haushalten wohl als Meisterin mit Holdseligkeit und Lieblichkeit der Stimm

und also, daß sie Ciceronem, den beredtesten Redner, übertreffen; und was sie mit Wohlredenheit nicht können zuwegen bringen, das erlangen sie mit Weinen. Und zu solcher Wohlredenheit sind sie geboren. Denn sie sind viel beredter und geschickter von Natur zu den Händeln denn wir Männer, die wirs durch lange Erfahrung, Übung und Studieren erlangen. Wenn sie aber außer der Haushaltung reden, so taugen sie nichts. Denn wiewohl sie Wort genug haben, doch fehlet und mangelts ihnen an Sachen, als die sie nicht verstehen. Drüm reden sie auch davon läppisch, unordentlich und wüste durcheinander über die Maße. Daraus erscheinet, daß das Weib geschaffen ist zur Haushaltung, der Mann aber zur Polizei, zu weltlichem Regiment, zu Kriegen und Gerichtshändeln, die zu verwalten und führen. 1054 (Au)

292
Höchstes Recht ist auch höchstes Unrecht. Darum hat es einen guten Ausleger nötig, wie jenes Gesetz aus dem sächsischen Recht: Man soll einer Ehefrauen nach dem Tode ihres Mannes ein Stuhl und einen Rocken geben.
Do hat manch Weib dreißig, vierzig Jahr in Hause gearbeitet. *Wenn sie nach dem Buchstaben des Gesetzes nur das erhalten sollte* – sollt es wohl eines Groschens wert sein? So man doch alle Dienstboten baß muß besolden, ja einem unbekannten Betteler vor die Tür wohl soviel auf einmal gibt! *Darum ist das Wort* Stuhl *so auszulegen:* Haus und Hof. Der Rocken soll sein die Nahrung, dobei sie sich in ihrem Alter auch erhalten mag. *Denn das ist eigentlich die Meinung dieses Gesetzes. Dennoch wollen sie es hier und anderswo streng nach dem Buchstaben anwenden,* stoßen die armen Weiber aus wie die Hunde. 3604 A

Luther in seiner Familie

293
Hauszorn ist nur unsers Herrn Gotts Puppenspiel. Da gilt es nur ein Ruten oder einen Schlag. *Aber Staatszorn* nimmt Weib und Kind hinweg *durch Gemetzel und Kriege. Dazu*

gibt es Kirchenzorn, da gilt es die Seel und den Himmel. Wenn ich dem Teufel, *Sünde und Gewissen* einen Zorn kann ausstehen, so stehe ich Käthen von Boren auch ein Zorn aus. Mit Pochen soll niemand nichts an mir gewinnen. – *Das sagte er, als er mit seiner Frau um eine Kleinigkeit heftig gestritten hatte.* 255

294
Muhme Lena, wollt Ihr wieder ins Kloster und Nonne werden? *Antwortet sie: Nein, nein! Sagt* die Helwitzen, *warum sie denn nicht zurückgehen will? Darauf der Doktor:* Und ich frage, warum die Frauen nicht wieder Jungfrauen werden möchten! *Da schwiegen alle still und hörten auf zu lachen.* 2589

295
Als seine Frau über die Schulden beunruhigt war, die bezahlt werden müßten, sagte Martin Luther:
Die Hessen beten also: Vater unser, der du bist im Himmel, wir sind auf Erden, gibst du nichts, so haben wir nichts, so versetzen wir ein Pfand, lösest du es nicht, so lösens wir auch nicht, so verstehets, dahin gehets durch Jesum Christum unsern Herrn. Es ist ein scheiblich Ding ums Geld, *und wir haben Hände, die aus lauter Fingern bestehen. Unsere sind offen, aber die Hofleute, die alles an sich raffen und beiseite schaffen, halten sie zusammengekrallt.* Die vördern Gliedern an zwehen Fingern tun großen Schaden im Beutel. 2731 b

296
(Beim Gute-Nacht-Sagen:) Geh hin schlafen, liebes Kinnichen, und nur bis frumm. Geld will ich dir nicht lassen, aber ein reichen Gott will ich dir lassen, nur sei frumm. 2848 a

297
Am neuen Jahrstag (1533) weinete und schrie überaus sehr Doktor Mart. Luthers Kindlin, also daß es niemand stillen konnte. Da war der Doktor mit seiner Hausfrauen eine ganze Stunde traurig und bekümmert. Darnach sprach er: Das ist

die Unlust und Beschwerung im Ehestande, um welcher willen jedermann sich dafür scheuet, entsetzt und will nicht ehelich werden. Wir fürchten uns allzumal für der Weiber wünderlichem Sinn, der Kinder Heulen und Schreien, Sorge für großer Unkost und bösen Nachbarn. Darum wollen wir frei und ungebunden sein, daß wir freie Herren bleiben und tun mögen, wie es uns gelüstet, mit Huren, müßig gehen *etc.* Daher auch keiner von den (Kirchen-)Vätern etwas merklichs Gutes vom Ehestand geschrieben hat. 2867 b (Au)

298

Am letzten Septembertag (1538) sah er seine Kinderlein am Tisch sitzen. Da sagte er: Christus spricht: Wenn ihr nicht werdet wie diese Kinder, so könnt ihr nicht ins Himmelreich kommen. Ei, du lieber Gott, du machests allzu grob! Daß du doch es säuberlicher machest *und diese Kinder,* die Närrlin, nicht gar so erhübest! Wo hast du das befohlen, *den Weisen zurückzusetzen hinter die törichten Kinder?* Wie kann unser Herr Gott mit seinem *Gericht* und *der Gerechtigkeit* bestehn, *die Paulus so sehr rühmt: Gerechtigkeit Gottes, Gerechtigkeit Gottes? Ist das die Gerechtigkeit, durch die du die Weisen zurückstößt und die Toren annimmst?* Es heißt allhie: *Glaube dem Worte Gottes.* Gib dich gefangen. Unser Herr Gott hat reiner Gedanken dann wir haben. Er muß uns also entgroben, *wie die Schwärmer sagen.* Er muß gar grobe Äste und Späne von uns weghauen, ehe er solche Kinder und Närrlein aus uns macht. Seht, wie feine, reine Gedanken haben die Kinder, *wie sie Himmel und Tod ohne jeden Zweifel ansehen! Sie sind wie im Paradies. Und (überhaupt) gibt es an Kindern, die zu etwas Großem bestimmt sind, immer wunderbare Züge.* 4027

299

Es saß ein Engländer mit zu Tisch, ein gelehrter Mann, der kein Deutsch verstand. Dem redete er zu, es durch Nachahmung zu lernen, und zwar werde es aus Weibermund am besten aufgefaßt. Er sagte: Ich schlage Euch meine Frau zum Deutschlehrer vor. Die redet sehr gut. Sie kanns so fertig, daß sie mich weit damit überwindet. *Allerdings, man sollte die Beredsamkeit der Frauen nicht loben. Es ziert sie mehr, wenn sie lispeln und lallen.* Das steht ihn wohl besser an. 4081

300

Seine Frau schalt ihn, daß er seine Hosen geflickt, aber die neuen Hosen seines Sohnes zerschnitten habe. Da gab er zur Antwort: Ein großer Flicker muß viel Flickeleders haben. Die Hosen geraten mir selden recht, darum muß ich sie wohl zu Rate halten. 4531

301
Er war zornig über den Ungehorsam seiner Mädchen und riet, sie mit dem Stock zu strafen, daß sie das Mann-Nehmen verginge. *Er sagte, in der ersten Glut sei die Ehe für junge Leute gar nicht ratsam,* denn wenn sie alldo den Fürwitz gebüßet hätten, *käme es nicht mehr zu einer gefestigten Ehe. Darum sei vorgerücktes Alter für die Eheschließung am besten.* Sonst kommt das Hündlein Reuel, das viel Leut beißet, wie denn auch Stölzchen, das Hündlein, viel Menschen beschädiget. 3615

Vor einer Hochzeit

302
Am Martinstag (1538) feierte Doktor Martin Luther seinen Geburtstag. Zu Gast waren die hochgelehrten Herren Justus Jonas, Caspar Cruciger, Philipp Melanchthon und Joachim Camerarius, Martin Bucer und der Vizekanzler Franziskus (Burkhart). Abends verlobte Doktor Martinus seine Pflegetochter dem Magister Ambrosius Berndt. Als dessen Werber feierlich gebeten hatte, daß er dem anwesenden Bräutigam, wie zuvor versprochen, seine Pflegetochter Magdalene wollt zum Ehegatten geben, *antwortete Doktor Martin Luther:* Lieber Herr Schösser und lieber Gevatter, allhie habe ich die Jungfrau, wie mir sie Gott bescheret und gegeben hat, die ich ihm allhie überantworte. Gott geb ihnen seinen Segen und Benedeiung, daß sie wohl und christlich miteinander leben, Amen.
Danach, beim Essen, machte er mit dem Bräutigam seine Scherze: daß es jetzt auf ihn ankomme; er sollte sich nur schicken; an der Braut sollte nichtes mangeln, er wollte ihm eine gute gewähren. *Später gab es Kurzweil, und man sang sehr lustige Lieder.* 4313 a

303
Als Braut und Bräutigam sich über die Hochzeit Sorgen machten und welche Gäste einzuladen seien, sagte er: Seid nur guten Muts! Das ist nicht eure Sache. Wir kümmern uns

um alles, was äußerlich dazugehört, ihr selbst aber seid das Wesentliche. Denn an den zweien Personen ist alles gelegen zu dieser Sache. *Vorbereiten ist unsere Angelegenheit, (Feiern die eure)* – und dann zu Bette! Ach, lieber Herrgott, daß es bei deiner Ordnung und Kreatur blieb, und daß mans nicht besser gedächt zu machen! Wir sinds wohl innen worden, wie mans besser gemacht hat. 4100

304
Anno 38 den 22. November hatte M. Ambrosius B. ein heimlich Gespräch mit seiner vertraueten Jungfrauen. Da es nun D. M. sahe, lächelt er und sprach: Es wundert mich, daß doch ein Bräutigam mit der Braut so viel zu reden sollt haben. Ob sie auch müde können werden? Aber man darf sie nicht vexieren. Sie haben Briefe über alle Recht und Gewohnheit. – Und fing an, den Ehestand zu loben, daß er Gottes Ordnung und der allerbeste und heiligste Stand sei. Drüm sollt man ihn auch mit den herrlichsten Zeremonien anfahen um des Stifters willen, nämlich Gottes, der da will, daß ein Männlin und Fräulin beisammen sollen sein. Wer es besser machen will, der solls wohl gewahr werden.
4138 (Au)

305
Er betrachtete den Brautschmuck von goldgezogen Borten *und sagte:* Das hat Salomo, Julius Caesar, *die doch viel reicher waren als wir,* nicht getragen! Es muß nun alles Gold sein. Das man vorhin zum Kirchenschmuck geben hätte, hänget man nun an den Hals. *Obwohl Gold und Silber als Schmuck immer noch angemessener ist als Seide und dergleichen.* Lieber Herrgott, wie so manchen Schmuck hast du uns gegeben *angesichts der Nichtigkeit dieses ganz und gar elenden Lebens!* Was wird jener für ein trefflicher Schmuck sein im ewigen Leben? *Wenn Adam bis zum heutigen Tag gelebt hätte und erst jetzt stürbe – sein Leben wäre dennoch nur ein vergebliches Nichts gewesen.* 4144

306
»Braut und Bräutigam« – *immer wird »Braut« vorangestellt. Das ist ein Germanismus wie* »Käs und Brot«, da muß »Käse«

auch fürgehen. Nun, ich will mit Gott helfen diese Hochzeit ausrichten, vielleicht die letzte. *Und er befahl, daß der Spielmeister mit seinen Musikern (erst) auf den andern Tag geladen würde, denn im Trubel habe die Musik nicht den richtigen Platz: Der Bauch hat keine Ohren.*

IX. Wissenschaften und Künste

Universität · Fakultäten · Sprachen · Musik Astronomie und Astrologie · Über Gelehrte

307
Gedanken sind zollfrei. *Sie werden ebensowenig bestraft wie Gefühle – nach bürgerlichem Recht, versteht sich. Allein Gott ist ihr Richter.* 2405

308
Büchsen und das Geschütz ist ein grausam, schädlich Instrument, zersprengt Mauren und Felse und führt die Leute in die Luft. Ich gläube, daß des Teufels in der Hölle eigen Werk sei, der es erfunden hat, als der nicht streiten kann sonst mit leiblichen Waffen und Fäusten. Gegen Büchsen hilft (einem Menschen) keine Stärke noch Mannheit, er ist tot, ehe man ihn siehet. Wenn Adam das Instrument gesehen hätte, das seine Kinder hätten gemacht, er wäre für Leide gestorben. 3552 (Au)

Universität

309
Anno 38, am 1. Oktober, lobete D. M. L. die Frucht und den Nutz, so aus Schulen kömmt. Wiewohl sie wenig und schlecht Ansehen haben, doch bringen sie großen Nutz, also daß sie stracks unwidersprechlich die Kirchen erhalten. Denn da wird die Jugend zur Gottseligkeit und zu allen ehrlichen und christlichen Ständen geschickt, unterrichtet und gezogen, daraus Schulmeister und Gesellen zu Kirchendienern erwählet und genommen werden.
Weh Deutschland (und allen), die die Schulen so verlassen, versäumen, verachten und zufallen lassen! Weh dem Bischof von Mainz, der die Universitäten zu Erfurt und Mainz läßt

wüste und zerstreuet werden, und könnte sie doch mit einem Wort erhalten! Weh ihm, daß er so viel Häuptkirchen und Stifter läßt zergehen und verderben, die er doch ohne Geld, nur mit einem Wort erhalten könnte! Der einige Winkel hie zu Wittenberg blühet noch, Gott Lob, mit reiner Lehre und guten Künsten. Die Papisten werden mit der Zeit den Stall wollen bauen, wenn nu der Wolf die Schafe gefressen hat. 4033 (Au)

310
Der Adel verderbt alle Fürsten und Herren; so verderben die Fürsten und Herren die Städte: So müssen die *studia* fallen. 1932

311
Man sprach über den Nutzen der reihum (in den Fakultäten) gehaltenen Disputationen. Sie kämen der Jugend als eine förderliche Übung sehr zustatten. Und (sagte Luther) man führet die stolzen Gesellen unter die Ruten, *damit sie erfahren, wie es wirklich mit ihnen steht. Andererseits lobe ich die Beweisgänge der jungen Leute selbst dann, wenn sie nicht in Ordnung sind, und Philipp Melanchthons genaues Verfahren,* daß er die armen Gesellen so bald überrumpelt, *gefällt mir nicht. Denn wir müssen schrittweise höher steigen,* auf einer Treppen zur ander Stufen: *Niemand wird auf einen Schlag der Beste.* 4056

312
Doktor Andreas Bodenstein Karlstadt hat die akademischen Grade öffentlich verdammt. Als ich selbst dabei war, hat er einmal gesagt: Ich weiß, daß ich übel daran tue, diese beiden Doktoren nur um zweier Gulden willen zu promovieren. Dabei schwor er, in Zukunft niemanden mehr zu promovieren – und das tat er im Rahmen des öffentlichen Aktes. Darum habe ich ihn, zusammen mit anderen rechtschaffenen Männern, sehr hart zurechtgewiesen. Er hatte nämlich auf das Katheder, hinter dem die theologischen Doktoren zu stehen pflegen, Lästerworte geschrieben: Er tue Unrecht, wenn er um des mageren Erwerbs von zwei Gulden willen andere

promoviere, und bezog darauf den Text Matthäus 23, 8: Ihr sollt euch nicht Rabbi nennen lassen. Allen, die dabeisaßen, erregte er durch solches Schmähen Ekel. Vor Entrüstung konnten sie kaum (an sich halten und) die Lippen zusammenpressen. Ich aber, als ich fand, was er an das Katheder geschrieben hatte, schrieb darunter: Diese Stelle darf man nicht so verstehen. Ihr sollt euch nicht Rabbi nennen lassen – das meint: Bringt nichts Neues herfür, laßt es bei dem bleiben, *was ich, Christus, euch gelehrt und geboten habe, daß ihr es andern weitergebt.* 6207

313
Und da er, D. M., samt etlichen fürtrefflichen Gelehrten auf einer Deposition war, absolviert er drei Knaben und sprach: Diese Zeremonie wird darum also gebraucht, daß ihr gedemütiget werdet, nicht hoffärtig und vermessen seid noch euch zum Bösen gewöhnet. Denn solche Laster sind wünderliche, ungeheure Tier, die da Hörner haben, die einem Studenten nicht gebühren und übel anstehen. Darum demütiget euch und lernet leiden und Geduld haben, denn ihr werdet euer Leben lang deponiert werden. In großen Ämtern werden euch einmal die Bürger, Baurn, die vom Adel und eure Weiber deponieren und wohl plagen. Wenn euch nun solches widerfahren wird, so werdet nicht kleinmütig, verzagt und ungedüldig, dieselbigen lasset euch nicht überwinden. Sondern seid getrost und leidet solch Kreuz mit Geduld, ohne Murmelung. Gedenkt dran, daß ihr zu Wittenberg geweihet seid zum Leiden, und könnt sagen, wenns nu kömmt: Wohlan, ich habe zu Wittenberg erstlich angefangen deponiert zu werden, das muß mein Leben lang währen. Also ist diese unser Deposition nur ein Figur und Bilde menschlichs Lebens in allerlei Unglück, Plagen und Züchtigung. – Goß ihnen Wein aufs Haupt und absolvierte sie vom Bean und Bachanten. 4714 (Au)

314
Anno 39, am 28. Januar, sagte D. M. L., wie jetzt die Jugend so gute Zeit und Bequemlichkeit zu studieren hätte. Denn alle Künste würden fein ordentlich und richtig geleh-

ret, daß man (es) wohl und leichtlich bald fassen könnte, wer nur nicht gar ein Tölpel wäre. So hielte man die Knaben nicht so hart. Vor Zeiten ward die Jugend allzu hart gezogen, daß man sie in der Schulen Märtyrer geheißen hat. Sonderlich hat man sie mit dem *lupo* und *casualibus* und *temporalibus* wohl geplaget, das doch gar kein nütze war, sehr verdrießlich und beschwerlich, auch unlustig, damit man nur die gute Zeit zubrachte und manchen feinen geschickten Kopf verderbte; hat aber auch über sechs Jahre nicht gestanden. Nu, zu dieser Zeit, da Gott wiederum gute Künste und die sie fein richtig lehren können gegeben hat, so will die Jugend nicht studieren, ist faul, nachlässig und verdrossen.

Und las dem jungen Hanns von A. einen guten Text um seines Ungehorsams und Unfleißes willen, da er doch einen feinen Kopf und *Begabung* zum Studieren hätte und die Eltern viel auf ihne wendeten, wollten gern, daß er etwas lernete; und da er sich nicht würde bessern, so wollte er ihn selbst mit Füßen treten. Denn ich will, sprach er, in meinem Hause und über Tisch solche Exempel des Ungehorsams nicht wissen noch leiden, wenn du gleich Grafengüter hättest. Darnach richte du dich, ich wills von dir noch keinem leiden. 7032 (Au)

315
Die ärmsten Jungen sind im Studium die fleißigsten. Denn der arme Christus will sein bettelarmes Reich durch Arme bauen. Die reichen Junkerlein, die der Beutel und Vorrat drücket, studieren nit. 3599

316
Doktor Caspar sagte zu Philippus, er finde dessen Anwesenheit in seiner Vorlesung beschwerlich. Darauf sprach Martin Luther: Ich habe ihn auch nicht gern in meinen Vorlesungen. Aber ich schlage das Kreuz vor mich und denke: Philippus, Doktor Jonas, Pommer sind nicht drinnen, und laß mich dünken, daß kein Klüger auf der *cathedra* stehe dann ich.
2954 b

Fakultäten

317
Theologie gibt Leben und Heil. Alle andern Fakultäten nähren nur den Leib. 3324

318
Psalm 20 (V. 8): Die einen zu Pferde, die andern mit Wagen, wir aber im Namen des Herrn, unsers Gottes – dieser Vers umfaßt alle drei Fakultäten, die juristische, medizinische und theologische. So heißt es ja auch:

Güter verleiht Galenus, Bartolus goldne Münze.
Wir Theologen jedoch sind nur ein Bettelpack.

5643

319
Medizin macht krank, Mathematik schwermütig, Theologie zum Sünder. 2028

320
Ich weiß jetzt, daß meine Krankheit unheilbar ist, sagte der Doktor. Es ist schlimm, ein Arzt zu sein. So hat es einmal der Bruder von Doktor Brück gesagt, der in Montpellier gestorben ist. Da er täglich seinen Urin sah, rief er: Ach, ich wollte, daß ich kein Arzt wäre! Immer muß ich mich selber traurig machen. 4994

321
Ein *Doktor der biblischen Schriften* soll sie gar kennen und gefaßt haben, wie sie ineinandergehen – die *Propheten (zum Beispiel).* Nit allein ein Stück, als daß einer Jesajam kann, *nicht nur eine einzige Stelle aus dem Gesetz oder dem Evangelium. Aber es schießen jetzt Doktoren ins Kraut, die kaum eine Stelle richtig verstehen. Die Juristen können ihre Studenten beschämen, wenn die sich mit ihrer Bildung brüsten. Denn sie haben den Gerichtssaal und ihre Praxis. Wir aber, weil wir keine Praxis haben, können unsere Schüler nicht beschämen. Dabei macht allein die Erfahrung den Theologen.* 46

322
Die *affectus* sein wie ein gemalt Glas: Wann die einem vor die Augen fallen, so siehet er nichts an, wie es an ihm selbs ist oder ein Gestalt hat. *So die Juristen,* sie wissen *in ihren Schulen,* was recht sei, *ja sie lehren andere und tun es gut,* dieweil sie sein in der *theorica.* Aber wenn es *ad practicam* kummt, so ist das gemalte Glas da, die *affectus,* und hindern, es sei *Liebe, Haß, Habgier* oder was es nun sei. Drum gehört zu einem Juristen ein frommer Mann, der fleißig bete und sage: Lieber Gott, ich soll das Recht sprechen; hilf, daß ich nicht fehle, niemand zu nahe sei! Das tun sie aber nicht, denn sie meinen, sie können alles. Wenn ihnen ein Sach vorkummt, so antworten sie: Ei, der Sachen ist wohl zu helfen! Da wird keines Gottes gedacht. Aber wir armen *Theologen* müssen zuvor mit der Kirchen niederknien und

beten, wie wir denn alle tun. Aber sie dürfen keines Gebets, wie die Bauren zu Holzdorf. Drum geht es auch so zu im Regiment. 5486

323
Ein Jurist muß haben ein stählen Kopf, silbern Beutel, bleien Ars. 5642

324
Da des andern Tages einer sollte zum Doktor in Rechten promoviert werden, sagte D. Martinus: Morgen wird ein neue Otter wider die Theologen gemacht werden. 1043

Sprachen

325
Sprachenkenntnis ist allen nützlich, zumal Soldaten und Kaufleuten, daß sie auch mit Ausländern umgehen können und nit allein der Deutschen Bruder bleiben. *Und ihr Eltern könnt euren Kindern keinen sichereren Schatz anlegen als Kunst und Wissenschaft.* Haus und Hof verbrennet, gehet hin. Kunst ist gut zu tragen. 4317

326
Alles, was Odem hat, lobe den Herrn – also soll er in jeder Zunge und Sprache gelobt werden. Der Kaiser hat beschlossen, es dürfe in allen seinen Ländern nur in lateinischer Sprache gelesen, gebetet und Messe gehalten werden. Er will dem lieben Christo verbieten zu reden. Er soll nur lateinisch reden, *der doch alle Sprachen versteht. Im Psalm 19 heißt es: Es ist keine Sprache noch Rede, da man nicht ihre Stimme höre. Der Kaiser sagt: Du sollst nicht reden! Christus sagt:* Ei, Lieber, laß mich doch reden! Also ziehen sie zusammen. *Wir werden sehen, wer siegt.* 2388 b

327
Laßt uns also beten! Dann das Vaterunser ist mehr dann die ganze Welt: *Jedes einzelne Wort übertrifft die ganze Welt durch die Kraft und Fülle seines Ausdrucks. Und er erzählte,*

daß er häufiger deutsch (als lateinisch) bete, denn die Muttersprache bewirke mehr. 4579

328

Doktor Martinus Luther sagte von dem wünderbarlichen Geschöpfe und Werk Gottes, der menschlichen Zunge, die da fein deutlich, unterschiedlich und vernehmlich die Wort anzeigen könnte: Wiewohl mancherlei Nationen und Länder mancherlei und unterschiedliche Sprachen haben, eine itzliche hat seine sonderliche Art. Die Griechen reden ihren Buchstaben r nur in der Kehle mit einem h, also daß Demostheni, dem Beredtesten in der griechischen Sprache, sehr sauer und schwer ward, das r ohne Scharren in der Kehle auszureden. Doch überwand endlich die Übung die Natur, daß ers darnach fein fertig ausreden konnte. Denn von wegen der übrigen großen Feuchtigkeit des Gehirns wird die Zunge gehindert, wie man in den Trunkenbolden siehet, gleichwie auch zu große Trockenheit die Zunge hindert. Also hat Gott seiner Kreaturen, dem Menschen, ein Werkzeug gegeben.

1183 (Au)

329

Der Griechen Weisheit, wenn sie gegen der Juden Weisheit gehalten wird, ist gar viehisch; denn außer Gott kann keine Weisheit noch einiger Verstand und Witze sein. Das Ende der Griechenweisheit ist Tugend und ein ehrbarer Wandel. Aber das Ende der Judenweisheit ist, Gott fürchten und vertrauen. Der Welt Weisheit ist der Griechen Weisheit. Darum nennt Daniel recht fein und artig alle Reiche der Welt Bestien und unvernünftige Tiere. Die Griechen haben wohl gute und liebliche Worte, aber nicht Sentenz. Ihre Sprache ist wohl freundlich und holdselig, aber nicht reich von Sprüchen. Die hebräische Sprache ist für andern wohl einfältig, aber majestätisch und herrlich; schlecht und wenig von Worten, aber da viel hinter ist, also daß es ihr keine nachtun kann.

Ich habe mehr Hebräisch gelernt, wenn ich im Lesen einen Ort und Spruch gegen den andern gehalten habe, denn wenn ichs nur gegen der Grammatik gerichtet habe. Wenn ich jünger wäre, so wollte ich diese Sprache lernen, denn ohne sie kann man die heilige Schrift nimmermehr recht verstehen. Denn das Neue Testament, obs wohl griechisch geschrieben ist, doch ist es voll von Hebraismis und hebräischer Art zu reden. Darum haben sie recht gesagt: Die Hebräer trinken aus der Bornquelle; die Griechen aber aus den Wässerlein, die aus der Quelle fließen; die Lateinischen aber aus der Pfützen. 1040 (Au)

330

Die hebräischen Worte sind (im Alten Testament) die ursprünglichen. Es ist nicht möglich, mit einer andern Sprach also zu reden als mit der gebornen Sprach. *Das sehe ich an denen, die übersetzt haben. Die rechte Weise zu übersetzen ist,* daß man das *vocabulum* nicht zu nahe noch zu weit, *sondern möglichst treffend, gemäß der Eigenart der jeweiligen Sprache,* nehme. *Der Prediger Salomo ist* jetzt so übersetzt, daß ich ihn, *verglichen mit der bisherigen Fassung,* nicht (wiederer)kenne. *In Griechisch und Latein ist er nämlich ein völlig entstelltes Buch.* Wann wir das Hebräische ergreifen, so lassen wir *das Griechische und Lateinische* fahren. Man muß also reden, wie man auf dem Markte redet. *Die Bücher (des Alten Testaments), die lehren, philosophieren und Spruchweisheit übermitteln wollen, lassen sich nicht so leicht übersetzen wie die erzählenden. Wenn ich jetzt (noch einmal) den Mose übersetzen müßte,* sollte man ihn wohl deutsch verstehen. *Ich wollte die Hebraismen abtun, so daß niemand sagen würde, Mose sei ein Hebräer. Denn wirklich übersetzen heißt, (etwas aus einer fremden Sprache) der eigenen Sprache anpassen. Die Juden müßten sagen: Das ist ein neuer Moses,* die Meinung hat er getroffen, aber die Wort nicht – *und gerade das ist es ja, was ich will! So wenn wir bei Mose lesen:* Sie haben die Stadt verbannt *durch den Mund des Schwertes. Das ist ein Hebraismus. Wir übersetzen, um in der sinnbildlichen Rede zu bleiben:* Sie haben die Stadt verheeret durch die Schärfe des Schwertes. *Das paßt auf die Prediger, die durch den Mund (begriffen im Bilde des Schwertes) siegen sollen. Aber deutsch geredet heißt es so:* Sie schlagen alles tot, was nur lebet. 2771 b

331
Ich habe keine gewisse, sonderliche, eigene Sprache im Deutschen, sondern brauche der gemeinen deutschen Sprache, daß mich beide, Ober- und Niederländer, verstehen mögen. Ich rede nach der sächsischen Kanzelei, welcher nachfolgen alle Fürsten und Könige in Deutschland. Alle Reichsstädte, Fürstenhöfe schreiben nach der sächsischen und unseres Fürsten Kanzelei, darum ists auch die gemeinste deutsche Sprache. Kaiser Maximilian und Kurfürst Friedrich, Herzog zu Sachsen *etc.* haben im römischen Reich die deutschen Sprachen also in eine gewisse Sprache gezogen.
Die märkische Sprache ist leicht. Man merkt kaum, daß ein Märker die Lippen reget, wenn er redet. Sie übertrifft die sächsische. 1040

332
Mulier confusionis heißt ein Weib, die alles im Haus läßt zuschanden werden, doch ohn daß es ein unorndtlich, unhäuslich Weib, ein Schlump ist. Unachtsam ist ein neu Vokabel, faul, das ist ein gut alt Wort, liederlich, leichtfertig betrifft die Ehre mitte. Ich kann noch mein Muttersprach nicht, und ist doch so trefflich Ding, wenn einer also redt, daß mans fein allenthalben verstehen kann. 5330

333
Er sagte, Lemnius, der Nachahmer des Martial, sei der schändlichste und verdorbenste aller Dichter, und niemand, der nicht selber ein Windbeutel sei, sondern ein anständiger Mensch, könne sein Buch bis zu Ende lesen. Ist ein Scheißpoet. *Dichter sein heißt nicht bloß, den Maßwert der Silben kennen.* Er ist ein Bub und kann ihm nicht wohl gehn. 5709

Musik

334
Er fragte jemanden, ob er wohl ein Musicus sei. Als der sagte, daß er von Musik nichts verstehe, antwortete er: Ach, Kunst ist ein edle Ware! Man darf nicht für Lohn davon geben, (für) kein Kasten noch Beutel. Darum Kunst ist leicht

zu führen, gilt überall, frommet allen Leuten und bleibet doch in seinem *Besitz*. Dennoch will sie niemands lernen noch lieben. 3633

335
Die beste Erquickung für einen betrübten Menschen ist Musik, selbst wenn sie nur auf irgendeine Weise ertönt. Wie jener (Hirt beim Vergil) sagte:

Du erhebst uns das Rohr, um zu blasen,
ich sage die Verse.

Sing du die Noten, so will ich den Text singen. 3955

336

Musica ist der besten Künste eine. Die Noten machen den Text lebendig. Sie verjagt den Geist der Traurigkeit, wie man am Könige Saul siehet. Etliche vom Adel und Scharrhansen meinen, sie haben meinem gnädigsten Herrn jährlich 3000 Gülden erspart an der Musica; indes vertut man unnütz dafür 30000 Gülden. Könige, Fürsten und Herrn müssen die Musicam erhalten; denn großen Potentaten und Regenten gebühret, über guten freien Künsten und Gesetzen zu halten. Und da gleich einzelne, gemeine und Privatleute Lust dazu haben und sie lieben, doch können sie die nicht erhalten. 968 (Au)

337

Musica laut nicht, wenn man dazu lachen will. Denn Musica soll das Seelichen erfreuen; das Maul hat keine Freude davon. Wenn man mit Fleiß singet, so sitzet das Seelichen im Leibe, spielet und hat einen sonderlichen Wohlgefallen doran. – *Das sagte er, als wir während des Singens lachten.*

5408

338

Wer die Musicam verachtet, sprach D. M. L., wie denn alle Schwärmer tun, mit denen bin ich nicht zufrieden. Denn die Musica ist ein Gabe und Geschenke Gottes, nicht ein Menschengeschenk. So vertreibt sie auch den Teufel und machet die Leut fröhlich. Man vergisset dabei alles Zorns, Unkeuschheit, Hoffart und anderer Laster. Ich gebe nach der Theologia der Musica den nähesten *Platz* und höchste Ehre. Und man siehet, wie David und alle Heiligen ihre gottseligen Gedanken in Vers, Reim und Gesänge gebracht haben, *wie es denn heißt: Wenn Friede ist, regiert die Musik.* 7034 (Au)

339

Am 1. Januar 1537 trug man nach dem Essen herrliche Gesänge vor. Doktor Martinus bewunderte sie sehr, und er sprach unter Tränen: Ach, wie feine *musici* sind in zehn Jahren gestorben! *Josquin, Peter de La Rue, Finck und viele andere hervorragende Männer.* Die Welt ist gelehrter Leute nimmer wert. *Sie will ungebildete Esel haben, wie die Leipziger welche sind, die da versuchen, solche theologischen Thesen zu verteidigen! – Ihre Thesen hatte er nämlich gerade in der Hand. – Und er schloß:* Wer do blind ist, der soll nicht sehen. 3516

340
Am 26. Dezember (1538) sang der Chor das »Haec dicit Dominus«, für sechs Stimmen komponiert von Konrad Rupf, der sich gewünscht hatte, daß dieses Stück ihm in der Todesstunde gesungen würde. Es ist eine herrliche Motette, die

Gesetz und Evangelium, Tod und Leben in sich faßt. Zwei ängstliche Stimmen klagen: Umgeben haben mich die Seufzer des Todes etc. Aber vier Stimmen überschreien diese: *So spricht der Herr: Aus der Hand des Todes will ich mein Volk befreien.* Es ist sehr wohl und tröstlich komponiert.
Danach sangen sie »Sancta Trinitas«, auch sechsstimmig, aber zwei Stimmen waren von anderer Hand hinzugefügt. Dazu bemerkte Luther: Es hats einer wollen besser machen *und hat die Einfachheit verdorben. Denn diese vier Stimmen sind wunderbar lieblich und schlicht. In allen Künsten ist das Schlichte das Bessere. In der Theologie, Medizin, Rhetorik, Dialektik etc. zollt man dem Einfachen mehr Beifall, denn es ist anders als das Komplizierte nicht so (durch Irrtum und Selbstüberschätzung) gefährdet. Das gilt selbst für die Medizin, während dagegen die Juristerei aus einer Unmenge von Einzelheiten besteht.* Darum soll man einem jeden sein Komposition lassen und soll ihm seine Stimm nit verderben.
Darauf erzählte Luther von einem Chorsänger, der mit seiner Stentorstimme prunkte und sich immer daran ergötzte, besser als die anderen gehört zu werden. Wenn er »Gratias agimus tibi« sang – das *tibi* ließ er mit Freuden schallen, *lauter als alle andern. Aber als einmal einer aus dem Chor mächtig gähnte, meinte jener, der wolle mit seiner Stimme den Wettstreit aufnehmen,* lief hin und schlug ihm ins Maul *und sagte:* Du sollst mir nit in die Stimm fallen und das *tibi* verderben! *Summa, es gibt ein Sprichwort:* Man soll einem nit das *tibi* verderben. 4316

341

Als man Lieder von Senfl sang, war er voll Bewunderung und Lob und sagte: Eine solche Motett vermöchte ich nicht zu machen, wann ich mich auch zerreißen sollte. Wie er denn auch nicht einen Psalm predigen kunnt als ich. *Daher ist ja wahr: Der eine Geist gibt unterschiedliche Gaben, wie an dem einen Leibe unterschiedliche Glieder sind. Aber niemand ist mit seiner Gabe zufrieden. Jeder will der ganze Leib sein und nicht nur Gliedmaß.* 6247

342
Zu einem Lautenschläger sagte er: Lieber, schlaget mir eins, wie David hat geschlagen. Ich halt, wenn David itzund auferstünd von Toten, so würde er sich wundern, wie doch die Leut so hoch wären kommen mit der *musica.* Wenn er hat geschlagen, so wirds gangen sein: *Magnificat anima mea – er sang es im 8. Psalmton –;* denn die Laute (Davids) hat schlecht ein *decachordum* gehabt.
Wie geht es zu, daß wir *im Fleischlichen* so manch fein *poema* und so manch schön *carmen* haben, und *im Geistlichen* haben wir so faul, kalt Ding? *Er nannte ein paar deutsche Lieder,* (das über) den Tornier von den Vollen *etc.* (und sagte dann): Ich halt, es sei das *»Ich sehe aber ein anderes Gesetz in meinen Gliedern, das da widerstreitet dem Gesetz in meinem Gemüte«.* Es will da (im Geistlichen) nicht also fließen, es gehet da nicht so vonstatt als dort (im Fleischlichen).
Von den Kirchenhymnen lobte er vor allem die vom Leben im Kreuzesholz und sagte, sie und ähnliche seien zu Zeiten des Gregorius gemacht worden, vorher habe es sie nicht gegeben. Es sein etwa fein Schulmeister und Pfarrer gewesen, die es gemacht haben und darnach auch erhalten. Die Schulen haben das meiste bei der Kirchen getan, und die Pfarrer sein *die Kirche* gewesen. 5603

Astronomie und Astrologie

343
Ich lobe mir Astronomie und Mathematik, denn sie arbeiten mit Beweisen. Und ich glaube, daß schon ein Stern größer als die Erde ist und die Sonne der allergrößte. Von der Astrologie halte ich gar nichts. 2413 b

344
Es fragte jemand: Herr Doktor, die Schrift sagt, Gott habe zwei große Lichter geschaffen und alle Sterne an die Himmelsfeste gesetzt. Dagegen behaupten die Mathematiker, der Mond sei der kleinste und niederste aller Sterne. Soll man

nun mehr der Schriftautorität oder den mathematischen Beweisen glauben?
Der Doktor erwiderte: Aufgrund der Theorie der Sonnen- und Mondfinsternisse, für die sichere Beweise sprechen, kommen wir zu der Überzeugung, daß die mathematischen Hypothesen durchaus annehmbar sind. Darum glaube ich, daß Mose sich unserer Auffassungsart angepaßt hat, da die Sache uns ja gerade so erscheint; wie Vergil eine feurige Erscheinung Stern nennt, um der gewöhnlichen Auffassung entgegenzukommen. Denn die Schrift nimmt häufig auf unsere Schwachheit Rücksicht. 5259

345
Ich selbst aber kann mich nicht genug darüber wundern, daß menschliches Denkvermögen in der Lage gewesen ist, die Planetenbahnen so genau zu bestimmen. Sehr wahrscheinlich ist das eine Entdeckung der Erzväter gewesen und durch göttliches Eingreifen zustandegekommen. Später kam dann die wahrsagerische Astrologie auf, und die hat die Astronomie heruntergebracht. 5260

346
Es wurde ein neuer Sternkundiger mit seiner Behauptung erwähnt, daß die Erde sich bewege und nicht Himmel, Sonne und Mond. Und zwar (sei es mit der geltenden Meinung so, wie) wenn jemand, der mit dem Wagen oder Schiff fährt, den Eindruck hat, er selber stehe still, Land und Bäume dagegen seien in Bewegung. Aber (sagte Luther) es gehet itzunder also: Wer do will klug sein, der soll ihme nichts lassen gefallen, was andere achten. Er muß ihme etwas Eigens machen, *so wie eben dieser tut, der die ganze Astronomie umkehren will. Jedoch auch, was diese verworrenen Dinge betrifft, glaube ich für mein Teil der Heiligen Schrift. Denn Josua befahl der Sonne stillzustehn, nicht der Erde.* 4638

347
Man sprach lange über die Astrologie und über Ereignisse, die mit dem Stand der Sterne zusammenhängen sollen. Doktor Martin Luther sagte: Ich bin so weit kommen und beredt

in der Astrologia, daß ich gläube, daß sie nichtes sei. *Und Philipp Melanchthon hat mir widerstrebend gestanden, daß sie zwar eine Wissenschaft sei, es aber niemanden gebe, der sie beherrsche.* Das haben sie gelernet in ihren Almanach, daß man nicht im Sommer Schnee setzet noch Donner im Winter; im Lenzen säen soll, im Herbst ernten. Das können die Pauren auch wohl. 2892 b

348
Es tut mir weh, daß Philipp Melanchthon so sehr an der Astrologie hängt, da er doch mächtig durch sie betrogen wird. Er läßt sich leicht durch himmlische Zeichen beeinflussen und durch seine eigenen Vorstellungen täuschen. Es hat ihm ofte gefehlet, *aber man kann ihn nicht überzeugen. Als ich einmal aus Torgau zurückkam, recht gebrechlich, sagte er mir voraus, meine Todesstunde sei da.* Ich habe nie wollen gläuben, daß es ihm so ernst wäre. *Ich selber fürchte die Himmelszeichen nicht. Denn unsere geschöpfliche Herkunft und Würde geht über alle Sterne hinaus und kann ihnen nicht unterworfen werden – sei es immerhin, daß unser leibliches Leben von ihnen abhängt.* Ich forcht mich vor dem *chasma* nicht, ich wills den klugen Weltweisen gelten lassen. Es forchte sich Hans Metzsch! 3520

Über Gelehrte

349
Philippus hat getan, was in tausend Jahren keiner in der Dialektik geleistet hat. Die Dialektik hab ich gewußt, aber Philippus hat michs gelehret applizieren *auf die Sache.* Philippo kann sein Arbeit niemand bezahlen. Er muß in einem armen Haus wohnen. *Vielleicht hat er (doch) Kraft (genug), das Evangelium voranzubringen. Er ist schüchtern.* Gott helf ihm! Er soll in Himmel kommen, so ist er wohl bezahlt; die Welt soll ihm sein Mühe und Arbeit nit bezahlen. 1545

350
Wer Philippus nicht als einen Lehrer anerkennt, der muß ein rechter Esel und Bachant sein, den der Dünkel gebissen hat.

Was wir überhaupt wissen in den Wissenschaften und in der rechten Philosophie, das verdanken wir Philippus. Er ist wohl ein schlichter *Magister,* ist aber ein *Doctor* über alle *Doctores.* Es ist auf Erden keiner, den die Sonne bescheinet, der solche *Gaben* hätte. Darum laßt uns den Mann groß achten. Wer ihn veracht, der muß ein verachter Mensch vor Gott sein. 5646

351
Erasmus ist ein Aal. Niemand kann ihn ergreifen denn Christus allein. *Er ist ein Mann mit zwei Gesichtern. Als er in Köln von Herzog Friedrich gefragt wurde, warum Luther verdammt werde, worin er gesündigt habe, antwortete er: Wer die Bäuche der Mönche und die Krone des Papstes angetastet hat, der hat wahrlich schwer gesündigt. Da sagte Friedrich zu Spalatin:* Es ist ein wunderlichs Männlin. Man weiß nit, wo man sein gewarten kann.
Unversehens greift er zu seiner Bosheit. Es ist ein erstaunliches Kunststück des Teufels gewesen, daß er die Welt gewann, indem er den Papst schmähte. In seinen »Colloquien« vergiftete er darauf die jungen Leute mit schlimmen Meinungen. Gott wehr ihm! *Es ist ein schlauer Plan Satans.* 131

352
Erasmus ist ein Bub in der Haut, *wie man in allen seinen Büchern sehen kann, besonders in den »Colloquien«. Da sagt er: Nicht ich rede, sondern die eingeführten Personen.* Wär ich gesund, so wollt ich mich mit ihm zerschelten. Erasmo ist *Vater, Sohn und Heiliger Geist* ein lächerlich Ding. Gott hat uns zugeben zu spielen mit Öpfeln, Birn, Nüssen, mit unsern Weibern zu scherzen. Aber mit Gott und der Majestät ists nicht zu tun. *Erasmus ist einen großen Haß wert.* Ich vermahne euch alle, ihr wollt ihn für ein Feind Gottes halten. Erasmus schlägt Feuer in Zunder den jungen Knaben und hält Christum wie ich Klaus Narren. Er lehrt nichts denn Waschen; *nicht die Sache selbst.*
Unser Trost ist, daß wir an Christum gläuben. Wir sein nun oft drüber gestorben, laßt uns den allein behalten. Ich will bei dem Mann bleiben und will mich drüber lassen begraben.

Ich bin auf ihn getauft. Ich kann und weiß nichts, denn was mich der Mann gelehrt hat.
Mich wundert, daß ein Mensch so tief kann fallen *von der Erkenntnis Gottes,* als Erasmus gefallen ist. Denn Erasmus ist so gewiß, daß kein Gott ist, kein *zukünftiges Leben* sei, als ich gewiß bin, daß ich sehe. *Lukian ist (in seinem Spott) nicht so selbstsicher wie Erasmus.* 1597

353
Es ward geredt, wie so ein großer Unterscheid wäre unter den Gelehrten, daß sie nicht alle gleich wären, die da studierten, und mancherlei unterschiedliche Köpfe wären, und nicht alle würden Tote auferwecken mit ihrer Kunst. Da sprach D. Martinus Luther:
Es ist nicht allen, noch einem jeglichen gegeben. Wems Gott gibt, der hats. Dennoch hats Gott sehr fein ausgeteilet, daß der Gelehrtere dem Ungelehrtern dienen, wiederum der Ungelehrte muß sich demütigen für dem Gelehrten, des er bedarf. Wenn alle Menschen gleich wären, so könnte niemand aufkommen, niemand würde dem andern dienen, kein Fried würd sein.

Der Pfau klagte, daß er nicht hätte der Nachtigall Stimm. Darüm hat Gott mit der Ungleichheit die größte Gleichheit gemacht. Denn wir sehen, wenn einer etwas Fürtrefflichs ist, hat mehr und größere Gaben denn ein ander, so wird er hoffärtig und stolz, will über die andern alle herrschen und sie verachten und regieren. Er meinet, sein Dreck stinke alleine. Darum hat Gott sehr fein und wohl die menschliche Gesellschaft untereinander an den Gliedern des menschlichen Leibes abgemalet und fürgestellet, da viel und ungleiche Glieder sind, und eins muß dem andern die Hand reichen und helfen, keins kann des andern entbehren. Unter dem Angesicht sind die ehrlichsten Glieder. Aber die Nase, das Schmeißhaus, muß dennoch über dem Maule und unter den Augen stehen. Wenn nur zween Menschen Nasen hätten, so hielte man sie für Monstra und Ungeheure. Weil wir aber alle rotzig und schlammig sind, so macht uns die Nase demütig. 7037 (Au)

X. Völker, Stämme, Städte

354
Über Arminius: Wenn ich ein Poet wär, so wollt ich den zelebrieren. Ich hab ihn von Herzen lieb. Hat Herzog Hermann geheißen, ist Herr über den Harz gewesen. *Die Cherusker* sein die Härzischen. *Sein eigner Schwiegervater Segestus, das ist* Herzog Hengist, *Philippus,* hat ihn verraten. Wenn ich itzund ein *Arminium* hätt und er ein *Doctorem Martinum,* so wollten wir den Türken suchen. 5982

355
Wenn Deutschland unter einem Haupt stünde und wär in einer Hand und hätte auch einen rechten Herrn, so wärs unüberwindlich. *Kaiser Otto besaß den größten Teil davon. Wer es ganz besäße, wäre unbesiegbar.* Denn es hat *Hoheitsrechte, Bodenschätze, Städte, Abgaben, Waldungen, Silber, Soldaten etc.* Es kann alle Tage 50000 Mann in Stillen erhalten. 3583

356
Petrus Weller behauptete, daß die Leute in Estland ganz und gar skythisch seien, mit schlimmen Sitten, ohne Häuser. Sie schlafen, backen und wohnen in Backöfen, sehen (aus) wie die Teufel. *Da erwiderte Doktor Martinus:* Mein Peter, leugt Euch nicht zu Tod. Ihr könnt noch wohl ein Jurist werden. 3464 b

357
Anno 39 den 9. Febr. redet D. M. L. von welschen Malern, wie geschickt und sinnreich sie wären, denn sie könnten der Natur so meisterlich und eigentlich nachfolgen und nachahmen in Gemälden, daß sie nicht allein die rechte natürli-

che Farbe und Gestalt an allen Gliedern geben, sondern auch die Gebärde, als lebten und bewegten sie sich.
Flandern folget und ahmet ihnen etlichermaßen nach. Denn die Niederländer, sonderlich die Flämminge, sind verschmitzte und listige Köpfe, lernen bald und leichtlich fremde Sprachen. Denn sie haben eine behende und fertige Zunge, und wenn man einen Flämming in einem Sacke durch *Italiam* oder Frankreich führete, spricht man, so lernet er bald die Sprache. 7035 (Au)

358
Anno 38 den 8. *Decembris* kam ein fromme, ehrliche Matron vom Adel, eine sehr lange Frau, zu D. Martin Luther von Magdeburg mit ihrer Tochter, die war auch in der Mutter Länge, und ihrem Sohne, der war eines Häuptes länger denn Magister Antonius Lauterbach, der Diakon zu Wittenberg, der doch ein sehr langer Mann war. Da sprach D. Mart. Luther: Hie siehet man ein Exempel der deutschen Leibe, welche vor Zeiten gewesen sind wie Riesen. Nu aber sind wir gegen denselbigen wie *pygmaei* und Zwerglin. 7045 (Au)

359
Ein Deutscher hat das Gebaren eines Gladiators, den Gang eines Hahns, ungezügelte Mienen, die Stimme eines Rindviehs, wilde Lebensart, ungefüge und hölzerne Haltung.
Ein Franzose hat geschmeidige Gebärden, tritt besonnen auf, hat ein zartes Gesicht, eine liebliche Stimme, flüssige Redeweise, bescheidene Lebensart, lockere Haltung.
Ein Spanier ist heiter in Gang, Lebensart und Gebärde, hat ein stolzes Gesicht, eine weinerliche Stimme, eine feine Art zu reden, ausgezeichnete Haltung.
Ein Italiener hat einen bedächtigen Gang, gesetztes Gebaren, unbeständiges Mienenspiel, eine angenehme Stimme, einnehmende Redeweise, hochherzige Lebensart, gemessene Haltung.
Die Deutschen sind ausgezeichnet durch Religion und mechanische Kunstfertigkeiten, die Franzosen durch Höflichkeit, die Spanier durch Seefahrt, die Italiener durch Literatur. 4857

360
Der Doktor zu Turstenius: Ihr seid ein Westfale. Die werden von den Sachsen verachtet. Aber sie sind tüchtige Landwirte, und in vielen Städten beherrschen sie den Magistrat. So wie die Schwaben, die in diesen Gegenden ihrer Beredtheit wegen in allen Rathäusern auftauchen. Trotzdem sind sie von Natur offen und unfähig, sich zu verstellen. Sie tragen ihre Angelegenheiten freimütig vor. Die Bayern sind auch gerad, willig und dienstlich. *Aber verglichen mit den Schwaben sind sie dumm und die Rheinländer arm. Wenn die Sachsen auch hochmütig sind, so doch aufrichtig und wahrheitsliebend. Aber die Meißner können nichts anders als wuchern, stolz tun, tanzen und gaukeln. Und sie sind auch nicht klug, obwohl sie die (Leute aus den) anderen Stämmen schlau hinters Licht führen können. So einer ist Anton von Schönberg. Und wenn ich gewußt hätte, sagte er und sah zu mir hin, daß du ein Meißner bist, hätte ich dich nicht an meinen Tisch genommen.*
Ich erwiderte: In anderer Gegend habe ich andere Art angenommen. Denn ich bin schon seit zwanzig Jahren aus meiner Heimat fort. Er antwortete: Das möcht helfen! Sonst bin ich keiner Nation so entgegen als den Meichsnern und Thöringen. Ich bin aber kein Thöring, gehöre zun Sachsen. Franken sind arm, und Voigtländer wollten gern stolz sein, haben nicht viel darzu.
Ich: Herr Doktor, mein Wirt sagte einmal: Fünf fränkische Ritter schlagen dreißig Meißner in die Flucht. Der Doktor: Die Meißner sind Tanzjunker, aber Franken beißen den Fuchs nicht, wenn man Nase gegen Nase recken solle. *Zu Hause, bei ihren Bauern, über die sie zu sagen haben, sind sie wild und herrisch.* Mich gemahnt ihr wie der alten Bachanten, die mit ihren Schützen poltern und pochen, wie sie wollen. *Als Maximilian im veronesischen Lager die Schlachtreihe aufstellte, hatte er die Franken aus dem Heer verloren:* Wo sind jetzt meine Franken? Wenns gülte, Beutel abbeißen (– dann wären sie da)! *Wenn Ihr über Ritter sprechen wollt, sagte er, dann sprecht über die Hessen! Ein einzelner Hesse nähme es mit (vielen) Bayern und Franken auf!*

4996

361
Aber die schlimmste von allen Nationen sind die Wenden, da uns Gott eingeworfen hat. *Denn Gott geht immer zu den schlechtesten Völkern, wie ja auch kein Volk halsstarriger war als die Juden. Sie haben ihre Propheten und den Sohn Gottes getötet. So ist Christus auch hierher* unter die Wenden *gekommen, um das Teufelswerk zu zerstören und um die Teufel auszutreiben, die hier in den Bauern und Bürgern wohnen. Denn Christus herrscht mitten unter Feinden.* Wenn ein böser Volk wär dann die Wenden, so müßt das Evangelium daselbst aufgangen sein. Wenns ohne den frommen einigen Kurfürsten wäre, der Wenden halben könnde die Schul nicht ein Jahr hie bleiben. Sie hungerten uns gar aus. 4997

362
Wenn ich, sprach D. Martinus Luther, viel reisen sollte, wollte ich nirgend lieber denn durch Schwaben und Bayerland ziehen. Denn sie sind (dort) freundlich und gutwillig, herbergen gerne, gehen Fremden und Wandersleuten entgegen und tun den Leuten gütlich und gute Ausrichtung um ihr Geld. Hessen und Meißner tun es ihnen etlichermaßen nach, sie nehmen aber ihr Geld wohl drüm. Sachsen ist gar unfreundlich und unhöflich, da man weder gute Worte noch zu essen gibt; sagen: Liewe Gast, ick weit nit, wat ick ju te eten gewen soll, dat Wief ist nit daheimen, ick kann ju nit beherbergen! Ihr sehet hie zu Wittenberg, wie unfreundlich Volk es hat, fragen weder nach Ehrbarkeit und Höflichkeit noch nach der Religion. Denn kein Bürger läßt seinen Sohn studieren, da sie doch ein groß Exempel sehen und Anzahl der fremden Studenten und Gäste. Ah, das Land trägts nicht!
3473 (Au)

363
Morgen muß ich Vorlesung halten über Noahs Trunkenheit. Also werde ich heute abend ordentlich trinken, damit ich über diese schlimme Sache dann auch aus Erfahrung reden kann. Da sagte Doktor Cordatus: Keinesfalls! Gerade das Gegenteil zu tun sei nötig! Darauf Luther: Man muß jo einem jeden Lande seinen Gebrechen zugute halten. Die

Behmen fressen, die Wenden stehlen, die Deutschen saufen getrost. Denn, lieber *Cordate,* wie wollt Ihr itzt anders einen Deutschen vortuen denn *durch Trunk? Zumal einen solchen, der weder Musik noch Frauen liebt?* 3476

364

Viele Mühen erträgt der Deutsche bei seiner Arbeit.
O, ertrüge er doch gleicherweise den Durst! 5649

365

Er sprach über das verachtete Wittenberg, das vor dreißig Jahren ohne jeden Namen war, völlig vermistet und unansehnlich. Wenn man gleich frumme, ehrliche Leut hierein gesäet hätt, so wären grobe Sachsen aufgegangen. Wie der Eulenspiegel, der sät auf einen Markt Kieselstein *und sagt:* Ich säe böse Buben. Wenn ich gleich frumme Leut säet, so gingen Schälk auf, denn das Land trägts nicht. 4146

366

Wittenberg ist nicht gut befestigt und vielen Gefahren ausgesetzt. Trotzdem muß ich mich darüber wundern, daß sie jetzt Wall und Mauern gegen Feinde bauen, die man sich nur vorstellt. Das Flutwasser der Elbe dagegen, das uns doch wirklich in Gefahr bringt, fürchten sie nicht und hindern sie also auch nicht. Dabei haben sie keinen Feind, der näher wäre. Es kunnten zehen Paurn in einer Nacht mit Grabescheiten Schaden tun, daß halb Wittenberg ersöffe. 2880 a

367

Das Wittenberg kratzet, scharret, reißet alles nach sich und singet *Pax,* es habe keine Not! Aber nach meinem Abgange wirds Not leiden. Die mit den langen zerschnitten Hosen werden zunehmen, und geschieht ihn eben recht. Aber du mußt beten. 3453

368

Er beklagte die Lizenz (für den öffentlichen Ausschank) in der Stadt Torgau. Der Zunder ihrer Verderbnis sei die Trinkstube, *der allgemeine Zechkonvent* verterbete die Bürger gar: Da lernet man müßig gehen, spielen, fressen, saufen; Hurerei folget hernach. Was schadet, daß man noch mehr Trinkstuben allda machte, *eine für die Ratsherren, eine andere für die Bürger, eine dritte für die Frauen, eine vierte für das Gesinde,* daß mans doch *in classes brächte? Schließlich müßten auch die Höflinge einen solchen Konvent haben; der* ist sehr lustig! *Sie möchten, daß es in Torgau eine Kirche gibt und* fünf Trinkstuben. Das sahen wir in der ersten Visitation wohl, wie sauer es ihnen word, daß sie uns die Trinkstuben so lange mußten einräumen. *Summa:* Die Welt, die gehet auf die Neige. Gott helfe ihr! 4349

369
Erfurt ist nichts Bessers gewest dann ein Hurhaus und Bierhaus. Die zwo *lectiones* haben die Studenten am fleißigsten allda gehöret. *Es gab keine Professoren, keine Prediger.* 2719 b

370
Erfurt ist ein sehr fruchtbar Bethlehem gewest. Aber man hat mit dem Weiden die Äcker also verderbt, daß der Segen nun in ein Fluch geraten ist. Die Taler tun den Bauern zu wohl. Gott wird ihnen Taler geben und das liebe Korn nehmen. Alsdenn wird Hunger und Teuerung folgen.

Thüringerland hat ein schwarz, schleimig Erdreich, macht den Fuhrleuten, wenns geregnet hat und naß ist, schwer fahren und bösen Weg. Also im Westreich und im Niederlande, da ist das Erdreich wässerig, sind aber gute Äcker, köstlich Viehe, das gute Milch gibt mit Menge. Das will gut, wacker und fleißig Gesinde haben, das sein wohl wartet, nicht verschlafen sei. Denn die Melkerin sollen singen, daß sie nicht schlafen und die Kühe verderben. 2871 b (Au)

371
O Leipzig, du böser Wurm! Dich wird ein großes Unglück übergehen von wegen deiner Hurerei, Hoffart und des Wuchers halben. Du bist ärger dann Sodoma und Gomorra, darum wird dich Gott greulich strafen. Ich wills aber nicht

erleben, die Schüler auf der Gassen werdens erleben. Im (Jahr) 47 soll es ein groß Unglück übergehen, im 52 soll es Not leiden, im 54 soll Leipzig eine Stadt gewesen sein. Gedenkt doran, es wird mir nicht fehlen. Wollt Gott, sie besserten sich! 5633 a

372

Den *12. Februarii Anno 1546* über Tisch geredt zu Eisleben, sechs Tag vor seinem Abschied:
Ach, Halle, du werde Stadt, der barmherzige Gott erhalt dich, daß du nicht gar versinkst! Du hast ja Gottes Wort lieb, darum wird er dich auch erhalten. 5634

XI. Glaubensweisheit, Lebenserfahrung, Geselligkeit

373
Die Welt ist wie ein trunkner Baur. Hebt man ihn auf einer Seit in Sattel, so fällt er zur andern wieder herab. Man kann ihr nit helfen, man stelle sich, wie man wolle, sie will des Teufels sein. 631

374
Ein Lug ist wie ein Schneeball. Je länger man ihn wälzt, je größer er wird. 340

375
Der Esel bescheidet im Testament den Papisten sein Häupt, den Kardinälen seine Ohren, den Sängern die Stimm, den Mist den Tünchern, die Beine den Spielern, die Haut den Scharrhansen und Kriegesgurgeln zur Pauke und Trommel. 2602 (Au)

376
Es sind Landsknecht unter Leuten wie die Bückling untern Heringen. Ein verdorbener Hering gibt ein Bückling, und was sonst zu nichte dient, gibt ein Kriegsmann. 4987

377
Knaben lieben tödliche Waffen. Das soll man ihn nicht gestatten. 3415

378
Jeder Abel hat seinen Kain. 5860

379
Ein rauschend Blatt hat keine Hörner. Wenn habt ihr gehört, daß ein rauschend Blatt einem ein Loch in Kopf ge-

schlagen hätt oder einen gestoßen hätt? Und doch erschrickt ein *Ungläubiger* darvor und *Unfrommer.* Aber ein kecker Christ erschrickt nicht. Christus schreckt also *die Unfrommen* und erfreuet *die Frommen.* 1831

380
Es gemahnet mich des Teufels wie eins Vogelers. Der würgt alles, was er fähet, ohn wenn er ein Vogel hat, der ihm gefällt. Den läßt er leben, daß er ihm sing, was er wolle. 529

381
Zorn am rechten Ort ist eine Gabe Gottes, und wer zu rechter Zeit schelten kann mit rechten Worten, ist große Kunst. Wann ich zornig bin, so laß man mich nur zufrieden und verschnauben. *Denn dauernd kommen mir Sachen in die*

Quere, die mich aufregen. Andern Leuten geht es auch so, glaube ich. Darum soll man einem Zornigen Raum geben.

2836 b

382

Der Juristen Buch,
der Juden Gesuch
und das unter der Magd Schurztuch
sind drei Geschirr,
machen die ganze Welt irr. 5655

383

Doktor Martinus Luther sagete einmal, daß *in den Lebensbeschreibungen der Kirchenväter* diese Historie stünde, daß ein junger Einsiedeler viel böser Lüst und Begierden hätte gehabt und nicht gewußt, wie er ihrer sollte los werden. Drüm so habe er einen Altvater um Rat gefraget, wie er ihm doch tun sollte. Da hat er gesaget: Du kannst nicht wehren (und befehlen), daß nicht die Vögel hin und wieder in der Luft fliegen sollten; aber daß sie dir nicht in den Haaren nisteln, das kannst du ihnen wohl steuren. – Also wirds keiner übrig sein, daß ihme nicht böse Gedanken einfallen. Aber man soll sie lassen wieder ausfallen, auf daß sie nicht tief in uns einwurzeln. 7075 (Au)

384

Zu Eisleben sagete D. Martinus Luther zu Doktor Jonas, als ein Balbierer ihme die Här abschnitte und den Bart abnahme, daß die Erbsünde im Menschen wäre gleich wie eines Mannes Bart, welcher, ob er wohl heute abgeschnitten würde, daß einer glatt ums Maul wäre, dennoch wüchse ihm der Bart des Morgens wieder. Solches Wachsen der Här und Barts hörete nicht auf, dieweil ein Mensch lebete; wenn man aber mit der Schaufel zuschlägt, so hörets auf. Also bleibet die Erbsünde auch in uns und reget sich, dieweil wir leben; aber man muß ihr widerstehen und solche Här immerdar abschneiden. 138 (Au)

385
Der Gerechte geht unter in seiner Gerechtigkeit, heißt es im Prediger. Graf Georg von Wertheim, der stirbt dahin. *Ein anderer Fürst lebt, obwohl er gottlos ist,* als Herzog Georg. *Desgleichen* Nützel zu Nürnberg stirbt, Ernst von Schönberg wird wieder gesund. 44

386
Was soll Gott mit uns machen? Gute Tage können wir nicht tragen, böse können wir nicht leiden. Gibt er Ehr, Reichtum, so stolzieren wir; gibt er Armut, so verzagen wir. Nur mit Schaufeln zum Tanz geleitet! 1905

387
Mich wundert oft, was doch die Heiden hat bewogen, daß sie so schöne Ding vom Tod geschrieben haben, weil er doch so grausam und häßlich ist. Aber wann ich gedenke an die Welt, so wundert es mich gar nichts. Dann sie haben unter sich viel Bubenstücke von ihrer Obrigkeit sehen müssen, die ihnen weh getan, und sich nicht anders dann mit dem Tod trösten können. 1944

388
Es ist nichts Bessers denn ein gut Stündlin, und damit davon, und lassen die Welt das Herzeleid haben! Denn dies

Leben ist ein solch arm elend Leben, daß es auch von den allerbesten Freunden geplaget wird, wie David von seinem leiblichen Sohn Absalom aus dem Lande verjagt und vertrieben ward. Also sind die lustigsten Buhler die allerelendesten Märtyrer, plagen sich selbs Tag und Nacht, sönderlich wenn sie die Käthe am Narrenseil führet, da gehen sie wie die Ochsen. *Summa,* menschlich Leben ist ein lauter Elend und Unsinnigkeit. Die Kinder haben ihre kindischen Gebrechen, damit sie geplagt werden. Junge Gesellen buhlen. Wir Alten werden immer je länger je ärger, das ist Mammonisten und Geizhälse, die den Mammon anbeten.

2400 b (Au)

389

Doktor Pomeranus erzählte, die außerordentlichen Strapazen (während seiner Dänemarkreise) hätten ihn nicht erschöpft, sondern gekräftigt. Darauf Doktor Martin Luther: Arbeit macht stark und widerstandsfähig, wie man das an den Bauern sieht. Aber Unrast, Sorge und Kopfarbeit und die Unlust, die unter dem linken Zitzen liegt, die haben das hellische Feuer.

4696

390

Mein Gedanken haben mir weher getan dann all mein Arbeit. – Zu Koburge *hat Doktor Martinus zu Veit (Dietrich) gesagt:* Wenn ich itzund stürbe und man mich aufschnitte, so würd man sehen, daß mein Herz ganz und gar verschnurft wäre *vor Traurigkeit und Niedergeschlagenheit meiner Seele.*

1550

391

Schweig, leid, meid und vertrag,
dein Not niemand klag,
an Gott nicht verzag.
Dein Glück kommt all Tag.

5375 q

392

Doktor Martinus Luther sagete einmal über Tische, daß man *occasiones* oder Gelegenheit nicht versäumen solle: Es wäre der Teufel in den Leuten, daß sie ihnen nicht sagen lassen, dieweil ihnen zu sagen ist. Sie wollen die Wahrheit nicht hören, wenn man sie ihnen sagt; darnach, wenn sie denn gerne die Wahrheit höreten, so ist niemand da, ders ihnen sagen könnte. Drüm so heißt es:

Fronte capillata, post haec occasio calva.

(Vorn ist Gelegenheit beschopft, doch kahlköpfig hinten.)

Hats doch unser Herr Gott in der ganzen Natur also deutlich zu verstehen gegeben. Ein Baur soll aussäen seine Gersten und Hafer um Ostern. Wenn ers will lassen anstehen bis auf Michaelis, so ists zu lange geharret. Wenn die Äpfel reif sein, so soll man sie abbrechen. Wenn mans will lange aufschieben, o so kommen sie hinweg! *Aufschub ist der gegenteilige Fehler von Eile.* Gleichwie mein Diener Wolf auch tut: Wenn vier oder fünf auf den Vogelherd fallen, so will er die Garn nicht rücken, sondern spricht: O, ich will harren, bis ihr mehr kommen! So fliegen sie denn wieder davon und behält er nichts.

Man kanns nicht ausreden, was *occasio* sei, drüm verstehet mans auch nicht. Auf Deutsch kann mans mit keinem Wort ausreden. Denn das Wort »Gelegenheit« *ist mehr auf Ort und Personen bezogen. Occasio* soll *mehr Zeit* (in sich) haben. Die *Lateiner* haben auch kein (anderes) Wort, daß sie es könnten ausreden. Denn das Wort *tempus* ist zu general. Ich halte, die Etymologia sei *a cadendo* (von »Fallen«), als spreche man: ein Zufall. Die *Griechen* haben auch nur ein Wort (dafür), das heißet (*kairos* und wird mit) *tempus* (wiedergegeben), und man möchts also ausreden und sagen: Gebrauch der Stunde und was die Stunde mitbringet.

Es ist ein wünderlich Ding, daß man solches nicht soll reden können. Und sehr wenige verstehens, sonderlich die Jugend. Kein Knab oder junger Gesell verstehets. Darüm gehört ein Vater und ein *Lehrer* darzu, die sollen sie mit der Ruten darzu halten, daß sie es nicht versäumen, sonst ist es verloren. *(Selbst) höchste Herrscher* habens nicht verstanden; oder ob sie es verstanden haben, so haben sie es doch negligieret. Es ist mancher junge Geselle, der hat ein Stipendium bei sechs oder sieben Jahren, da sollte er studieren, hat seine *Lehrer* und andere Förderung; aber er denkt: O, du

hast noch Zeit gnung und kömmst noch wohl dazu. Nein, Geselle, *Fronte capillata etc.* heißet es. Was Hänsel nicht lernet, das lernt Hans auch nicht. Die *occasio* grüßet dich und reichet dir die Haar, als sollte sie sagen: Siehe, da hast du mich, ergreife mich! O, denkst du, sie kömmt wohl wieder. Wohlan, spricht sie, willst du nicht, so greif mir, mit Züchten zu sagen, in den Hintern!
Bonaventura ist ein armer Sophist, dennoch saget er: *Wer die Gelegenheit mißachtet, den mißachtet sie.* Denn es heißet: Greif zu, weils Zeit ist! *Jetzt, jetzt,* dieweil das *Jetzt* da ist! Die Deutschen haben davon aus der Maßen schöne Sprüchwörter und sagen: Wenn man einem das Ferklein beut, so soll er den Sack aufhalten. *Item:* Wenn unser Herr Gott einen grüßet, so soll er ihm danken. Das ist sehr *fromm* geredet, daß unser Herr Gott die *occasionem* schicket. *Item,* sie sprechen: Gott gebe faulen Händen die Drüse! Aber es ist *Gabe Gottes,* wers verstehen soll.
Unser Kaiser Karl hat die Occasion auch nicht verstanden, als er für Pavia den König von Frankreich gefangen hatte im 1525. Jahre. Darnach, als er den Papst Clemens in seinen Händen hatte und die Stadt Rom einnahm, Anno 1527, und Anno 1529 den Türken vor Wien auch fast in seiner Kluppen hatte, da war *occasio.* Aber Kaiser Karl wollte Gott nicht danken, da er ihn grüßte. Was soll er ihm denn für Glück geben? Es war gnung, daß ein Monarcha sollte die drei gewaltigsten Häupter in der Hand haben und so schändlich von sich kommen lassen. Drüm heißts: *Hinten ist Gelegenheit kahl.* Junge Leute gläuben jetzt auch nicht, daß sie also gute *occasionem* zu studieren haben. 7050 (Au)

393
Was Luther eigenhändig an seine Wand beim Ofen geschrieben hat:
Wer im Geringsten treu ist, der ist auch im Großen treu; wer im Geringsten untreu ist, der ist auch im Großen ungerecht. Ursach ist: An den Lappen lernen die Hund Leder fressen. Also auch: Wer im Geringsten fleißig ist, der ist auch im Großen fleißig.
Wer den Pfennig nicht achtet, der wird keins Gulden Herr.

Wer eine Stund versäumet, der versäumet auch wohl einen Tag.
Wer das Geringe verschmähet, dem wird das Große nit.
Wer den Kopf verschmähet, dem wird das Huhn nit.
Wer ein Geringes nit zu Rat hält, der verderbet immerfort.
Wer laß ist in seinem Tun, der ist ein Bruder des, der sich selber verderbet.
Sparen ist zu lang geharrt, wenn nichts mehr da ist.
Der Sparpfennig ist reicher denn der Zinspfennig.
Wer die Buchstaben gering achtet, der wird nimmermehr etwas Großes lernen.
Wer sich mit hundert Gulden nit nähren will, der nähret sich mit tausend auch nit.
Vorn ist Gelegenheit beschopft, doch kahlköpfig hinten.

4801

394
Heute ist ein schöner Wintertag gewesen. Wenns eine vier Wochen also bliebe, *könnte man ein recht fruchtbares Jahr erhoffen. Denn unter dem Schnee wird die Saat beschützt. Darum sagen die Bauern:* Wenn die weiße Henne wohl brütet, so stehets in guter Hoffnung. 3505

395
Am 11. April (1539) war er in seinem Garten und betrachtete voll tiefer Bewunderung, wie alles sproßte und grünte und die Bäume schwer von Blütenknospen waren. Da lobte er Gott, den Schöpfer, der im Lenz aus erstorbenen Krea-

turen alles wieder lebendig werden läßt: Sehen doch die Zweiglein so lieblich und feist, *trächtig und schwanger aus, als ob sie gleich gebären sollten. Wohl sind die Jahreszeiten, Frühling und Herbst, einander denkbar unähnlich. Aber noch ist Frostgefahr, wie das Sprichwort sagt:*

Der März ganz,
der April am Schwanz,
der Maie neu
hält selten Treu.

Laßt uns Gott den Vater bitten, daß er uns das tägliche Brot gebe. 4484

396
Er kam auf das Lebensalter des Menschen zu sprechen und daß wir Gott dafür danken sollen: Denn wenn ein Mensch vierzig Jahr erlebt, so seind ihr wohl 40000, die unterdes sterben *in Kindheit, Jugend, Mannesalter.* Darum möchte ein jeder wohl Gott danken, die zu solchen Jahren für viel andern kommen wärn, und solchs zu Gottes Ehr brauchen. 3614

397

Halt den Kragen warm,
fülle nicht zu sehre den Darm,
mache dich der Gritten nicht zu nohe,
so wirst du langsam grohe. 3587

398
Die Fabeln des Äsop bedachte er mit hohem Lob: Sie seien es wert, übersetzt und in rechte Ordnung und Einteilung gebracht zu werden. Es sei dies nämlich ein Buch, das nicht etwa nur von einem einzigen Menschen verfaßt worden ist, sondern viele aus vielen Jahrhunderten hätten daran geschrieben. Darum wäre es ungemein nützlich, wenn jemand es gut übersetzt und in rechter Ordnung neu herausbrächte.
Nach meinem Urteil gibt es nächst der Bibel keine besseren Bücher als die des Cato und Äsop. Sie sind mehr wert als die Schwarten aller Philosophen und Juristen, so wie Donatus der beste Grammatiker ist.
Dann trug er einige aus der Gruppe der ernsten Fabeln vor,

(zuletzt eine) gegen Anmaßung und Leichtsinn: Ein Händler kaufte von einem Jäger Bärhäute. Der Jäger hatte ihr nur zwölf und vorkaufte ihm dreizehn. Do ers ihm gewähren sollde, führet er ihn zu einem Bäre: Do hast du sie! *sprach er. Da entgegnete jener:* Überantworte sie mir! Do er den Bären stechen wollde, ergreif ihn der Bär, zug ihm die Haut über die Ohren und beiß ihn in ein Ohre und ging fort. *Kam jener vom Baum herab und fragte:* Was sagt dir der Bär ins Ohr heimlich? *Der antwortete: Er hat mir geraten,* ich sollde nicht zwölf Häute für dreizehn vorkäufen. 3490

399
Es mietet einmal einer einen Esel zu reiten. Der Herre des Esels ging zu Fuß neben dem Reuter. Do es aber dem Reuter zu heiß ward auf dem Esel, do hieß er den andern reiten, so wollte er im Schatten neben ihm her gehen. Das wollde der Herr des Esels nicht leiden, denn er hätte ihm den Esel zu reiten vermietet und nicht den Schatten darvon; den sollde er ihm sonderlich bezahlen. – *Das ist ein Abbild der Welt, die keinem etwas umsonst gibt, nicht einmal den Schatten.*
3645

400
Doktor Martinus Luther erzählete diese Fabel: Daß ein Müller hätte ein Esel gehabt, der wäre ihm aus dem Hof gelaufen und ans Wasser kommen. Nun steiget der Esel in einen Kahn, so im Wasser stund, und wollt daraus trinken. Dieweil aber der Kahn von dem Fischer nicht angebunden,

so schwimmet er mit dem Esel davon; und kömmt der Müller um den Esel und der Fischer um den Kahn, war also Schiff und Esel verloren. Der Müller klagt den Fischer an, daß er den Kahn nicht hab angebunden. So entschüldiget sich der Fischer und sagt: Der Müller sollte seinen Esel auf dem Hof behalten haben, und begehrt seinen Kahn bezahlt. – *Folgt die Frage, was hier rechtens sei.* Wer soll den andern verklagen? Hat der Esel den Kahn oder der Kahn den Esel weggeführt? Das heißen *im Rechtswesen »Fälle«.*

Darauf antwortet einer und sprach: *Beide haben gefehlt,* der Fischer, daß er den Kahn nicht hat angebunden, und der Müller, daß er den Esel nicht auf seinem Hof behalten. *Die Schuld ist auf beiden Seiten. Es ist ein unglücklicher Zufall, bei dem jeder sich eine Unachtsamkeit hat zuschulden kommen lassen.*

Darauf sagt Doktor Martin Luther: *Solche Fälle und Exempel machen das »höchste Recht« der Juristen zum Gespött. Denn nicht das höchste Recht darf angewendet werden, sondern (der Grundsatz der) Billigkeit. So sollen auch die Theologen predigen, daß sie die Leute nicht nur binden oder nur lösen;* daß die Leute nicht allzu heilig oder allzu böse werden. *Alle Dinge müssen nach (Verhältnismäßigkeit und) Billigkeit geregelt werden.* 985 (Au)

401
Den ersten Bierbrauer habe ich schon oft verflucht. Es wird mit dem Bräuen soviel Gerste verterbet, daß man ganz Deutschland (damit) möcht erhalten, und solls also verterben, daß wir so schändlich Jauch daraus machen, welche wir darnach an die Wand pissen. Es gehöret in itzlich Viertel Bier drei Scheffel, und wo eine Stadt gut Bier bräuet, so sind ihr hundert, die Speibier bräuen. *Die Bierliebe und das Sterben werden noch zur Verlegung der Universität führen. Denn unsere Wasser sind alles andere als gesund. Sie bringen den Tod. Darum werden wir weichen müssen.* 2716b

402
Den Toten Wein, den Lebenden Wasser! So heißt die Regel für Fische. 2696

403
Doktor Jonas kam immer langsam. *Als das Mahl beginnen sollte, sagte Luther:*

Ihr viel sollen nicht harren
nach einem Narren,
denn viel Gäste sollen essen
und eines Narren vergessen. 4320

404
Bei Tisch wurde Wildbret und Wildgeflügel aufgetragen. Da sagte Luther: Ich esse nicht Holz! Will gleich so lieb (den) Teller essen, *weil der ja auch keinen Saft hat.* Die armen Tierlein sind *allen Gefahren ausgesetzt und haben viel Feinde, sie müssen auf der Flucht leben. Darum haben sie melancholisches Fleisch, das gar nicht nahrhaft ist.* Ich will sprechen, wie jener Sachse sprach:

Wat Herte, wat Hinde,
ick lowe Fro Morf mit ihrem Kinde!

Denn ein Schwein hat Wurst, Speck, Fleisch, *das sind nahrhafte Sachen. Sämtliche sächsischen Kurfürsten, heißt es, sind auf Schweinefleisch mehr erpicht als auf alle Leckereien.*

3823

405
Am 2. Januar (1538) war er Gast im Hause des Blasius Matthäus, zusammen mit Doktor Jonas und anderen. Er redete viel von der Herrlichkeit des Wortes Gottes und von der Wut und Hinterlist der Papisten: Nu lasset sie nur flugs praktizieren und uns beten! Werden sie es gut machen, wollen wir es mit ihn genießen. Lasset uns nur bei dem lieben Wort bleiben, es steck der Leib, wo er woll!
Später wurde Wermutbier *angeboten. Er antwortete:* O nein, man schickt mir Wermutbier von Frankreich, Preußen, Reußen in mein eigen Haus! Es wird mir bitter genug!
Als man ihm ein köstliches Mahl vorsetzte mit der Bitte, daß er mit der Hausspeise sollt für gut nehmen, *erwiderte er:* Das ist nicht Hausspeise! *Das sind Leckerbissen, mit denen man mich gar nicht erfreut.* Man darf mich nicht damit verehren. *Ich mache mir nichts daraus. Ich gönne sie andern,* die gern herrlich Bißlein essen. Ich lob eine reine, gute, gemeine Hausspeis.
Dann sprach er von einem heiratsfähigen Mädchen, von meiner Gevatter: Es ist Obst, das sich nicht aufbewahren läßt. Es liegt nicht lang, immer vertan! Ich hab ihr in meinem Haus drei, daß ich gut Gesellen mit versorgen wollte, und wollte meine Käthe zu Pfand setzen, es sollte keine daran sterben. Lieber Gott, wie hat die Welt abgenommen *seit der Zeit, da nach den weltlichen Gesetzen ein zwölfjähriges Mädchen als mannbar, ein vierzehnjähriger Bursche als erwachsen galt.* Jetzund sind sie viel zu schwach in solchem Alter. *Mit der Welt und den menschlichen Kräften geht es immer mehr zurück.* Es geht auf der Neige. 3684

406
Als eine Frau ihrem Mann ungares Essen vorgesetzt hatte, redete sie sich heraus: O, ich meinte, es würde Pommer heut predigen! 4956

407
Bei einer Hochzeit trank Doktor Martinus verschwefelten Wein, aß verdorbenes Brot und sprach vor aller Ohren: Man

gewehnt uns itzunder zum Schwefel und Pech, daß wirs in der Hellen dester besser tauren kunnen. 1154a

408

Magister Johann Holstein, D. Luthers Tischgänger, sagete zu D. M. Luthern: Man sehe es einem an den Händen an, wenn einer milde, kostfrei und guttätig wäre. Und verstunde es so, daß mans aus der Chiromanthia urteilen könnte. Darauf antwortet D. M. Luther und sprach: Das ist wahr, an der Hand kann mans sehen, wenn einer milde ist, denn man muß mit der Hand ausgeben. Mit den Füßen gibt man nicht. 24 (Au)

XII. Ein Wittenberger Gesprächsprotokoll

409
Gespräch des Herrn Doktor Martin Luther mit Herrn Philipp Melanchthon im Hause von Doktor Cruciger am 11. April 1542.

Philippus sagte: Ei, Herr Doktor, es ist eine böse Wetter itzund und ein unflätige Luft. – *Luther antwortete:* Ja, denn es scheidt sich itzo erstlich Winter und Sommer. – Philippus: Es wird aber nicht gut Wetter sein für arme Landsknecht, die itzo zu Felde liegen. – Luther: Wer kann darfür? Warum fahen unsere Fürsten ein solchs Spiel an? – Philippus: Man sagt, Herzog Moritz hab viel Volks beieinander. – Luther: Es liegt nichts dran, viel Volks haben, auch köstliche Kriegsrüstung. Es liegt an einer guten Sachen, wer die hätt, und an einem guten Treffen, wenn sie zusammenkommen.

Veit Winsheim: Es ist wahr, Herr Doktor. Der von Braunschweig hatte in der Lünenburgischen Heide drei Mann, da der Widerpart kaum einen hatte. Dennoch ward er geschlagen. – Luther: Ich meine, ja, er ward weidlich zerdroschen. Ach, es ist ein teufelisch Ding um *den Charakter der Meißener,* ausgenommen Doktor Cruciger, die das Ding so lange her gesponnen haben. – Philippus: Unser Kurfürst merkt wohl, was die Sache ist. *Sie wollen unsern Fürsten unterkriegen, und daß ihr Fürst die gegnerische Partei schwächt, damit sie uns so gänzlich vernichten.* Damit gehen sie um. – Luther: *Das Gebet der Frommen vermag viel.* Wie sagt David? *Ich aber bete.* Laßt uns beten! *Durch Waffengewalt und kluge Ratschlüsse werden solche Machenschaften nicht durchkreuzt, sondern nur durch Gebet.*

Philippus: Es ist aber ja ein groß *scandalum,* das sie erregt haben. – Luther: Es ist wahr. Wie soll man ihm aber tun? Man kanns itzo nicht ändern. – Philippus: Itzo wird mans bereit zu Rom wissen. Der Papst wirds dem Kaiser schreiben und ihm gratulieren. Es wirds der König von Engeland wissen. Man wird zu Paris an des Königes zu Frankreich Hofe darvon sagen, daß das Haus von Sachsen selbst in sich falle und sich selbst untereinander verterbe. – Luther: Das ist wahr. Meinet ihr, das der Teufel feire? Er wirds lang gegn Rom bracht haben. Die Papisten werdens in die Faust lachen. – Philippus: Ja, es ist wahr, Herr Doktor, sie werden sagen: Das sein unser Evangelischen! Das sein die Früchte ihrer Lehr! – Luther: Ja, sie werden zu Rom also darvon reden und sagen: Ja, sie werden sich selbst miteinander so schlagen und die Lehr selbst ausrotten. Das muß man hören! Gott mag es wenden! Betet ihr nur fleißig, Gott wird es wenden. Philippe, bete du, und ihr andern auch. Ich hab den Herzog Georgen zu Tode gebetet; wir wollen Carlowitz und Pistorius in einem Jahr zu Tode beten, und Gott gebe, daß es des Spiels Anfängern gehe, wie es Judas ging und Achitophel. – Philippus: Herzog Moritz ist ein junger Herr, kaum 21 Jahr alt, und wann wir groß Mühe und Arbeit gehabt haben in der Kirchen, die Lehr zu erhalten wider den Bapst und die ganze Welt, daß sich niemands wider uns legen darf, so kommt ein junger Lecker und macht uns unter uns selbst ein Spiel, daß wir nicht wissen, wo wir doheime sind. Es wir nun keiner dem andern sein Lebtage vortrauen. Es wird der Widerwill und Groll stets im Herzen bleiben. – Luther: Es ist wahr. Ob sie gleich ein Vortrag aufrichten, wird doch einer den andern meiden, *weil die Herzen geschieden sind.* – Philippus: Das wird aber nicht geschehn *ohne große Erschütterung der Kirche.* Luther: Es wird eine *Erschütterung und Beunruhigung der Kirche* werden! Aber Gott wird seine Kirche wohl erhalten. Herzog Moritz ist ein junger Herr, vorsteht die Sach noch nicht. Er meint, seine Räte meinen ihn mit Treuen, meinens sehre gut mit ihme. Aber er wirds wohl vorstehn lernen mit seinem großen Schaden, und dann wird man ihm auch nicht gläuben. – Philippus: Herzog Moritz ist gleich wie eine Pfeife: Was die Räte ihm einblasen, das pfeift er.

Dornach sagt Philippus: Es ist aus Ungern vons *Ferdinandi* Seiten einer herkommen, den sollt man zu Breslau ordiniert haben; so haben ihn die von Breslau wieder hieher geschickt. – Luther: Warum ordiniern ihn die von Breslau nicht? – Philippus: Ferdinandus hats ihnen vorpoten. – Luther: Halten sie dann in Ungern die Ordination vor so ein groß Ding? – Philippus: Ja, Herr Doktor, sie haltens vor ein groß, herrlich Ding, auch größer denn wann einer getauft wird. – Luther: Es ist wahr. Im Bapsttum mußte keiner das Sakrament angreifen, er wär denn geweihet. Aber *die Ordination* ist nicht so ein groß Ding. *Die Taufe* ist viel größer denn *die Ordination und dergleichen. Die Taufe vergibt die Sünden. Die Ordination rechtfertigt nicht, vergibt nicht die Sünden.* Ich hab baptiziert, *ich habe die Sakramente verwaltet, ich habe die Vergebung der Sünden gepredigt.* Das seind die herrlichsten *Ämter der Kirche. Oh, die Taufe* ist ein herrlich, groß Ding!

Und Doktor Luther sagte: Sie hielten auch die *Stundengebete* in so großen Ehren. O, sollt sie einer vorsäumet haben, er hätt gedacht, er hätt eine große Sünde begangen. – *Hier erzählte Philippus eine Geschichte:* Herr Doktor, ich hab einen gekannt, der hieß *Petrus,* bei dem lag ich etzliche Tage zur Herberge in Heidelburg, der betet immer seine *Stundengebete* den ganzen Tag über und vorstunds doch nicht, er künnts auch nicht recht lesen. Da sprach ich zu ihm: Lieber *Herr* Peter, wann Ihr wüßtet, daß Ihr unserm Herrn Gott so *lästig* werdt mit Eurem Gebet als mir, Ihr würdets Beten wohl unterwegen lassen. David wirds Euch auch nicht großen Dank wissen, daß Ihr ihme sein Buch so martert! Da sprach er: Ja, ich bins schuldig, ich muß beten! Da sprach ich: Vorsteht Ihrs doch nicht! Das er fiel mir zu, daß ers nicht lesen könnte, geschweige denn vorstehn. Da sprach ich zu ihm: Die *Stundengebete* seind nicht geordiniert, daß sie einer beten soll, der sie nicht vorsteht, sondern daß man sie in der Kirchen singen sollte. – *Hier unterbrach Doktor Luther die Erzählung* und sagt: *Ihr Gebet war ein bloßes Gemurmel. Die Worte wurden nur angedeutet.* – Aber Philippus *fuhr fort zu erzählen:* Do sagt er zu mir: Ists dann also in der Wahrheit? Da sprach ich: Ja, Ihr seid itzund ein *Mann von sechzig Jahren,* Ihr solltet Euch nicht so plagen mit dem Beten! Da sprach er: Ja, ich möcht sündigen, wenn ich sie unterließ! Do sagt ich: Nein, ich will die Sünde auf mich nehmen. Und sagte: Folgt mir und schlaft des Morgens wohl aus. Dornach wann Ihr aufsteht, so besehet ein *Kapitel* im *Paulo,* als nehmet die Epistel *an Timotheus* für Euch, so will ich Euch sagen, was drinnen steht. Und überredte ihn also, daß er mir folgt, und legte ihm die Tage, weil ich bei ihm war, die Epistel aus. Do sagte er: Ich hätts nicht gemeinet, daß so gut Ding im *Paulo* wär! Also bracht ich ihn von den *Stundengebeten.* Was er aber dornach getan hat, weiß ich nicht.

Do sprach der Doktor: Ich pflegte auch so hart über den *Stundengebeten* zu halten. – Philippus: Herr Doktor, Eur *Arbeit hielt Euch von den Stundengebeten ab.* – Do sagt der Doktor: Ja, ich pflegte wohl 14 Tage oder vier Wochen aufzusammeln *die Stundengebete,* wann ich zu tun hatte. und schüttete einen ganzen Boden voll. Darnach nahm ich eine ganze Wochen für mich oder einen Tag oder drei und sperret mich in eine Kammer, daß ich weder trank noch aß, bis ich den Boden wohl abgebetet hatte. Und bald schüttete ich wieder einen Haufen auf, daß ich so lang betete, bis ich totkrank drüber war. Und zuletzt sammlet ich bei einem ganzen Vierteljahr auf; da ward mirs zuviel und ließ gar fallen. – Da sprach Philippus: Doktor Kirchberg ist ein berühmter Mann gewest. Da er gestorben ist, hat er einem *Magistro* 30 Gulden beschieden, der vor ihn die *Stundengebete* betete, weil er krank hätte gelegen, auf daß er die Zeit komplierte, die er versäumt hätte, weil er krank gelegen wäre. – Do sagte der Doktor: Was tät ein Doktor zu Erfurt in meinem Kloster? Der war ein Vierteljahr weg, und als er wiederkam und die *Stundengebete* gar sehre gewachsen warn, daß er sie nicht kunnt erreichen, nahm er zwene zu sich, den schenkt er etzliche Gulden, daß sie ihm hülfen beten, auf daß er deste eher davon kam. – Do sagt Philippus: Das wär ein köstlich *List* für unser faule Bischöfe! Wann sie ihre *Horen* gesammlet hätten, nähmen sie etliche zwanzig und stelleten sie nach der Reihe und ließen sie so die *Horen* abbeten. So kämen sie deste eher darvon. – Do sprach der Doktor: Mein Prior täts hie auch. Wann er gleich im Chor die *Horen* gesungen hatte, gedachte er, wann er möcht etwas ausgelassen haben. So er in sein Zell kam, hub er an, die *Horen* wiederum zu beten. Und war also ein *mühselige Arbeit*, ein recht *carcer* und *purgatorium*, da wir innen sein gemartert worden. Da wißt ihr nichts von.

Darnach sagte Magister Fröschel neu Zeitung. Do sagte der Doktor: Ihr wißt immer neu Zeitung! Ihr seid *vehiculum novitatis*. -- Do sagte Philippus: Der Lärm mit Herzog Moritz wird schwerlich ohne Blutvorgießen abgehen. Und ich habs gewagt, es gehe mir auch drüber mit, wie Gott will, ich ich werde erhauen oder erstochen, ich muß es Gott befehlen. – *Und das sagte er sehr ernst.* Do sagte der Doktor: Ei, mein Philippe, es wird nicht darzu kommen, betet nur! – Do sagte Philippus: Des überredt mich niemand! Wenn ich gleich umkomme! – Do sagte der Doktor zorniglich: Ei, *schweig du, Philippe! Du hast eine üble Stimme (die da aus dir spricht)!* – Sprach Philippus: Es seind wohl herrlichere Leute umkommen, dann ich sein mag. War nicht Judas Makkabäus ein herrlicher Mann, der viel Guts getan hatte in Israel? Dennoch kam er zuletzt so jämmerlich um. Desgleichen Josia, was meinet Ihr, welch ein schöner Mensch das gewesen sei? Und kam doch so schändlich um und ganz jämmerlich. – Martinus: Ja, das war nicht ein *Fall, den man verallgemeinern kann,* sondern *ein besonderer und ein sehr widersinniger.* – Philippus: Herr Doktor, es ist wahr. O, wie hab ich so oft dran gedacht! – Doktor: Ei, wir müssen des gewöhnen. Große Leute seind unserm Herrn Gott eine Torheit schuldig, die müssen sie ihm bezahlen redlich. Kein großer Mann tut ein geringe Torheit, sondern narret also, daß er *Weisheit und Klugheit* adumbriert. Was tat David? Er hatte Weiber gnug! Dennoch nahm er dem andern sein Weib und ward ein Ehebrecher und Mörder. Das hieß genarret! – Philippus: Ja, Herr Doktor, er mußte darnach teure gnug büßen, daß er schiere zehn Jahr hernach ein Witwer war.

Dornach redeten die Herrn, wie alt sie wärn. Do sagte der Doktor: Ich bin itzo 60 Jahr alt. – Sprach Philippus: Nein, Herr Doktor, Ihr seid erst 58 Jahr alt, das hat mir Eur Mutter gesagt. – Sprach der Doktor: Ihr müßt mich nicht zu jung machen! Ich bin gewißlich 60 Jahre alt. – Aber Philippus wollts nicht zugeben. – Winsheim sagte: Ich bin ge-

born *im ersten Jahr dieses Jahrhunderts,* wie die Mutter sagt. Magister Erasmus hat mir die Nativität gestellt.
Dornach sagte Philippus, wer das Kloster Döberlein gebauet hätte? Sprach Winsheim: *Herr Praeceptor,* es seind die Fürsten von Meißen die ersten *Gründer,* die haben Dörfer und Städte darzu gegeben. Dornach hat Ferdinandus auch was darzu gegeben. Der hat nun zehn Dörfer darvon verschlemmt, achtzehn seind noch da. Und ist gebauet worden in dem Jahr, da Sankt Bernhardus gestorben ist. – Martinus: Es hat Sankt Bernhardus gelebt *unter den Kaisern Heinrich IV. und Heinrich V.* – Philippus: Ja, eben *unter Lothar* hat er gelebt. – Martinus: Er hat bei seinem Leben hundert Klöster gebauet und ist doch ein frommer Mönch gewesen. – Winsheim: Es ist ein herrlich Kloster! Im Chor hats mehr dann hundert Stühle, und waren gemacht, daß sich einer kunnt drinnen lehnen, gleich als liege er. – Philippus: Ich habs immer geraten, wenns hie stürbe, daß man sollt die Universität hin legen. – Sprach der Doktor: Beileibe nicht, Philippe, Bruder Rausch ist do Abt! Sie möchten sich alle untereinander erschlagen. 5428

Ein Abschreiber

410
Für dieses Ende hab Gott Lob und Dank, denn ich hab mich ja schier die Hälft zu Tod geschrieben und doch nicht wollen nachlassen. *Mein Gott wird mir den rechten Arm wiederherstellen. Überm unmäßigen Schreiben ist er mir völlig steif geworden.*

1537.
DEO GLORIA. FINIS.

3416 a

Anmerkungen

(in der Folge der Nummern dieser Auswahl

1 Das Stück stammt von Konradus Cordatus, Mitschreiber und Sammler von Äußerungen Luthers bei Tisch. Der erste Teil, der mit dem Distichon Melanchthons endet, ist aus dem Jahre 1531. Was folgt, ist ein Zusatz des Cordatus bei Anlaß einer überarbeitenden Abschrift seiner Sammlung im Jahre 1537.

Cölln – Ort bei Meißen.

Meuchler von Trasen – »Wider den Meuchler zu Dresden« heißt eine Schrift Luthers von 1531 gegen Franciscus Arnoldi.

Brocken – Anspielung auf die Geschichte von der Brotvermehrung, s. Matthäus 15, 27.

7 *nach Art des Hebräischen* – Anna, hebräisch: Channah, kommt von chanan: gnädig sein.

10 *Primiz* – Erste Meßfeier des jungen Priesters nach seiner Weihe. Sie wurde mit abgewandelten Hochzeitsbräuchen begangen (Fackeln und Tanz).

11 Luthers Romreise fällt in den Winter 1510/11.

Grumpen – Witze.

Kartusanen – Kurtisanen, nämlich päpstliche Höflinge.

und also aufgehoben – Gemeint ist die Elevation, das Erheben von Hostie und Kelch nach der Konsekration.

ehe ich zum Evangelium kam – nämlich zur Evangelienlesung im Wortteil der Messe.

12 *Ich wollt nicht groß Geld nehmen* – Es würde mir nicht viel bedeuten.

13 *Leich* – Leib.

Zitat: 2. Korinther 12, 7ff.

14 *so große Kosten* – Die Gebühr, die das Kloster für Luthers Promotion zu zahlen hatte, betrug 50 Gulden.

15 Das Stück stammt vom Januar 1539. Luther war am 3. Januar 1521 gebannt worden. Die Bannandrohungsbulle wurde im Sommer 1520 ausgestellt.

16 Der damals zum Kloster gehörige heizbare Turm ist nicht mehr vorhanden.

jene Worte – Luther spielt auf Römer 1, 17 und 3, 21 f. an.

17 *Wer Gott liebt ...* – dem Sinne nach 1. Korinther 8, 3.

Hufeisen – Es wurde als Schutzzeichen an den Hausgiebel oder unter die Zimmerdecke gehängt.

19 *ein Pferd blenden* – ihm Scheuklappen anlegen.

20 Zitat: 2. Mose 4, 25.

Kaulperschk – Kaulbarsch, ein grätiger Fisch mit stachligem Kopf.

21 *Herzog Georg* – Er hatte Luther einen Geleitbrief nach Worms ausgestellt.

22 *Herbrig* – Herberge.

hatte sich etwas anders vorsehen denn – hatte sich eines anderen versehen, mit allem anderen gerechnet als.

23 Zum ersten Absatz vgl. Johannes 11, 25 und 2. Timotheus 2, 11f.

24 *Der hatte seine horas ...* – Der hielt seine (nachzuholenden) Stundengebete und zählte seine Vaterunser mit den Steinen des Rosenkranzes ab.

25 *mein Buch über die Mönchsgelübde* – De votis monasticis (1522).

Kappe – Kutte. Mit Absicht ist wohl zuerst das weltliche Gewand, der Rock, genannt.

hispaniolisch – Damals wurde spanische Kleidung modern.

Jäckel – Jakob Probst.

26 *Hochmeister* – Haupt des Deutschritterordens.

28 *noch eins* – noch einmal.

29 *gekreuzigt und gemartert* – nämlich durch Messe-Halten.

32 Dieser schriftliche Bericht des Justus Jonas gelangte 1533 zur Kenntnis von Luthers Tischgenossen, also sechs Jahre nach der Krankheit Luthers, die er beschreibt. Er ging teils in Exzerpten, teils vollständig in die Tisch-

redenüberlieferung ein. Hier ist die vollständige Fassung wiedergegeben. In der Übersetzung der lateinischen Passagen schließe ich mich weitgehend an R. Buchwald an.

Ach, Herr, strafe mich nicht – Anfang von Psalm 6.

Gott, sei mir gnädig – Anfang von Psalm 51. Beide Psalmen gehören nach kirchlicher Tradition zur Gruppe der sieben Bußpsalmen.

Hänschen – Luthers erstes Kind, das damals dreizehn Monate war.

33 *einen Stein in Garten werfen* – etwas aufladen, mit etwas beschwerlich werden.

ein neuer Papst – hier soviel wie: ein neuer Heide, vgl. Nr. 34.

helfen, darzu er gehört – dahin helfen, wo er hingehört, nämlich in die Gemeinschaft der Kirche.

aus einer Schüssel – In der Wittenberger Schloßkirche, die eben keine Pfarrkirche war, gab es wohl kein festes Taufbecken.

34 Dieser Patenbrief aus Anlaß der Geburt von Luthers Tochter Margarete wird auf den 17. 12. 1534 datiert.

36 Zitate: Psalm 145, 18f.; Johannes 16, 24.

stilles Leben und Frieden – Anspielung auf 1. Timotheus 2, 2.

38 *Magister Basilius* – Basilius Monner.

39 Luther war kurz zuvor mit der Bitte um eine Gesamtausgabe seiner Schriften konfrontiert worden.

40 *zu Schmalkalden* – Dort war Luther wenige Monate zuvor, im Februar 1537, mit einem schweren Anfall seines Blasensteinleidens heimgesucht worden.

41 *Zwedreistel* – wohl: Zweiunddreißigstel-Anteil. Mit den Bergwerksanteilen wurde spekuliert.

Im zweiten Abschnitt ist auf Sprüche 28, 8 angespielt.

43 Die letzten beiden Sätze sind in der Quelle die Überschrift des Stücks. Sie stammt wahrscheinlich vom Mitschreiber Johannes Mathesius, der in den Text, nach Käthes Worten, auch den Satz eingefügt hat: *Aber Lauterbach hat das Meiste und Brauchbarste mitgeschrieben.*

45 *Kux* – Bergwerksanteil, der gehandelt wird.
wudeln – sich bewegen, sich mehren.
Zum Schlußsatz vgl. Nr. 41.

48 Von Magdalenas Tod am 20. September 1542 handeln auch die folgenden Stücke.

49 Im zweiten Abschnitt bezieht Luther sich auf Käthes schwere Krankheit von 1540.
Zitat: Hebräer 2, 9.
Das Geschöpf tröstet den Schöpfer – Gemeint ist der Engel, der im Garten Gethsemane den betenden Jesus stärkt (Lukas 22, 43). Ähnlich in Nr. 132, nur daß es dort die Jünger sind, die den geschöpflichen Bereich repräsentieren. Der ungeschaffene Sohn Gottes erniedrigt sich, indem er Mensch wird und in die Abhängigkeit von denen tritt, die er, trinitätstheologisch betrachtet, selber erschaffen hat.

52 *unsern Hans* – Luthers ältester Sohn Johannes war damals 16 Jahre und dem Rektor der Torgauer Schule anvertraut.

53 *so ich doch genug des Dings hätt, damit man läßt* – Gemeint ist der sexuelle Verkehr, nämlich das, womit die Frau ihren Mann zur Lust kommen läßt, oder: woran der Mann sich sexuell gleichsam zur Ader läßt.
muß sich leiden – muß es über sich ergehen lassen.

57 Zitat aus dem Epos »Thebais« des Publius Papinius Statius.

59 *gute neue Zeitung* – Übertragung des griechischen *euangelion* in Luthers Deutsch.

62 Im zweiten Abschnitt beschreibt Luther das Pantheon.

65 *Compostella* – Santiago de Compostela in Nordwestspanien, wohin eine Legende das Grab des Apostels Jakobus verlegte.

68 *Erstlingsgabe* und *Zehnter* – Anspielung auf Römer 8, 23 und die religiösen Abgaben im Volk Israel (vgl. 3. Mose 27, 26ff.).

72 *orthodoxe Kirchenlehrer* – die allgemein anerkannten Lehrer aus altkirchlicher Zeit, z. B. Augustinus.
distinctiones – begriffliche Unterscheidungen, mit deren Hilfe die Scholastiker eine jeweilige theologische Lehre,

z. B. die von der Gnade, immer feiner zergliederten. Luthers biblische Methode stand dazu in deutlichem Gegensatz. Vgl. Nr. 84.

73 *mit allegoriis, tropologiis, analogiis* – Luther zählt Kategorien aus der Rede- und Auslegungskunst auf.

Heiltum – Reliquien, die man mit Ehrfurcht ansieht; hier etwa: Wunderwerk.

76 *wie es dort geschrieben steht* – Gemeint sind die Reden Hiobs, die zusammen mit den Reden seiner Freunde und den Gottesreden als Dichtung in den Rahmen einer älteren Prosaerzählung eingestellt sind.

78 Das Stück geht aus von Jeremia 20, 14. Weitere Bibelstellen: Markus 9, 18; 4. Mose 11, 12; Johannes 21, 15 ff.

die Schlüssel – Symbol für den Auftrag zur Verkündigung, die wegen ihres Anredecharakters jeweils zum Heil oder Unheil ergeht. Das Schlüsselbild stammt aus Matthäus 16, 19.

81 Zitat: Apostelgeschichte 9, 15.

83 *Jäckel* – Jakob, hier: Jakobusbrief

84 *Lehrer* – In der Quelle statt Lehrer: Locat. Es handelt sich um einen einfachen Lehrer im Unterschied zum Schulmeister, der eine Schule leitet.

Doktoren – die anerkannten theologischen Lehrer aus der altkirchlichen Zeit, vgl. Nr. 72.

Scholastiker – die maßgeblichen Theologen des Hochmittelalters wie etwa Thomas von Aquin oder Duns Scotus.

Zitat: 2. Timotheus 4, 4.

85 *die Harfen aufhängen* – Die Wendung stammt aus Psalm 137, 2. Hier meint sie: aufhören. Tatsächlich ist Jesus Sirach das letzte der von Luther übersetzten biblischen Bücher. Unsere Äußerung stammt aus dem Herbst 1532. Zwei Jahre später erschien die erste Wittenberger Vollbibel.

86 *wie Georg Rörer* – Er war Sekretär bei den laufenden Revisionsarbeiten an der Lutherübersetzung.

Der Verweis auf Jesaja meint die Stelle 29, 11f.

versiones – Übersetzungen. Das alte Testament war in der Kirche durch fast anderthalb Jahrtausende hin nur mittels seiner griechischen und lateinischen Übersetzung wirksam gewesen. Erst auf diesem Hintergrund ermißt man, wie hoch Luther die neue deutsche Übersetzung einstuft.

91 *desperatio* – Verzweiflung.

92 Zitat: Psalm 18, 9.

93 *was wir singen* – nämlich das Glaubensbekenntnis, in dessen Mitte das Bekenntnis zur Menschwerdung Gottes steht. Es wurde in jedem Gottesdienst gesungen.

95 *zu Jerusalem* – nämlich im Sterben und Auferstehen Jesu.

96 *baß* – besser.

fidem reflexam – einen gedanklich erklärbaren und durchgeklärten Glauben.

hinausschlöppen – zu Grabe tragen.

97 Zitat: Psalm 50, 15.

98 In der Übersetzung dieses Stücks bleibt vom zweiten Satz an der Begriff Kultus *(cultus)* stehen, obwohl Luther selbst wohl Gottesdienst gesagt hätte. Es wird dadurch die intendierte theologisch-anthropologische Grundsätzlichkeit unterstrichen.

Jerobeam – Vgl. 1. Könige 12, 25 ff.; 13, 1 ff.

101 *zugeschorren* – zugescharrt, begraben.

102 *Blutriß* – Kratzer.

103 *als wenn sie in einem Traum ging und fiel den Hals ab* – als wenn sie sich beim Schlafwandeln den Hals bräche.

der hats vorsucht – der hat diese Versuchung so erlitten.

104 *kurr* – kirre.

Zitat: 2. Korinther 12, 9.

105 *Schösser* – Rentmeister, Steuereinzieher.

die Geld nähmen für – ergänze: Befreiung von.

106 *schatzen* – in die Schatzkammer tun.

im Frobenschen Druck – Johannes Froben in Basel druckte zahlreiche von Erasmus betreute Klassikerausgaben.

108 *Wappen* – Waffen.

patientia – Geduld.

110 *in der Hellen* – Der Raum zwischen Ofen und Wand hieß Hölle.

111 Martin, geb. am 9. November 1531, war damals vier Monate alt.
stinkender Sack – Mutterleib.
Plinze – Eierkuchen.

114 *in neunhundert Jahren* – Die Meinung, daß Hirsche so alt werden, scheint allgemein geteilt worden zu sein.

115 *amplifizieren* – ausführlicher darlegen. Luther denkt von Matthäus 5, 45 her an 6, 25ff.
seudest – siedetest.
Psalmzitat: 79, 17.
Geradeso segnet Gott dies Sachsenland ... – Luther bringt hier »saxum« (Fels, Stein) mit »Sachsen« zusammen und zitiert Matthäus 4, 3.
Wenn du ihr corpus ... – Die hier beginnende Demonstration der Größe der Sonne ist undurchsichtig.
Hiobzitat: 10, 10.
jener falsche Gott in Bethel – Vgl. 1. Könige 12, 28f.

116 *rationes über die Ader* – Nach dieser Theorie ernährt sich der Embryo, indem er an der Mutterbrust von innen saugt! Vgl. Nr. 140.
die Livia bei Sueton – Sueton erzählt in seiner Biographie des Kaisers Tiberius, daß dessen Mutter, um ein Vorzeichen für das Geschlecht des von ihr erwarteten Kindes zu gewinnen, ein angebrütetes Ei so lange mit den Händen wärmte bzw. wärmen ließ, bis ein schönes Hähnchen schlüpfte.

120 Zitat: 1. Mose 1, 28.

122 *Kofent* – Konventbier, Dünnbier.

125 *der mittlere Luftbereich* ... – Zu dieser Vorstellung vgl. Epheser 2, 2.

126 Zitat: 2. Petrus 3, 18.

127 *Respexit humilitatem ancillae suae* – In der letzten von Luther besorgten Ausgabe seiner deutschen Bibel 1545 heißt dieser Satz aus dem Lobgesang der Maria: »Er hat seine elende Magd angesehen« (Lukas 1, 48).
exstirpiert – ausgerottet.
als sie beide – Luther war der Meinung, daß nicht nur Joseph davidischer Abstammung war (Matthäus 1, 2ff.; Lukas 2, 4), sondern auch Maria.

128 Zitat im vorletzten Abschnitt: 1. Korinther 2, 2.
daß man laut singt in der Kirchen ... – Wie in Nr. 93 denkt Luther an den gottesdienstlichen Gesang des Glaubensbekenntnisses, insbesondere seines 2. Artikels.

131 Mit »Tischrunde« gebe ich *collatio* wieder, was im Mittellateinischen »Unterhaltung« heißt. Andererseits ist zu Luthers Zeit mit »Collation« die Nebenmahlzeit, das Abendbrot, gemeint. So übersetze ich »collation gesprech« mit »Tischgespräch«, »collation reden« mit »Abendbrotreden«. Im letzten Satz dieses schönen und für die Abendmahlsfeier so bedenkenswerten Stücks, wo ich »collation« beibehalte, scheinen die Bedeutungen »Unterhaltung« und »Abendessen« ineinander überzugehen. – Zu den Worten der Jünger Philippus, Thomas und Petrus vgl. Johannes 13,37; 14,5.8.

132 *daß er soll die um Hülf anrufen ...* – Vgl. dazu die letzte Anmerkung zu Nr. 49.

136 *nennt David sich selber heilig* – nach Psalm 86,2 in Luthers ursprünglicher Übersetzung.
Er pfeift und weint – Vgl. Matthäus 11, 16f.
Der Gerechte lebt aus Glauben – Römer 1, 17.

138 Zitate und Anspielungen: 2. Petrus 3, 13; Jesaja 11, 6 bis 9; 65, 17. 25; Offenbarung 21.
Tölpelin – Luthers Hund hieß Tölpel.

139 Magdalena Luther war damals drei Jahre.

140 *Wie ich bin meiner Mutter an Zutzen gehangen* – Vgl. Nr. 116: Auch hier ist die vorgeburtliche Ernährung gemeint.
Die ihr in meinem Leibe getragen ... – Jesaja 46, 3 nach der lateinischen Bibel, an die Luther sich im folgenden anschließt.
Jäckel – spöttisch für Jakob Schenk.
der Epikureer – Vertreter einer epikureeischen, und das heißt für Luther: oberflächlich-sinnlichen Lebensanschauung.
hinten aus den Zitzen gesogen – Vgl. die Anmerkung zu Nr. 116.

141 Zitat: 1. Korinther 1, 23.

142 Die Zehn Gebote, das Glaubensbekenntnis und das

Vaterunser sind für Luther die unerschöpflichen Hauptstücke des christlichen Glaubens. Er sieht sie als den Grundstock des Katechismus, d. h. der Glaubensunterweisung an und hat sie als solche vielfach ausgelegt. – Die rätselhafte Kürze des vorliegenden Stücks mag an der Überlieferung liegen. Interessant bleiben die Reihenfolge und die innere Verknüpfung der drei Hauptstücke.

146 Mit »Katechismus« ist hier nicht das Buch der Glaubensunterweisung, sondern diese selbst gemeint. Ob die Sentenzen, Thesen und Themen dieses Stücks wirklich aus einer geregelten Unterweisung im Kreis von Luthers Familie und Hausgesinde stammen, muß offen bleiben. Der Umstand, daß die Sätze nach dem Abendmahlsabschnitt überschriftslos sind, in ihrer Folge nur durch Stichwortzusammenhänge bestimmt zu sein scheinen und manches bieten, was genausogut bei den eigentlichen Hauptstücken hätte untergebracht werden können, spricht für eine Zusammenstellung durch den Sammler. Einzelne Sätze erscheinen auch in anderem Zusammenhang der Tischredenüberlieferung. Gleichwohl ist das Stück für die katechetischen Intentionen Luthers und seiner Tischgenossen höchst aufschlußreich.
Obrigkeit gehört nicht in das 5. Gebot – Sie darf also töten.
ohne der Obrigkeit – außer der Obrigkeit.
verboten oder verlobt – Verloben heißt hier: den Ehestand durch Geloben der Keuschheit (beim Eintritt in einen Orden) für die eigene Person generell verwerfen.
Unwillen und Übelreden geht nur die Obrigkeit an – Das Gebot, den Nächsten zu entschuldigen und Gutes von ihm zu reden, findet seine Grenze allein beim Verfahren vor der ordentlichen Gerichtsbarkeit. Vgl. den nächsten Satz.
ganz ergeben – ganz gegeben.
verleuret – verliert. »Verlieren« und »setzen« weisen auf den Bildbereich Spiel.

147 Mit dem Vers *»Lectio lecta placet, decies repetita placebit«*, in der deutschen Übersetzung als Distichon wie-

dergegeben, ist auf eine Stelle der *Ars poetica* des Horaz angespielt: »*Haec placuit semel, haec deciens repetita placebit*«.

Schärfe ein – s. 5. Mose 6, 6ff.

Kommt und eßt ... – Rückgriff auf Johannes 6, 35 und Hoheslied 5, 1.

150 *zu Scheitern gehen* – zerscheitert werden, d. i. zu Scheitern werden, in Stücke gehen.

152 *vom jungen Markgrafen* – dem späteren Kurfürsten Joachim II. von Brandenburg.

Barte – Axt.

154 Zur Szene mit Petrus im Garten Gethsemane vgl. Lukas 22, 49ff. und Johannes 18, 10f.

So stehe ihm ein gut Jahr bei – Für: So stehe ihm der Teufel bei.

157 Zur Berufung des Mose vgl. 2. Mose 3 und 4.

158 *schilte* – schelte.

159 *die Augsburger Versammlung* – der dortige Reichstag 1530.

Häretiker – Ketzer, Irrlehrer.

Schismatiker – Verursacher einer Kirchenspaltung.

guter Freitag – Karfreitag, Todestag Jesu. Der Karfreitag heißt im Englischen heute noch »Good Friday«.

160 *calfactor* – Heizer, Diener.

161 *aneinander gehangen* – aufeinander gehetzt.

162 In diesem Stück bezieht sich Luther auf Worte und Motive der Geschichte von der Passion Jesu in ihrer unterschiedlichen Fassung bei den Evangelisten Matthäus, Lukas und Johannes.

166 *Bischof von Salzburg* – Matthäus Lang.

169 Dieses Stück ist in doppelter Hinsicht interessant: 1. als Ausgangspunkt legendärer Erweiterungen bei Aurifaber und Mathesius, 2. als frühes Zeugnis für Fossilfunde im Mansfelder Kupferschiefer. Bei Aurifaber und Mathesius ist die Tiara, die dreifache Krone des Papstes erwähnt. Sie war offenbar der Anhaltspunkt für die Deutung des Fossils auf ein Papstbild. Vielleicht handelt es sich um den Schädel des »Protorosaurus speneri H. v. Meyer 1830«. Die Schädel der kleinen Ur-

saurier gleichen, von oben betrachtet, verblüffend einer Papst-Tiara.

170 *Der Syrer Naeman* – Von ihm wird 2. Könige 5 erzählt.

171 Zitat: 1. Johannes 2, 19.

172 *Strumpf* – Rumpf, Stumpf.

Sakramentierer – So hießen vor allem solche Evangelische, deren Abendmahlslehre Luther nicht zustimmen konnte. Vgl. Nr. 173.

173 *Sakramentierer* – s. zu Nr. 172.

charitas – Liebe.

zwo Tafeln – Die traditionelle Einteilung rechnet das 1. bis 3. Gebot zur ersten, das 4. bis 10. Gebot zur zweiten Tafel des Dekalogs.

Wenn einer Vater und Mutter ... – Matthäus 10, 37.

174 *Wiedertäufer* – Sammelbegriff für solche Evangelischen, die die an kleinen Kindern vollzogene Taufe für sich nicht gelten ließen. Die Wiedertäufer (oder kurz Täufer) waren unerhörten Verfolgungen von seiten evangelischer und katholischer Obrigkeiten ausgesetzt. Dieser Text und die folgenden zeigen, daß Luther sich veranlaßt fühlte, ihre Leidensbereitschaft theologisch zu relativieren. Vgl. damit den anderen Akzent in Nr. 135.

176 *Metze* – Mädchen.

178 Das Gespräch mit den Rabbinern kreist um Jesaja 7, 14 (»Siehe, eine Jungfrau ist schwanger und wird einen Sohn gebären, den wird sie nennen Immanuel«) und Jeremia 23, 6 (Zur Zeit des verheißenen David-Nachkommen »soll Juda geholfen werden und Israel sicher wohnen. Und dies wird sein Name sein, mit dem man ihn nennen wird: Der Herr unsere Gerechtigkeit«).

180 *vor kalt Eisen* – gegen Verwundung durch das Schwert.

daß ein Hirt sein wird und eine Herde – Johannes 10, 16.

Jesaja-Zitat: 48, 4.

181 *auf Fahrnis* – auf eigene Gefahr.

182 Dieses Gespräch fand im Frühjahr 1543 statt. Im Jahr zuvor hatte Luther zwei antijüdische Schriften geschrieben: »Von den Juden und ihren Lügen«, »Vom Schem Hamphoras und vom Geschlecht Christi«.

Goj – Heide.

184 *Verbrämung des Glaubens* – Die Wendung *praetextum fidei* läßt sich auch als »Zierde des Glaubens« verstehen.

187 *in Freiheit und Freiwilligkeit* – Wörtlich: in freiwilliger Freiheit *(in libertate spontanea).* Will man die Wendung auf die Herkunft der Freiheit beziehen, so wäre zu übersetzen: in frei gewährter Freiheit. Bezieht man sie auf die Folge der Freiheit, wie es der Zusammenhang näher legt, so wäre zu umschreiben: in der Freiheit, die mit unserer eigenen Zustimmung rechnen kann.

188 *Präzeptor* – Lehrer.

Exodus 21 – 2. Mose 21.

auch aufm Altar – In Aurifabers Vorlage steht: *etiam intra altare* (auch innerhalb des Altarbereichs). Vielleicht denkt Luther an das Gottesgericht über die Rotte Korah in 4. Mose 16; s. besonders V. 35.

189 Dieses Stück setzt das vorige fort. Der Schritt von den Juristen zu den Predigern bringt eine Steigerung.

privatas und publicas personas – Menschen in privater und öffentlicher Funktion. Vgl. Nr. 190, auch Nr. 193.

Das wird ihnen nicht zu Schmer gedeihen – Davon werden sie nicht fett werden, keinen Vorteil haben.

191 *politia* – Staatswesen, Staatsangelegenheiten.

perturbiern – verwirren, beunruhigen.

192 *theologische Obrigkeit* – Quelle: *theologicus magistratus.* Gemeint sind wohl die maßgeblichen Inhaber christlicher Lehrautorität in einem Gemeinwesen.

194 Zwingli und Ökolampad waren evangelische Theologen, deren Abendmahlslehre Luther ablehnte.

reißen hindurch – nämlich durch das Spinnennetz der Paragraphen.

195 Zum Krieg gegen Absalom vgl. 2. Samuel 18, 1 bis 19, 9.

197 Der Sinn des ersten Satzes in seinem Zusammenhang mit der folgenden Geschichte ist wohl: Die Güte der Herrschaft Gottes wird nicht dadurch widerlegt, daß im Machtbereich des weltlichen Regiments auch Unschuldige leiden müssen.

seines Bierweges gehen – zu seiner Notdurft gehen.

198 Zu den beiden Tafeln der Gebote s. die Anmerkung zu Nr. 173. Zitat: Matthäus 22, 21.

202 *Riege* – Reihe.

203 Die Unterscheidung bestimmter Genera der Rede geht auf die antike Rhetorik zurück. Durch Augustinus sind sie auf die Predigtlehre bezogen worden. Luther relativiert die Rhetorik für die Predigt – jedenfalls an dieser Stelle –, indem er auf die Maßstäblichkeit des Redens Christi verweist.

204 In diesem Stück ordnet Luther die Redematerien den drei von ihm immer wieder herausgestellten göttlichen Ständen – Kirche, Staat, Haus – zu. Zugleich nennt er den jeweiligen theologischen Gesichtspunkt, unter dem sie in der Predigt zu behandeln sind.

205 *glossa ordinaria* – allgemeine Auslegung. Hier: eine Ausgabe der Bibel oder einzelner biblischer Bücher mit erklärenden Anmerkungen, vielleicht unter Rückgriff auf schon vorhandene Auslegungen.

209 *zu Marburg* – beim Religionsgespräch der Wittenberger mit den Oberdeutschen und Schweizern 1529.

210 *das auch am Pomerano übel gefällt* – Bugenhagen hielt ungewöhnlich lange Predigten. In den Tischreden wird häufig darauf angespielt. Vgl. Nr. 406.

211 *ruspert* – räuspert.

213 *vorhöret er* – überhört er es.

215 Zitat: Jesaja 57, 1.

216 *heint* – heute nacht.

217 *in Jena* – 1527 war wegen einer Pest die Wittenberger Universität dorthin verlegt worden.

Zitate: Prediger 4, 10; Hesekiel 33, 11; Philipper 4, 4.

219 Paulus-Zitat: 1. Timotheus 3, 1.

220 *des und keins andern* – Diese Worte gehören zum Anfang des Satzes: »Sie warten (sollen sich annehmen) ihres Befehls ...«

221 Zur Frage des Selbstmordes vgl. Nr. 103.

die weltlichen Bräuche – Quelle: *ceremonias politicas.* Einer dieser Bräuche war, daß Selbstmörder über die Hausschwelle nicht getragen werden durften, wenn man sie hinausbrachte.

222 *sich nicht recht erkennet hat* – nicht recht in sich gegangen ist.

an des Pfarrers statt – Luther vertrat damals den Stadtpfarrer Bugenhagen.

223 Mit dem Edelmann ist der unter der vorigen Nummer genannte Heinrich Rieder gemeint.
Zu Zachäus s. Lukas 19, 1–10.
Herr Mickel – Der angeredete Michael ist vielleicht ein Pfarrer.

226 Peter Heß war einer der vier Wittenberger Geistlichen, die dem Stadtpfarrer, zu dieser Zeit von Luther vertreten, zugeordnet waren.
nachmals – nachträglich. Oder: nochmals?
fahren – wagen.

228 *schlechte* – einfache.
des Tales und Annabergs Geld – Das Tal ist Joachimsthal. Dort und in Annaberg befanden sich besonders ergiebige Bergwerke.
Zur Kurzform »Tal« vgl. den »Taler«.
sukzedieren – nachfolgen.

231 *Ein Jurist ...* – Der Satz der Quelle *»Iurista est universale reale, praedicator aut pastor individuum«* ist schwer übersetzbar. Luther greift auf Begrifflichkeit der scholastischen Philosophie zurück.

232 Im letzten Satz wird auf Matthäus 25, 31 ff. angespielt.

233 *vor ein Person* – pro Person.
Antoni – Luther spricht den mitschreibenden Anton Lauterbach an.

234 *Konszienz* – Gewissen.

235 *Ich* – Johannes Mathesius.

236 *papelt* – babbelt, plappert.
Walmasier – Malvasier, Süßwein.
konfundiert – aus der Fassung gebracht, beschämt.

237 Der letzte Satz ist Zitat: Lukas 6, 26.

238 Vgl. Nr. 146, wo diese Sentenz gegen Ende der Katechismussprüche auftaucht.

239 *Veranlassung* – Quelle: *occasio*. Vgl. dazu die ausführliche Tischrede über das Thema *occasio* (Gelegenheit) unter Nr. 392.

240 Zitat: 4. Mose 27, 20.

241 Im Anfang dieses Stücks folgt die Übersetzung dem

Text der Handschrift B. – Der Tod von Herzog Georg, dem scharfen Reformationsgegner im albertinischen Sachsen, hatte für das evangelische Lager weitreichende Folgen, die hier und im nächsten Stück im Blick auf die kirchlichen Leitungsaufgaben bedacht werden.
Döringen – Thüringen.

242 *ich selbst ja jetzt ein Bischof* – Luther vertrat gerade den Stadtpfarrer Bugenhagen. Das eigentliche Bischofsamt ist für Luther das Pfarramt. Vgl. dazu den Schluß des nächsten Textes.

243 *Bischof zu Brandenburg* – Matthias von Jagow.
ex opere operato – Die Formel steht für die Lehre von der Wirksamkeit und Gültigkeit der Sakramentsfeier aufgrund des korrekten rituellen Vollzugs durch den geweihten Priester.
Cellarius – Er wurde Superintendent in Dresden.
Lauterbach – Er wurde Diakonus in Pirna.

244 *Perger* – Bürger.

246 *spanische Praxis* – Kaiser Karl V., zugleich Herr über Spanien, ordnete seine dynastischen Gesichtspunkte den nationalen der deutschen Fürsten vor.
Der letzte Satz heißt in der Quelle: *Omnia regna sunt servitus, sola Germania est libera.*

249 *feilet* – trügt.

252 Dieser und die beiden folgenden Texte befassen sich mit den Ambitionen weltlicher Herren im Blick auf die kirchlichen Besitztümer und Herrschaftsrechte in evangelisch gewordenen Gebieten.
Zitat: Matthäus 20, 16.

255 *die Herren Ritter des Königes Abimelech* – Luther bezieht sich auf die Erzählung 1. Mose 26, 12ff., die er aber stark verändert, um damit gegen Adel und Ritterschaft polemisieren zu können. So nennt er die Leute des Königs *centauri.* Das ist eine ironische Bezeichnung für Ritter.

257 *ein Hiskia* – Vom König Hiskia wird Jesaja 39 erzählt, er habe einer Gesandtschaft aus dem feindlichen Babylon alle seine Reichtümer gezeigt.

258 Luther spricht von den sächsischen Kurfürsten Fried-

rich, Johann und Johann Friedrich, die nacheinander seine Landesherren waren.

auf das Pflaster legen – nämlich auf die beim Schwitzbad verwendeten heißen Steine.

259 *Supplikation* – Bittschrift, Eingabe.

260 *transferieren* – übersetzen.

261 *Kläpper* – Schwätzer.

263 *Geleitsmann* – War es ein gedungener Wegweiser oder ein Wächter?

mit Kräutern – mit unrechten Dingen.

dem Landgrafen in Hessen – Philipp.

Weil der Kohlhase beginnet ... – 1534 hatte Luther in einem Antwortbrief an Kohlhase Verständnis für seinen Rechtsfall geäußert.

264 *der Landvogt* – Hans Metzsch. Vgl. Nr. 222.

bei mir auch zugreifen – Quelle: mit mir ...

265 *Bürger und Pauer* ... – Das Sprichwort meint hier: Stadt- und Dorfbewohner scheidet nichts als die Mauer. Im Verhältnis zum Adel gibt es zwischen Bürger und Bauer keinen Unterschied.

266 *der Wall* – Luther hat die Wittenberger Stadtbefestigung oft kritisiert, vgl. die nächsten Nr., auch Nr. 366.

gesteht – kostet.

267 *mein armes Stüblin* – Ein Raum im Turm des Wittenberger Klosters, in Luthers Erinnerung mit seinen reformatorischen Anfängen verbunden. Der Turm ist dem neuen Stadtwall tatsächlich zum Opfer gefallen.

Häuptstück, Häuptwall, Häuptfürsten – Mit diesen Begriffen scheinen sowohl die neuen Befestigungsanlagen (Fürst = First) als auch die maßgeblichen Adelsleute bezeichnet zu sein, die den Bau betreiben.

den Fürsten – Johann.

den jungen Herrn – Johann Friedrich.

268 Im Frühjahr 1542 gab es einen erfolglosen Feldzug gegen die Türken. Das führte zu neuen Anstrengungen in der Stadtbefestigung. Darauf bezieht sich Luther in diesem und im folgenden Text.

Engel umringen dich – Anspielung auf Psalm 34, 8 (lateinische Fassung) und 91, 11.

scharren – hochmütig sein.
Wenn ihr stille wäret … – Jesaja 30, 15f.

269 *Schöps* – Hammel.

270 Anschlag Luthers vom 13. 5. 1543.
seine Speck und Fischerei – Die Specke, ein Wäldchen, und die Fischerei lagen außerhalb der Stadt und waren die bevorzugten Treffpunkte. Darum auch in der Überschrift »Speckstudenten«.
im Lager vor Wolfenbüttel – Verweis auf den Feldzug des Kurfürsten Johann Friedrich mit dem Landgrafen Philipp von Hessen gegen den Herzog Heinrich von Braunschweig-Wolfenbüttel im Vorjahr.
gebüßet – gestillt.
daß er dir ein frumm Kind zufüge – daß er dir einst ein frommes Mädchen zur Ehefrau beschere, vgl. Nr. 280 gegen Ende.

274 *schinden* – die Haut abziehen.

275 Die Frau des stadtbekannten Blinden Bernhard Zettler war krank geworden.
wes wir oft genießen – wem wir oft etwas zu verdanken haben.

276 Zitat (sinngemäß): Zephanja 3, 12.

277 *das Bildnis seiner Frau* – Es stammt von Lukas Cranach.
Mantua – Dort sollte ein Konzil stattfinden.
Eva … – 1. Mose 3, 20.
Das Weib wird selig … – 1. Timotheus 2, 15.

278 *Zukost der Ehe* – Quelle: *accidentia coniugii.*
die 900 Jahre – s. 1. Mose 5, 3–5.

279 *Reuel* – hier aus der Aurifaberschen Fassung übernommen: Reue; vgl. Nr. 301.

280 *Lukas Maler* – Sohn Lukas Cranachs d. Ä. Er hatte am 19. 2. 1541 eine Tochter des Kanzlers Brück geheiratet.
Zitat: Ovid, Liebeselegien *(Amores)* II 19, 3.
copula carnalis – die zum Eheschluß gehörige körperliche Vereinigung.

281 *admittiern* – zulassen.

282 *Ich tät recht* … – Luther denkt wohl an eine Hochzeit in seiner Familie oder Freundschaft, für die er hinsicht-

lich der rechtlich-familiären Absprachen zuständig war.

284 *ergibt sich leicht* – Andere Lesart: wird leicht gestillt.

285 Zitat: 4. Mose 11, 12.

288 *bürgerliche Bande ...* – Quelle: *politica vincula non solvuntur propter religionem.*

292 Diese Tischrede stammt aus dem Sommer 1537. Im Februar des gleichen Jahres hatte Luther auf den Tod krank gelegen. So ist vermutet worden, daß er hier auch im Gedanken an Käthes mögliche Witwenschaft spricht.
baß – besser.

293 Die drei Arten des Zorns heißen in der Quelle: *ira oeconomica, ira politica, ira ecclesiastica.*
dem Teufel einen Zorn ausstehen – einen Zorn des Teufels aushalten.

294 *Muhme Lena* – Käthes Tante Magdalena von Bora.
die Helwitzen – wohl Felicitas von Selbitz.

295 *scheiblich* – von Scheibe. Die kleinen Scheibchen, die Münzen, rutschen durch die Finger.

296 *Kinnichen* – Kindchen.
bis frumm – sei fromm.

298 Zitat: Matthäus 18, 3.
entgroben – Hier nimmt Luther einen Ausdruck Thomas Müntzers auf.
Kinder, die zu etwas Großem bestimmt sind – Quelle: *pueri heroici.* Luther scheint auf die Mythen und Legenden anzuspielen, nach denen sich die spätere Bedeutung des Helden schon in seiner Kindheit ankündigt. Dann wäre der offene kindliche Sinn, der die Eltern so entzückt, für sie ein Vorschein der Berufung ihrer Kinder zum Heil!

300 *zu Rate halten* – in Ordnung halten, zusammenhalten. Luther muß seine alten Hosen sorgfältig flicken, weil die Schneider ihm neue nicht recht machen. Vgl. Nr. 273.

301 *seine Mädchen* – Gemeint sind die Pflegetöchter, drei herangewachsene Mädchen, die Ende der dreißiger Jahre in Luthers Hause lebten. Was das Heiratsalter betrifft, so hat Luther häufig anders geurteilt als hier. Vgl. Nr. 405, wo übrigens auch die drei Pflegetöchter er-

wähnt werden. Knappe anderthalb Jahre nach der zornigen Äußerung des vorliegenden Stücks willigte Luther in die Hochzeit der Pflegetochter Magdalene Kaufmann ein. S. dazu die folgenden Stücke.

Reuel – Reue.

302 Um das Paar Magdalene Kaufmann – Ambrosius Berndt geht es auch in den nächsten Stücken.

Schösser – Rentmeister.

303 *Wir kümmern uns ...* – Quelle: *Nos cogitamus de accidentibus, vos autem estis substantia.* Luther nimmt ein Begriffspaar aus der scholastischen Philosophie auf: *accidentia* – die zufälligen und veränderlichen Merkmale; *substantia* – das unveränderliche Wesen.

304 *vexieren* – necken.

Briefe über alle Recht und Gewohnheit – Privilegien, die aus dem Gewohnheitsrecht stammen.

305 *goldgezogen* – mit Goldfäden durchzogen.

306 Die deutsche Zwillingsformel »Käs und Brot« führt Luther gewiß nicht ohne ironischen Unterton ins Gespräch ein. Den sprachlichen Vortritt von »Braut« mit dem von »Käse« verglichen zu sehen ist für die Braut Magdalene, mit der es für die Pflegeeltern manchen Konflikt gab, nicht gerade schmeichelhaft.

der Spielmeister – Quelle: *ludimagister.* Es kann auch der Schulmeister mit seinen Sängern gemeint sein. Von Chorgesang in Luthers Haus sprechen die Stücke Nr. 337 und Nr. 339–341.

309 *Bischof von Mainz* – Albrecht von Hohenzollern.

einige – einzige.

312 Luther bezieht sich auf eine Wittenberger Doppelpromotion von 1523.

313 *Deposition* – Studentenweihe. In einem nach alter akademischer Sitte vollzogenen Ritus, bei dem die künftigen Studenten allerlei Quälereien und Scherzen unterzogen wurden, z. B. dem Hörneraufsetzen, kam es zur Lossprechung vom Bachantentum und zur Aufnahme in den Studentenstand.

vom Bean und Bachanten – Beanus hieß ein noch ungelehrter akademischer Neuling, und Bachant war eine verächtliche Bezeichnung für einen töricht gebliebenen Schüler oder Studenten.

314 *mit dem lupo und casualibus und temporalibus* – Bei den Schülern hieß *lupus* (Wolf), wer das Deutschsprechen und andere Vergehen für das Strafregister zu notieren hatte. Eine andere Plage, an die Luther erinnert, waren die Deklinations- und Konjugationstabellen der lateinischen Grammatik.

316 *Doktor Caspar* – Cruciger.

318 Luther zitiert die lateinische Fassung des Psalmverses. Das abschließende Distichon (*Dat Galenus opes* ...) ist mittelalterlich und scheint sprichwörtlich gebraucht worden zu sein. Galenus steht für die Medizin, Bartolus für die Rechtsgelehrsamkeit.

321 *weil wir keine Praxis haben* – Das ist sehr verallgemeinernd gesagt. Denkt Luther an den praktischen Verkündigungsdienst? Doch wohl eher an den persönlichen Glauben und seine Bewährung in Anfechtungen.

322 *affectus* – Neigungen des Gefühls.

325 *Kunst ist gut zu tragen* – Bildung (im Sinne der »freien Künste«) trägt man immer mit sich. Vgl. Nr. 334.

326 Zitate: Psalm 150, 6 und 19, 4.
ihre Stimme – die Gottes Ehre ausbreitende Stimme der Gestirne zur Tag- und Nachtzeit.
ziehen sie zusammen – messen sie sich miteinander (wie beim Tauziehen).

330 *mit der gebornen Sprach* – mit der ursprünglichen, der Ursprache eines jeweiligen Textes.

331 Vgl. die Anmerkung zu Nr. 360.

332 *Mulier confusionis* – etwa: Schandweib. Diese Tischrede schließt in der Quelle unmittelbar an eine Bemerkung Luthers zu Sprüche 11, 22 an. Man unterhält sich offenbar über Probleme der angemessenen Verdeutschung der Bibel. Luther und seine Freunde sind zu jener Zeit (1540) mit der Revision der deutschen Bibel befaßt.

333 Lemnius, der die klassische lateinische Dichtung mit Meisterschaft nachahmte, hatte sich für seine Relegierung von der Wittenberger Universität an Luther mit einem obszönen Pamphlet gerächt.

334 *Man darf nicht für Lohn davon geben ...* – Man darf sie gegen keinerlei sonstigen Reichtum eintauschen wollen.

führen – mit sich führen, tragen. Vgl. Nr. 325.

335 Zitat: Vergil, Eklogen 5, 2.

340 *Gratias agimus tibi* – Wir sagen dir *(tibi)* Dank.

341 *Der eine Geist ...* – Vgl. 1. Korinther 12.

342 *Magnificat anima mea* – Anfang des Lobgesangs der Maria: Meine Seele erhebt den Herren.

im 8. Psalmton – Psalmtöne nennt man die acht den Kirchentonarten zugeordneten Modellmelodien zur rezitativischen Ausführung des Psalmengesangs. Beim Singen im 8. Psalmton braucht man nur das g, a, h, c und d.

die Laute Davids hat schlecht ein decachordum gehabt – Luther will offenbar die Einfachheit dieses Instruments im Vergeich zu dem seines Gesprächspartners herausstellen. Insofern ist bei »Laute« an eine kleine Harfe mit zehn Saiten zu denken (vgl. Psalm 33, 2; 92, 4), an ein Instrument ohne die reichen spielerischen Möglichkeiten also, über die die Lautenisten allein schon durch den Griffhals verfügen.

Tornier von den Vollen – Gemeint ist »Ein Turnier sich erhoben hat«, ein langes Lied über ein Saufturnier.

Ich sehe aber ein anderes Gesetz ... – Römer 7, 23.

Leben im Kreuzesholz – Das lebenspendende Holz des Kreuzes besingen zwei Hymnen des Venantius Fortunatus: *Pange lingua gloriosi* und *Vexilla regis prodeunt.*

344 Zitat: 1. Mose 1, 16.

345 Dieser Text schließt sich in der Quelle unmittelbar an den vorigen an.

346 *ein neuer Sternkundiger* – Nikolaus Kopernikus.

Denn Josua befahl ... – Josua 10, 12. Wie Nr. 344 zeigt, mußte diese Berufung auf die Bibel keine grundsätzliche Ablehnung des kopernikanischen Weltbildes bedeuten. So gehörten die in Wittenberg lehrenden Mathematiker Erasmus Reinhold und Joachim Rhaeticus zu den ersten Anhängern der Lehre des Kopernikus. Melanchthon setzte sich für ihre Veröffentlichung ein.

347 *Almanach* – Sternkalender.

Schnee setzet – Schnee voraussagt.

348 *Denn unsere geschöpfliche Herkunft* ... – freie Übersetzung des unsicheren Textes.

chasma – Kurz zuvor, im Dezember 1536, hatte es in Wittenberg ein Wintergewitter mit einem heftigen Donnerschlag gegeben, das als *chasma*, als Himmelsriß gedeutet wurde und die Gemüter heftig bewegte.

Hans Metzsch – Der Wittenberger Landvogt führte ein anstößiges Leben. Vgl. etwa Nr. 222.

349 Im Abschnitt »Über Gelehrte« beschränkt sich unsere Auswahl auf je zwei Urteile Luthers über Melanchthon und Erasmus. Sie gehörten zu den größten Wissenschaftlern seiner Zeit. Daß Erasmus nicht objektiv gewürdigt wird, darf niemanden verwundern.

in einem armen Haus – Im Mai 1532 stand Melanchthons neues Wohnhaus noch nicht.

351 *wo man sein gewarten kann* – wie man seiner gewärtig sein muß, mit ihm dran ist.

Colloquien – Ein lateinisches Übungsbuch des Erasmus in Form von z. T. frivolen kirchenkritischen Gesprächen hieß »Colloquia familiaria« (1518).

352 *zugeben* – zugegeben, erlaubt.

Klaus Narr – ein Hofnarr.

353 *Unter dem Angesicht* – vor Augen, für jeden sichtbar, im Unterschied zu den versteckten Körperteilen.

über dem Maule und unter den Augen – Die Stellung der Nase läßt sie für jeden sichtbar sein. Dennoch gehört sie zu den unehrenhaften Gliedern.

354 *zelebrieren* – rühmen, feiern.

Herzog Hengist, Philippus – Der Name Segestus wurde zu Luthers Zeit gelegentlich mit dem deutschen Wort Hengst zusammengebracht. Der griechische Name Philippus heißt Pferdefreund.

355 *in Stillen erhalten* – in Schach halten? als stehendes Heer kampfbereit halten?

356 *Estland* – Quelle: Eystland.

skythisch – Scythia hieß der südrussische Raum.

noch – dennoch? immer noch? Weller studierte die Rechte.

357 *Flämminge* – Flamen.
bald – alsbald.

359 Hier handelt es sich um Anfang und Ende einer längeren Liste, in der Luther Nationaleigenschaften der Deutschen, Franzosen, Spanier und Italiener vergleichend nebeneinanderstellt. Die Liste ist vermutlich von einer handschriftlichen Aufzeichnung Luthers abgeschrieben worden. Die deutsche Wiedergabe der lateinischen Adjektive kann nur ein Versuch sein.
einnehmende Redeweise – vielleicht auch: trügerische.
durch Religion und mechanische Kunstfertigkeiten – Quelle: *religione et mechanicis artibus.* Andere Lesart: ... *pluribus artibus* (viele Künste).

360 *Sachsen* – Schon daß Luther in diesem Stück die Sachsen den Meißnern gegenüberstellt, zeigt, daß seine Bezeichnungen für die mitteldeutschen Bevölkerungsgruppen von den heutigen abweichen. S. zu Nr. 362.
daß du ein Meißner bist – Luther spricht zu dem aus Rochlitz gebürtigen Johannes Mathesius.
alte Bachanten – törichte, überständige Studenten.
Schützen – Anfänger.

361 *die Wenden* – In der Umgebung Wittenbergs gab es damals noch eine starke wendische Bevölkerung.
da uns Gott eingeworfen hat – Luther bezieht sich hier und im folgenden auf Wittenberg als den von Gott erwählten Ausgangspunkt der Reformation.
die Schul – die Universität.

362 *Sachsen* – Die folgende Dialektpassage, die sich auch in der Vorlage Aurifabers findet, zeigt, daß in der als »Sachsen« bezeichneten Umgebung Luthers niedersächsisch gesprochen wurde.

363 *über Noahs Trunkenheit* – Im Rahmen seines Genesis-Kollegs kam Luther zu 1. Mose 9, 20ff.
vortuen – vorstellen, hervorheben.

365 *Wie der Eulenspiegel* – Vgl. die 73. (72.) Historie in »Ein kurzweilig Lesen von Till Eulenspiegel«, hrsg. von G. Jäckel (RUB 370).

367 *Pax* – Friede.
Die mit den langen zerschnitten Hosen – Landsknechte.

368 *in der ersten Visitation* – Dieser kirchenaufsichtliche Gemeindebesuch durch eine dafür bestellte Kommission hatte 1529, zehn Jahre vor dieser Tischrede, stattgefunden.

370 *ein sehr fruchtbar Bethlehem* – Bethlehem heißt Brothaus.

371 *es wird mir nicht fehlen* – ich werde recht behalten.

372 *Abschied* – Tod.

375 *Beine* – Knochen.

376 *nichte* – nichts.

379 Das Bild vom Furcht erregenden raschelnden Blatt geht auf 3. Mose 26, 36 zurück.

380 *ohn* – außer.

382 *Gesuch* – Gewerbe.

384 *mit der Schaufel zuschlägt* – ihn begräbt.

385 Zitat: Prediger 7, 15.

386 *mit Schaufeln zum Tanz geleitet* – Vgl. Nr. 384. Die Totengräber führen den Menschen zum Totentanz.

388 *die Käthe* – hier allgemein: das (leichtfertige) Mädchen.

389 *Unlust, die unter dem linken Zitzen liegt* – Herzenskummer.

390 *Zu Koburge* – Als Gebannter und Geächteter durfte Luther am Reichstag zu Augsburg, wo eine Reihe von Fürsten und Städten dem Kaiser ein evangelisches Bekenntnis vorlegte, nicht teilnehmen. Er verfolgte die Ereignisse von der Feste Koburg aus.
verschnurft – verschrumpelt, eingetrocknet.

392 *Fronte capillata ...* – Dieser von Luther auch an anderen Stellen zitierte Hexameter stammt von Cato Dionysius.
mein Diener Wolf – Wolfgang Sieberger.
negligieret – versäumt.
Drüse – Beulenpest.
Kluppe – Klaue.

393 Luther hatte sich eine umfangreiche Sprichwörtersammlung angelegt. Was hier, wahrscheinlich durch Lauterbach, von einem Zettel an der Wand abgeschrieben worden ist, steht dazu irgendwie in Beziehung. Es handelt sich fast ausschließlich um Sentenzen, die den Eröff-

nungsspruch »Wer im Geringsten treu ist ...« (Lukas 16, 10) variieren. Auch zwei weitere Sprüche stammen aus der Bibel: »Wer ein Geringes nit zu Rat hält ...« (Sirach 19, 1) und »Wer laß ist in seinem Tun ...« (Sprüche 18, 9). Zum letzten Spruch vgl. Nr. 392.

397 *Gritte* – Grete.
nohe – nah.
grohe – grau.

398 Luther selbst hatte 1530 ein Büchlein »Etliche Fabeln aus Aesopo« vorbereitet. Es ist aber erst nach seinem Tode gedruckt worden.
Cato – Cato Dionysius.

403 *langsam* – spät, unpünktlich.

404 *Herte* – Hirsch.
Hinde – Hirschkuh.
Morf – Schwein. Vielleicht ist »Worf« zu lesen.

405 *von meiner Gevatter* – Hier vermerkt Anton Lauterbach, aus dessen Tagebuch das Stück stammt, es sei von der Patin seines Kindes die Rede gewesen.
Obst, das sich nicht aufbewahren läßt – Quelle: unwerhafftig obest.

406 Bei Bugenhagen mußte man auf sehr lange Predigten gefaßt sein.

407 *tauren* – aushalten.

408 *Chiromanthia* – Wahrsagung aus der Hand.

409 Zu diesem Stück schreibt Ernst Kroker, der Herausgeber der Tischreden aus den handschriftlichen Quellen: »Anschaulicher als alle andern Tischreden führt uns die Nachschrift dieses langen Zwiegesprächs zwischen Luther und Melanchthon in die Tischgespräche der Wittenberger ein; während die Tischgenossen sonst nur Luthers Worte und kurze Einwürfe der Mitredenden berücksichtigen, haben wir hier Rede und Gegenrede von Luther und Melanchthon mit Zwischenreden von Veit Örtel und Sebastian Fröschel. Wer das lange Stück nachgeschrieben hat, das läßt sich nicht nachweisen. Vielleicht der Hausherr selbst, der rasche Nachschreiber und geschickte Protokollant Cruciger?« – Das Gespräch kommt vom Wetter auf den Krieg, seine Hintergründe

und Folgen. Danach spricht man von der Ordination, von der papistischen Gesetzlichkeit beim Stundengebet, wiederum vom Krieg, von Todesaussicht und Lebensalter, von der Zisterzienser-Abtei Doberlugk und (in dieser Ausgabe fortgelassen) vom Koran. Unsere Wiedergabe ist gelegentlich verkürzt. Die Wendungen, mit denen die redenden Personen eingeführt werden, sind z. T. reduziert worden. Die Anpassung an die Gegenwartssprache geht etwas über die Bearbeitung der übrigen Texte hinaus.

Warum fahen unsere Fürsten ein solchs Spiel an? – Das albertinische Sachsen war nach dem Tode von Herzog Georg evangelisch geworden. Aber gegen Ostern 1542 verschärfte sich ein Konflikt zwischen dem 21jährigen Herzog Moritz und dem Kurfürsten Johann Friedrich um bestimmte Rechte des Kurfürsten in bezug auf das Amt Wurzen, das seinerseits mit dem Stift Meißen verbunden war. Der Kurfürst besetzte Wurzen. Die Wittenberger Reformatoren argwöhnen, daß die Drahtzieher des Konflikts im albertinischen Sachsen die evangelische Richtung, mit der sie sich noch nicht abgefunden haben, treffen wollen.

ausgenommen Doktor Cruciger – Der Hausherr stammte aus Leipzig, also dem anderen und jetzt wieder feindlichen Sachsen.

Ich aber bete – Psalm 109, 4.

wie es Judas ging und Achitophel – Der Jünger Jesu (Matthäus 27, 5) und der Ratgeber des aufrührerischen Absalom (2. Samuel 17, 23) nahmen sich das Leben.

Ungern – Ungarn.

mußte keiner – durfte keiner.

baptiziert – getauft.

Stundengebete – Hier und im folgenden sagt die Quelle immer *horae canonicae.* So heißen die dem Kleriker für die einzelnen Tageszeiten vorgeschriebenen Psalmen, Lesungen und Gebete, die im sog. Brevier zusammengefaßt sind. Die gesetzliche Ableistung des täglichen Gebetspensums war den Reformatoren ein besonders drastisches Beispiel fehlgeleiteter Frömmigkeit.

komplieren – ausfüllen, ergänzen.
carcer und purgatorium – Kerker und Fegefeuer.
vehiculum novitatis – Neuigkeitsgefährt; etwa: Postwagen.
adumbrieren – in den Schatten stellen, verdunkeln.
Große Leute seind … – Der Satz ist wohl auf Josias und Judas Makkabäus zu beziehen. Dann wäre Luther der Meinung, ihr Schicksal sei selbst verschuldet gewesen.
Ihr seid erst 58 Jahr alt – Mit dieser Behauptung war Melanchthon im Recht!
Nativität – Geburtshoroskop.
Döberlein – Doberlugk, ältere Namensform: Dobrilugk.
da Sankt Bernhardus gestorben – 1153. Heinrich IV. trat seine Herrschaft (noch unmündig) 1056 an, Heinrich V. 1106, Lothar 1125.
wenns hie stürbe – Melanchthon denkt an Pestzeiten.

410 Mit diesem Seufzer beschließt ein unbekannter Abschreiber der umfangreichen Tischredensammlung von Konrad Cordatus seine Arbeit.

Personenverzeichnis

(Die den Informationen folgenden Zahlen sind die Nummern dieser Auswahl, in denen die Personen vorkommen. A verweist auf die entsprechende Anmerkung, N auf das Nachwort.)

Albrecht (Haus Hohenzollern), Kardinal, Erzbischof und Kurfürst von Mainz 1514–1545, Bruder des brandenburgischen Kurfürsten Joachim I. Bei den Fuggern verschuldet, ordnete er für seine Gebiete, zu denen auch das Erzbistum Magdeburg und das Bistum Brandenburg gehörten, den Jubelablaß an und wurde so indirekt zum Veranlasser der 95 Thesen Luthers. Bemühte sich um eine innerkatholische Reformation, verfolgte Anhänger Luthers. 22, 309

Albrecht (Haus Wettin), »der Beherzte«, Herzog von Sachsen 1482–1500, begründete nach der Teilung der wettinischen Erblande 1485 die albertinische Linie (sein Bruder Kurfürst Ernst begründete die ernestinische Linie). 180

Amsdorf (f), Nikolaus von, 1483–1565, zunächst Magister an der Universität Wittenberg, später Superintendent in Magdeburg und evangelischer Bischof von Naumburg, war seit Beginn der Reformation einer der engsten Mitarbeiter und Freunde Luthers. 208

Arminius (Hermann) der Cherusker, 17/16 v. Chr. – 21 n. Chr., Führer germanischer Stämme gegen die Römer, besonders durch die Schlacht im Teutoburger Wald 9 n. Chr. berühmt geworden. 354

Arnoldi, Franciscus, Pfarrer von Cölln bei Meißen, hatte 1531 mit Herzog Georg einen Angriff auf Luther veröffentlicht, den Luther innerhalb von fünf Tagen erwiderte, worauf beide mit einer zweiten Schmähschrift reagierten. 1

Äsop, 6. Jh. v. Chr., griechischer Fabeldichter. 398

Augustin, 354–430, Bischof von Hippo Regius in Nordafrika, bedeutender Kirchenvater und Theologe des Abendlandes, der die Theologie des Mittelalters und der Reformation stark beeinflußte. 39, 70, 72 A, 203 A, 243

Zwickau, Niemegk und Eisleben, später Superintendent in Stendal. 1531–1532 in Wittenberg an Luthers Tisch war er der erste Mitschreiber von Tischgesprächen Luthers, die er dann auch von anderen Mitschreibern sammelte. 1, 210, 363, 410 A, N, evtl. 203

Cranach, Lukas (der Ältere), 1472–1553, Maler und Graphiker, war 1537–1544 Bürgermeister von Wittenberg. 264, 277 A, 280 A

Cranach, Lukas(der Jüngere), 1515–1586, Maler, übernahm die Werkstatt seines Vaters in Wittenberg. 280

Cruciger, Elisabeth, geb. von Meseritz, ca. 1500–1535, Frau Kaspar Crucigers, erste evangelische Kirchenliederdichterin, verfaßte z. B. das Lied »Herr Christ, der einig Gotts Sohn«, das von Luther in seine erste Gesangbuchausgabe von 1524 aufgenommen wurde. Wie Luthers Frau ehemalige Nonne, deren enge Freundin. 170

Cruciger, Kaspar, 1504–1548, ab 1528 Prediger an der Schloßkirche und Professor an der Universität Wittenberg, gab verschiedene Predigten und Vorlesungen Luthers und die ersten Bände der Wittenberger Lutherausgabe heraus, war führend an der Reformation in Leipzig beteiligt. 264, 302, 316, 409

Dietrich, Veit, 1506–1549, Student, dann Magister an der Universität Wittenberg, später Prediger in Nürnberg, Haus- und Tischgenosse Luthers, hielt zeitlebens mit Luther und Melanchthon engen Kontakt, Sammler und Herausgeber vieler Lutherüberlieferungen (Tischreden, Briefe, Vorlesungen, Predigten). 1, 78, 107, 390, N

Demosthenes, 384–322 v. Chr., griechischer Redner. 277, 328

Duns Scotus, ca. 1270–1308, Franziskaner, bedeutender scholastischer Theologe. 84 A

Eck, Leonhard von, 1475/80–1550, ab 1515 Rat und Kanzler des Herzogs Wilhelm IV. von Bayern, verfolgte alle reformatorischen Bestrebungen in Bayern, galt allgemein als geschickter, verschlagener Politiker. 22

Erasmus, Desiderius von Rotterdam, 1469–1536, bedeutendster Vertreter des Humanismus, um die Erneuerung des Christentums bemüht, gab Schriften der antiken Klassiker, der

Nummernverzeichnis

(Links: Tischreden-Abteilung der Weimarana,
rechts: diese Ausgabe)

2	194	475	79	1131	155
13	81	---	76	1134	198
18	101	518	13	1136	99
19	100	---	219	1150	138
24	408	526	151	1154a	407
37	164	529	380	1154	118
44	385	623	9	1158	204
46	321	624	158	1162	119
47	150	626	70	1165	95
49	27	631	373	1167	71
50	192	643	190	1183	328
67	161	653	256	1198	276
72	174	654	135	1205	68
92	123	684	58	1206	19
110	176	700	214	1210	90
113	157	736	80	1211	134
120	251	803	170	1218	285
122	217	812	102	1224	149
126	156	843	231	1226	117
131	351	847	249	1259	121
137	5	851	122	1343	272
138	384	874	177	1363	244
139	29	968	336	1368	8
222	221	985	400	1409	172
228	78	1040	329	1539	203
255	293	----	331	1542	167
274	107	1043	324	1545	349
340	374	1054	291	1550	390
352	17	1111	89	1597	352
397	152	1126	250	1715	191

1816	97
1831	379
1893	61
1905	386
1906 A	258
1922	185
1932	310
1941	153
1942	252
1944	387
1947	253
1948	145
2028	319
2034	28
2047	148
2068	1
2207	75
2223	114
2287	69
2388 b	326
2400 b	388
2405	307
2406 b	283
2407 b	106
2409 b	133
2410 a	30
2413 b	343
2425	159
2459 b	126
2466	266
2472 b	271
2505 b	257
2540 a	267
2546 b	245
2563 b	201
2566 a	168
2580	211
2578	111
2584	139
2585	113
2589	294
2602	375
2657 b	104
2663	92
2666 b	175
2696	402
2716 b	401
2719 b	369
2721 a	259
2724 b	233
2731 b	295
2771 b	330
2783 a	21
2790 b	85
2797 b	91
2836 b	381
2844	74
2848 a	296
2849 b	124
2865 a	290
2867 b	297
2871 b	370
2880 a	366
2888 a	2
2892 b	347
2895	240
2910	188
2911	189
2922 b	32
2933 b	136
2946 b	33
2954 b	316
2961 b	193
3006 b	35
3154	142
3173 b	208
3178 b	26
3222 b	36
3232 c	16
3324	317
3369	165
3382 a	238
3388 b	187
3415	377
3416	77
3416 a	410
3425	239
3428	11
3453	367
3456	284
3464 b	356
3464 f	206
3471	41
3472	37
3473	362
3476	363
3485	20
3490	398
3505	394
3516	339
3520	348
3526	110
3528	277
3530	279
3534 A	265
3541	34
3552	308
3566 A	4
3578 B	115
3579	236
3582	12
3583	355
3587	397
3588	65
3595	40
3599	315
3604 A	292

3613	112	4316	340	5022	31
3614	396	4317	325	5026	178
3615	301	4320	403	5171 b	210
3619	38	4323	15	5173	262
3633	334	4349	368	5178	220
3643	108	4358	243	5186	275
3644	109	4362	218	5187	43
3644 bb	141	4401	183	5193	72
3645	399	4414	25	5212	287
3648	154	4472	264	5215	223
3672	237	4479	225	5219	195
3675	278	4481	60	5220	286
3684	405	4484	395	5222	93
3709	199	4531	300	5227	116
3781	202	4561	241	5238	228
3823	404	4579	327	5249	82
3832	131	4595	242	5250	--
3883	143	4638	346	5252	229
3936	196	4690	42	5259	344
3947	200	4696	389	5260	345
3955	335	4707	7	5285	73
3956	273	4709	216	5292	98
4027	298	4714	313	5324	86
4029	39	4719	209	5326	47
4033	309	4757	23	5330	332
4056	311	4801	393	5342 b	22
4073 b	222	4857	359	5346	6
4081	299	4857 n	270	5346	18
4084	215	4876	160	5355	56
4088	263	4886	282	5360	128
4100	303	4956	406	5362	3
4138	304	4961	169	5371	14
4144	305	4987	376	5375 d	24
4145	306	4994	320	5375 q	391
4146	365	4996	360	5375 u	254
4174	10	4997	361	5375 v	255
4179	226	5014	235	5381	281
4201	130	5017	67	5392	213
4313 a	302	5019	261	5398	268

5400	269	5576	182	5848	53
5404	59	5587	103	5858	66
5405	197	5590	163	5860	378
5408	337	5591	227	5968	125
5413	274	5598	88	5974	83
5422	105	5600	63	5977	127
5428	409	5601	173	5982	354
5456	46	5603	342	6070	184
5462	179	5611	234	6169	260
5465	205	5633 a	371	6196	181
5468	57	5634	372	6207	312
----	64	5635 b	246	6247	341
5469	84	5638	247	6248	230
5486	322	5642	323	6287	146
5489	207	5643	318	6288	144
5491	48	5646	350	6331	288
5493	49	5649	364	6406	212
5495	50	5650	44	6438	55
5496	51	5651	137	6445	224
5515	62	5655	382	6515	87
5517	54	5662	162	6558	94
5524	280	----	147	6605	186
5528	129	5667	171	7032	314
5531	232	5671	120	7034	338
5537	52	5672	140	7035	357
5538	248	5675	45	7037	353
5562	96	5680	166	7045	358
5567	180	5709	333	7050	392
5574	132	5831	289	7075	383

Nachwort

Elbische Nächte und Tage, so könne das Lutherbuch heißen, das hoffentlich einmal zustandekomme, meinte in einer Predigt der Joachimsthaler Bergmannspfarrer Johannes Mathesius: *Noctes et Dies Albiacae.* Oder einfach: *Miscellanea D. Lutheri,* Vermischtes von Doktor Luther.
Im gleichen Jahr 1566, in dem Mathesius seine später berühmte Predigtreihe über Luthers Leben drucken ließ, erschien das Buch, das er sich darin gewünscht hatte, tatsächlich. Es waren Luthers »Tischreden oder *colloquia*«, herausgegeben von Johannes Aurifaber. Sie sollten durch drei Jahrhunderte hin eines der wirkungsvollsten Glaubens- und Erbauungsbücher der deutschsprachigen Evangelischen bleiben.
Was verbirgt sich hinter den Titelvorstellungen bei Mathesius, was hinter dem gewählten Titel bei Aurifaber? Martin Luther wohnte zu Wittenberg an der Elbe im Schwarzen Kloster: seit 1512 als Professor für Biblische Theologie, inmitten eines Konvents der Augustiner-Mönche, der mit Beginn der zwanziger Jahre immer mehr schrumpfte; seit 1524 fast allein und erst jetzt ohne Kutte; seit 1525 zusammen mit seiner Frau Katharina von Bora und einer rasch wachsenden Familie. Aber nicht nur die Familie saß am Tisch. Studentische Kostgänger, mitarbeitende Freunde, durchreisende Gäste gehörten regelmäßig dazu, vor allem abends, wenn die Hauptmahlzeit eingenommen wurde. Einer der Gäste des Jahres 1531, der aus Österreich stammende und schon lange vor dem Thesenanschlag verfolgt gewesene Prediger Konrad Cordatus, drei Jahre älter als Luther selbst, machte den Anfang: Er notierte bei Tisch, was Luther sagte, er schrieb mit (s. in dieser Ausgabe Nr. 1). Andere taten es ihm nach,

und das um so eifriger, als Luther, dessen öffentliche Lehr- und Predigttätigkeit zunehmender Kränklichkeit wegen spürbar zurückging, durchaus keine Einwendungen machte. Was man sonst im Kollegsaal und unter der Kanzel festgehalten hatte, holte man sich jetzt, in vielfältigster thematischer Brechung und zugleich auf konkrete Anfragen und jedermann bekannte Situationen bezogen, aus der häuslichen Tischrunde.

Mitgeschrieben wurde nicht von Studenten, sondern von bewährten Männern, die sich aber ganz selbstverständlich durch individuelles Interesse und Verständnis leiten ließen. Neben und nach Cordatus waren es vor allem der Nürnberger Veit Dietrich, der Oberpfälzer Johannes Schlaginhaufen, die aus den sächsischen Landen stammenden Ludwig Rabe, Anton Lauterbach, Johannes Mathesius und Johannes Aurifaber. Von 1531 bis zu Luthers Tod 1546 gab es nur kurze Zeiten, in denen niemand da war, der sich bei oder nach Tisch Notizen machte. Aber schon bald, nachdem das Mitschreiben begonnen hatte, kam es zum Austausch der Aufzeichnungen unter den Hauptbeteiligten, zu überarbeiteten Reinschriften, zu Abschriften und Sammlungen. Und eben dieses immer wachsende, von Anfang an einer eigenen Überlieferungsgeschichte unterworfene Material, das gegen andernorts aufgegriffene Luther-Äußerungen je länger je weniger reinlich abgegrenzt wurde, war der Fundus, aus dem Aurifaber zehn Jahre nach dem Tod des Reformators die erste und dann für Jahrhunderte maßgebende Tischredenausgabe herstellen konnte.

Erst in der zweiten Hälfte des 19. Jahrhunderts begann die Forschung, ihr Interesse den Quellen zuzuwenden, aus denen Aurifaber, soweit er nicht selber Mitschreiber war, geschöpft hatte. Zwar sind die Mitschriften selbst nie mehr aufgetaucht, wohl aber eine Fülle von Abschriften. Das letzte Stück dieser Ausgabe (Nr. 410) veranschaulicht sehr schön den Ehrgeiz auch ganz unbekannter Kopisten und Sammler.

Die Wege der handschriftlichen Tischredenüberlieferung vor Aurifaber sind durch Ernst Kroker zurückverfolgt worden. In einer sechsbändigen Sonderabteilung der »Weimarana«, also der kritischen Gesamtausgabe von Luthers Werken, hat er die wichtigsten der wiederaufgefundenen Quellen samt abweichenden Lesarten allgemein zugänglich und mit den neu abgedruckten Aurifaberschen Texten vergleichbar gemacht (D. Martin Luthers Tischreden 1531–46, Bd. I–VI, Weimar 1912–1921). Seit dieser Arbeit, die ein wissenschaftliches Lebenswerk ersten Ranges darstellt, weiß man, wie sehr Aurifaber sein Material im Sinne einer frühen lutherischen Orthodoxie aufbereitet, geglättet und ergänzt hat. Man weiß seither freilich ebenfalls, wie schwierig es ist, heutigen Lesern den authentischeren Luther der handschriftlichen Überlieferung zu präsentieren, ohne ihnen damit allzu große Lesehemmnisse zuzumuten. Über drei hierher gehörige Problemkreise ist im folgenden kurz zu berichten: die Anordnung der Tischreden, die Berücksichtigung der deutsch-lateinischen Sprachmischung und die Wiedergabe der im Deutsch der Lutherzeit überlieferten Partien.

Aurifaber wollte lehren und erbauen. Die bis dahin ungedruckten mündlichen Äußerungen Luthers sollten seine gedruckten Predigten und Schriften ergänzen und so den Vorrat zugleich anschaulicher und maßgeblicher Beiträge des Reformators zu den verschiedensten Glaubens- und Lebensfragen bereichern. Das nötigte den eifrigen und auf schlagkräftige Lehre bedachten Schüler, die Fülle des von ihm zusammengebrachten Materials thematisch zu ordnen. Der sachliche Zusammenhang hatte Vorrang vor dem zeitlichen, der theologische vor dem psychologischen.

Eine heutige Ausgabe könnte natürlich versuchen, chronologisch vorzugehen und den Tagebuch-Charakter der Mitschriften herauszustellen. Ernst Krokers Weimarana-Edition und Reinhard Buchwalds Auswahl »Luther im Gespräch« (1938) böten dazu die wichtigste Hilfe. Aber erstens gibt es im Gesamtbestand der Tischreden einen erheblichen Anteil, der gar nicht oder nur schwer zu datieren ist, und zweitens müßte die vorliegende Auswahl wesentlich umfangreicher sein, als sie es tatsächlich ist, um den Reiz der chronologischen Anordnung wirklich zur Geltung bringen zu können, nämlich das bunte Durcheinander der verschiedensten Themen bei immer wieder erkennbarem Situations- und Zeitbezug. So bin ich beim Prinzip der thematischen Ordnung geblieben, habe dafür aber als Schlußkapitel die einzige Nachschrift aufgenommen, die wir von einem Gesamtgespräch besitzen. Sie spiegelt in sich sehr schön wider, was auch die chronologische Ordnung der Gesprächsauszüge im Ganzen zeigen würde – und um knappe Auszüge, auf Luthers eigene Beiträge konzentriert, handelt es sich ja sonst durchweg –: das Miteinander von aktueller Veranlassung und thematischer Vielfalt. Die Sachordnung durfte aber nicht mit der Zerschlagung überlieferter Einheiten erkauft werden, auch nicht mit der Reduktion längerer Passagen auf den thematisch eindeutigen Aphorismus. So sind denn die Überschriften zu den Kapiteln I bis XI kaum mehr als eine Orientierungshilfe. Nicht alles über Luthers Leben und über seine Art, sich selbst zu sehen, findet man im Kapitel I, nicht alles über das Wort Gottes im Kapitel II usw. Sehr häufig bieten die Einzeleinheiten mehr, als durch die Überschrift eines Kapitels angezeigt ist, und nicht selten wären auch ganz andere Zuordnungen möglich gewesen.

Die ungeplanten Äußerungen Luthers bei Tisch zeigen unwiderleglich, daß sein Denken sich nicht bequem zerlegen läßt in geistliche und weltliche, kirchliche und politische, reformatorische und restaurative, mittelalterliche und neuzeitliche Anteile. Wohl spricht in den Tischreden der »alte« Luther. Die Aufzeichnungen setzen ja erst ein, nachdem das erneuerte Verständnis des christlichen Glaubens auf dem Augsburger Reichstag (1530) wenn nicht anerkannt, so doch reichsöffentlich zur Kenntnis genommen worden war. Auch über die wichtigsten innerevangelischen Grenzziehungen gab es, leider, kaum noch Zweifel: Das Wittenberger Nein zu den »Täufern« wie zu den »Sakramentierern« – in kirchengeschichtlicher Retrospektive: zu den Anfängen der freikirchlichen und der »reformierten« Ausprägung des Protestantismus – stand schon fest. Diese biographische und reformationsgeschichtliche Stellung der Tischreden gibt ihnen selbstverständlich ihre Färbung. Aber das hebt nicht auf, daß Luther uns hier in der anspruchsvollen Komplexität seines Menschseins entgegentritt und in der noch anspruchsvolle-

ren Eindeutigkeit der Botschaft, die ihn bewegt, der allein er seine Bedeutung verdankt und von der allein her er auch kritisiert werden sollte.
Eine wirkliche Verlegenheit bei der thematischen Ordnung haben mir nur die Judentexte bereitet (Nr. 178–183) – und dieses Ordnungsproblem ist selbstverständlich nur die Folge eines Sachproblems. Die Leser sind aufgefordert, sich ihr eigenes Urteil zu bilden. Meines lautet: Daß diese Texte in sich widersprüchlich sind, ist noch das Beste an ihnen. Noch weit besser wäre es freilich, Luther hätte nie so gesprochen. Da er es aber getan hat, durfte es auch nicht verdeckt werden. Gewiß lassen sich Gründe anführen, die Luther entlasten. Ob sie sich angesichts des Evangeliums behaupten können, dem Luther sich unterstellte, ob sie also theologisch durchschlagen, muß ich bezweifeln. Eben darum mein Versuch, diese Texte dem Kapitel »Die Reformation« zuzuordnen. Die Reformation des 16. Jahrhunderts ist auf beklemmende Weise hinter sich selbst zurückgeblieben – in der Stellung gegenüber der jüdischen Minderheit und in der Billigung der obrigkeitlichen Praxis gegenüber den »Täufern«. Wenn irgendwo, dann wird hier offenbar, daß die Reformation, die als Bußbewegung begann, verraten ist, wo die evangelischen Nachgeborenen sie lediglich als Errungenschaft im kirchlichen Besitzstandsregister führen.

Nun zum Problemkreis Sprachmischung. Zwar bietet die Weimarana viele Stücke, die nur deutsch oder nur lateinisch sind. Aber in der Regel sind beide Sprachen im Spiel, und zwar sehr häufig so, daß die Sprachmischung sogar innerhalb einzelner Sätze, ja Satzteile vorkommt. Zur Erklärung dieses Umstandes, der heute ja sehr seltsam anmutet, muß auf zweierlei verwiesen werden: 1. Luther und seine Gesprächspartner lebten in beiden Sprachen, einerseits im Latein der römischen Gottesdiensttradition und der humanistisch beflügelten Universität, andererseits im Deutsch ihrer eigenen bürgerlich-bäuerlichen Herkunft und der biblisch erneuerten volkssprachlichen Verkündigung. 2. Die Mitschreiber benutzten ein am wissenschaftlichen, also lateinischen Vortrag ausgebildetes Schnellschreibsystem. Es war ihnen jedenfalls geläufiger als eine Protokolltechnik für das schriftsprachlich noch längst nicht vereinheitlichte Alltagsdeutsch der Zeit. Daraus folgt: Lateinische Anteile in einem Redestück können entweder auf den Sprecher selbst zurückgehen oder auf die sozusagen automatische, um des raschen Schreibens willen vorgenommene Rückübersetzung ins Lateinische durch die Mitschreiber. Dagegen ist es unwahrscheinlich, daß in einem gemischtsprachigen Stück die deutschen Anteile durch Übersetzung aus dem Lateinischen entstanden sind. Am sprachlichen Aufbau zahlreicher kurzer Stücke läßt sich zeigen, daß den Mitschreibern daran gelegen war, die Pointe der Einheit in Luthers Deutsch festzuhalten, während sie das, was die Pointe nur vorbereitet, vor allem die szenische Einleitung, lateinisch geben. Andererseits ist deutlich, daß Luther natürlich auch bei Tisch passagenweise Latein gesprochen hat, ebenso, daß er in deutscher Rede solche lateinischen Brocken stehen ließ, die im jeweiligen Zusammenhang fachterminologisch erfordert waren.

Die unterschiedlichen Bedingungen und Realisierungen der deutsch-lateinischen Sprachmischung in Rede und Schrift sind durch die Spezialforschung zu diskutieren. Aber der Begegnung heutiger Leser mit Luthers gesprochenem Deutsch – oder vorsichtiger: mit dem gesprochenen Deutsch der Lutherzeit – kommt es unbedingt zugute, wenn sie wahrnehmen können, wie dieses Deutsch sich in unmittelbarer Nachbarschaft zur damaligen Gelehrtensprache ausnimmt. Und das ist der Grund, warum in der vorliegenden Ausgabe, anders als bei ihren sonst vergleichbaren Vorgängern, alles aus dem Lateinischen Übersetzte kursiv gedruckt ist.

Der große Vorzug der Tischreden in Aurifabers Fassung ist die stilistische Einheitlichkeit. Aurifaber hat alles Lateinische, mit Ausnahme bestimmter Zitate und der fachterminologischen Brocken, ins Deutsche übersetzt. Aber sein Deutsch, wiewohl an Luther geschult, war doch mehr das der frühlutherischen Kirchensprache. Auf diesen Einheitsstil muß verzichten, wer sich an der handschriftlichen und meist gemischtsprachlichen Überlieferung der Tischreden orientiert. Nur ausnahmsweise, wenn es für ein Stück keine andere Fassung als die von Aurifaber gibt oder wenn sie sich von ihrer Vorlage sprachlich und sachlich nicht allzu weit entfernt, greifen wir auf den Erstherausgeber zurück. Ein (Au) neben der Weimarana-Nummer rechts unter dem Text gibt darüber Auskunft. Insgesamt sollten die mit den zwei Sprachen gegebenen Stile für die heutigen Leser erkennbar bleiben. Gerade so hat Luther die Chance, uns sprachlich nahe zu kommen – nahe freilich nicht als Vertrauter, sondern als Fremder.

Damit stehen wir beim Problem der Wiedergabe der deutsch niedergeschriebenen Passagen und Fragmente. Die Schreibweise des Deutschen war zu Luthers Zeit noch kaum geregelt. Die unterschiedliche Landsmannschaft der Mitschreiber und Tradenten von Luthers Tischreden wirkte zusätzlich im Sinne bunt anmutender Regellosigkeit, und auch das Schreibtempo, das durch die Situation bei Tisch geboten war, hat das Seine getan, den heutigen Lesern den Zugang zu diesen Texten zu erschweren.
In unserer Ausgabe ist die Orthographie und weitgehend auch die Interpunktion modernisiert worden. Dagegen galt es, den Lautstand, vor allem den vokalischen, möglichst zu erhalten. Es zeigte sich allerdings, daß dieses Ziel nicht mit aller Strenge verfolgt werden durfte. Zu zahlreich wären sonst die Mißverständnisse, andernfalls die erläuternden Bemerkungen geworden, und zu groß also die Leseschwierigkeit. So habe ich mir gegenüber dem Prinzip lautstandsgetreuer Wiedergabe viele Freiheiten genommen, bin auch keineswegs einheitlich verfahren. Gleichwohl habe ich mich bemüht, in einigen Angleichungen an das heute Übliche konsequent zu sein: b oder p nach m (»Ampt«, »nimbt«) entfallen, aus »fodern« wird immer »fordern«, für »noch« mit adversativer Bedeutung steht »dennoch«. Umlautstrichelchen werden in der Regel nur dann nachgetragen, wenn der Ausgangsvokal der heute noch gebräuchliche ist: Aus »fur« wird also »für«, aber »kunnde« wird weder »künnde« noch »könnte«.

Abschließend noch einige allgemeinere Hinweise zur Edition. Um einen einfacheren Lesetext herzustellen, habe ich oft auf eine der zahlreichen Varianten zurückgegriffen, die der umfangreiche textkritische Apparat der Weimarer Ausgabe bietet. Es war dabei also nicht mein Ziel, die mutmaßlich früheste Fassung zu bieten, sondern die Überlieferungsgeschichte als Lesehilfe nutzbar zu machen. Zusätze des Herausgebers im lateinischen wie im deutschen Text sind häufig durch runde Klammern gekennzeichnet, jedenfalls immer dann, wenn sie einer Deutung dienen, die sich aus dem Zusammenhang nicht schon von selbst versteht. Kürzungen sind grundsätzlich nicht angezeigt. Innerhalb eines laufenden Textes sind sie selten. Ganze Abschnitte wurden nur gelegentlich fortgelassen.

Die lateinischen Texte sind bis auf eine Ausnahme (Nr. 32, vgl. die Anmerkung) durch den Herausgeber übersetzt worden. Sofern vorhanden, wurden frühere Übersetzungen verglichen. Sie finden sich in folgenden Ausgaben: H. Mulert, Luther lebt! Seine Tischgespräche ausgewählt für unsere Zeit, 1935; R. Buchwald, Luther im Gespräch. Aufzeichnungen seiner Freunde und Tischgenossen, 1938; K. Aland, Luther deutsch, Bd. 9, dritte, völlig neu bearbeitete Auflage, 1960. Aber etwa ein Drittel der Einheiten unserer Ausgabe hat in keiner der genannten früheren eine Entsprechung, ist ihnen gegenüber also neu. Freilich muß ausdrücklich darauf hingewiesen werden, daß diese Ausgaben insgesamt umfangreicher sind, obwohl auch sie jeweils nur einen Bruchteil der über 7000 Einheiten der Weimarana bieten.

Die Anmerkungen beschränken sich oft auf den Nachweis von Bibelstellen und auf sprachliche Hinweise. Ausgangspunkt war dabei stets die Weimarana. Die seit ihrem Erscheinen vergangenen Jahrzehnte haben in sprach- und reformationsgeschichtlicher Hinsicht Ergebnisse gezeitigt, die man in der vorliegenden, für einen breiteren Leserkreis bestimmten Ausgabe nicht berücksichtigt finden wird. Das Buch erhebt nicht den Anspruch, den heutigen Stand der Lutherforschung für seinen Bereich fruchtbar gemacht oder sie gar befördert zu haben. Im Gegenteil, es ist durchweg auf die Nachsicht der Fachgelehrten angewiesen. Will es doch nicht mehr sein als der Versuch, einen ersten Blick freizugeben auf Luther und die Botschaft, hinter der er, sich fortwährend selber kommentierend, zurücktreten mußte und aus tiefstem Herzen auch wollte.

Das Personenregister soll die Anmerkungen, die auf Namen meist nicht eingehen, ergänzen. Biographische Hinweise suche man also zunächst dort. Sie sind von stud. theol. Reinhard Kees zusammengestellt worden. Auch darüber hinaus hat Herr Kees bei der Herausgabe assistiert. Ich sage ihm vielmals Dank.

Jürgen Henkys

INHALT

TISCHREDEN